U0123373

圖解 東協「潛」商機

解析政經貿發展階段，發掘可期潛力領域，決勝創新利基

瑞穗 (MIZUHO) 綜合研究所⊙著
楊毓瑩⊙譯

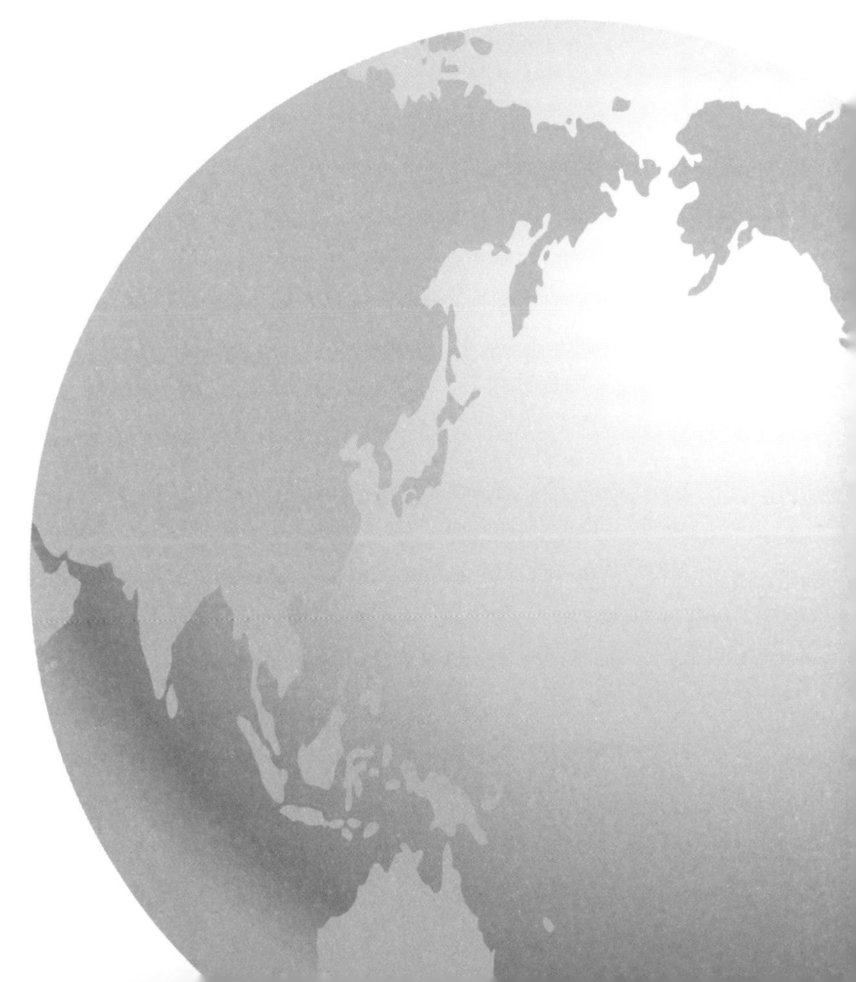

推薦序

新南向東協新契機

宋鎮照
國立成功大學政治系特聘教授
兼東南亞研究中心主任

隨著台灣積極推動新南向政策與發展，而中國大陸因產能過剩，採取走出去戰略，並配合著一帶一路倡議，開始和東南亞進行區域經濟整合；加上歐盟、美國、日本和印度，更加足力道前進東南亞市場，讓東南亞宛如成為中國之後的世界工廠和新生產基地。

同時，隨著中美貿易戰的掀起和持續對壘，更讓東南亞的發展潛力備受矚目。特別是隨著東協經濟共同體的推動，十國將整合成一個龐大的單一市場。

不容否認地，東協經濟的崛起勢在必然，而前進東南亞布局與發展，也將成為一股新趨勢。如何捷足先登，把握先機，勢必要對東南亞政經發展趨勢有更敏銳的洞察力。

面對此，無疑地，本書《圖解東協潛商機》，提供了極佳寶貴和最新的訊息、數據和解析，深入淺出、言簡意賅地對東南亞各國梳爬出多元而複雜的政經面貌與脈絡，並依各國政治、經濟、外交的發展和特徵，以及對其政經展望、產業結構、商業機會、投資風險、勞動和消費市場、政策評估等，做了相當完整和系統性的資料整理和深度分析，十分貼近當前東南亞發展的政經脈動，真不失為一本前進東南亞必備知識的重要參考寶典。

推薦序

前進東協，擘建新版圖

吳象元
TheNewsLens關鍵評論東南亞版主編

二〇一八年九月二十一日，美國電商龍頭亞馬遜（Amazon.com Inc.）副執行長Werner Vogels與有「印尼歐巴馬」之稱的印尼總統佐科威會面，表示亞馬遜將在未來十年投資十四兆印尼盾（約十億美元），為的是把亞馬遜的雲端運算服務（Amazon Web Services，AWS）引進印尼。

亞馬遜投資印尼的大動作，是該公司繼二〇一七年擴張到新加坡後，第二個進軍東南亞國家的計畫。無獨有偶，擁有東南亞最大電商Lazada的中國阿里巴巴集團，也在今（二〇一八）年頻頻出手，除三月在印尼開設數據中心，四月又與泰國政府簽訂合作備忘錄，宣布要在泰國東部經濟走廊投資一百一十億泰銖（三．五億美元），去（二〇一七）年則是加碼投資印尼電子商務「獨角獸」Tokopedia達十一億美元。

亞馬遜、阿里巴巴將版圖擴張到東南亞的策略，看準的是東南亞欣欣向榮的市場潛力，根據海峽時報報導，二〇二五年東南亞地區的數位經濟產值將超過二千億美元。此外，隨著中產階級興起、手機用戶爆炸成長，加上市場廣大、人口紅利等優勢，都讓投資人、創業者、企業對南洋趨之若鶩，盼不致錯過崛起浪頭。

本書是繼二〇一三年《圖解解讀東協的實力》、二〇一五年《圖解聚焦東協》後，由日本首屈一指智庫瑞穗綜合研究所，再次推出分析東南亞各國景況和市場發展的作品。

二〇一五年至今，東南亞又歷經前泰王蒲美蓬駕崩、杜特蒂當選菲律賓總統、馬來西亞政黨輪替、緬甸「羅興亞」難民危機、越南反「經濟特區法」遊行、印尼巴路市海嘯和泗水連環恐怖攻擊，二〇一九年則將迎來印尼、泰國大選，而中國於南海人工島的建設、美國川普上台轉向「印太」戰略，也將持續對東南亞各國激起漣漪效應。

時事脈動不僅牽動區域發展，也影響國際對東南亞的信心指數，如本書所述，二〇一五年十一月緬甸全國民主聯盟於大選擊敗軍政府後，鞏固了當時日本前進緬甸的信心，因而展開與緬甸政府合作投資迪洛瓦經濟特區（Thilawa SEZ）。

當我們樂觀看待東南亞，卻仍不能忽略各種變因。而本書《圖解東協潛商機》，除梳理東協經貿發展、對外關係，也如實各別針對東協九國（除汶萊外）的政治、經濟，消費市場、治安風險，提供公正的現況資訊，是欲前往東南亞工作或旅行者，一部實用的參考寶典。

序言

二〇一三年起，日本企業加速擴大在東南亞國家協會（Association of Southeast Asian Nations，簡稱ＡＳＥＡＮ）地區的投資，總額更超越對中國的投資。這是因為相較於中國經濟成長明顯減緩，隨著東協地區的經濟穩定成長，未來市場也將逐漸擴展。

未來，日本對東協的直接投資額，將超過對中國的直接投資額，這一趨勢不會改變，不過擴大投資的態度轉為保守。日本企業前進東協的投資熱潮趨緩，逐步進入穩定發展的階段。

在這樣的情勢中，已進軍東協的日本企業，同時也面臨到各種課題，包括各國景氣、物價、匯率變化、人事費用高漲、政權交替下政策改弦更張、本土企業和外資企業的競爭等。本書作者們觀察各種情勢和投資環境的變化，修改二〇一三出版的東協入門書《圖解解讀東協的實力》，於二〇一五年推出《圖解聚焦東協》（易博士文化於二〇一六年五月出版）一書。

兩年過後，東協各國的情勢又變了許多。最具代表性的例子之一，就是緬甸的政權交替。長期受軍政府壓迫的緬甸民主運動領袖翁山蘇姬（Aung San Suu Kyi），帶領全國民主聯盟（National League for Democracy，NLD），打敗當時由軍政府主導的執政黨聯邦團結發展黨（Union Solidarity and Development Party，USDP），在二○一五年十一月的國會大選中勝出，取得政權。國際社會對此評價極高，認為這是緬甸在民主化的路上的突破性進展。同年，支持緬甸民主化的日本，與緬甸政府共同投資迪洛瓦經濟特區（Thilawa SEZ），增加日本企業前進緬甸的信心。

另一方面，東協身處的國際環境，也產生了巨大變動。最大的變化就是川普政權的誕生。川普總統屬保守主義派，批評對美不利的貿易協定，揚言修改和退出相關協定。這對於在亞洲形成自由貿易協定（FTA）網絡，受惠於自由貿易經濟的東協而言是種威脅。川普就任後，宣布撤出前總統歐巴馬積極推動的跨太平洋夥伴協定（The Trans-Pacific Partnership，TPP）。對於許多沒有與美國簽訂FTA的東協會員國而言，美國參與的TPP，實質上被視為與美國之間的FTA，除了原本就是TPP會員國的馬來西亞、越南等國家，印尼和菲律賓等非會員國，也都相當關注美國的動作。美國的貿易政策大轉彎，勢必對東協的貿易環境、經濟發展策略帶來重大影響。

本書觀察這二年間來東協地區內部和國際情勢的變化，更新大量資訊，新增下列內容。首先，增加東協地區的外交關係。尤其聚焦於①受到川普外交、貿易政策影響的對美關係、②影響日本企業進軍東協的對日關係、③最後是對中關係，中國不斷強化與東協的經濟合作、提供支援，同時也是平衡東協各國與美國之間的力量。另也提及近年發生的天災，對東協和當地企業的營運造成的嚴重經濟損失，IS（伊斯蘭國）發動的恐怖攻擊，成為東協新隱憂，危害經濟、政治及治安。另外，也將國內出現劇烈變化的緬甸，從原本的CLM（柬埔寨、寮國、緬甸）章節中獨立出來、自成一章（第三章），擴增相關資訊。

本書由九章組成、共包含七十個主題，以利讀者認識東協地區和各會員國最真實的樣貌。第一章藉由描繪東協貿易戰略的平面圖，讓讀者掌握區域全貌。從區域經濟、政治、消費市場實況等方面，綜觀結合多元文化與社會特性的東協。並且，也談到東協經濟、災害、地緣政治等層面的風險。

緊接著第二章~第九章，特意按國別編排成目錄，讓讀者能深入認識東協各國。包括具備一定規模、早已是日本企業目標市場的泰國、菲律賓、越南、印尼、馬來西亞、新加坡，以及新興市場緬甸等七國，各成一章；柬埔寨和寮國則合併於同一章中介紹。每一章皆由①國家概觀、②政治概況、③外交概況、④經濟概況、⑤消費市場實況、⑥前景可期領域與進軍案例、⑦經濟風險、⑧政治・治安風險等八個共同的主題構成。

本書的撰稿人為瑞穗綜合研究所的成員，長年致力於分析亞洲地區和各國情勢。

撰稿人在編寫本書時，再次前往東協各國進行實地調查。有效利用圖表，扼要列出東協各國和當地市場的特徵，呈現在當地廣蒐的資訊和照片，以利讀者具體了解東協各國現況和市場特色。除此之外，瑞穗銀行產業調查部，也整合瑞穗集團的調查功能，針對泰國、印尼、馬來西亞撰寫專欄文章，介紹其新需求趨勢和特色十足的商業模式。但願本書能幫助各位讀者在東協市場站穩腳步。

瑞穗綜合研究所調查本部亞洲調查部長 平塚宏和

二〇一八年一月

CONTENTS 目錄

第2章 認識泰國——日本的重要經濟夥伴

第3章 認識緬甸——東協地區經濟起飛的最後疆域

第4章 認識柬埔寨、寮國——「泰＋一」生產模式的強力支援國

第6章 認識越南——後起黑馬

第8章 認識馬來西亞——東協第三大經濟體的中規模國家

第1章

認識東協

主題 01

東協的經濟概要

～多元成長驅動力

人口龐大的共同體

東協成立於約五十年前的一九六七年，是東南亞的區域性合作聯盟。五個創始會員國分別為泰國、印尼、新加坡、菲律賓及馬來西亞，後來增加汶萊、越南、寮國、緬甸、柬埔寨等國，目前共有十個正式的會員國。

東協人口約六億三千六百八十四萬，是日本的五倍。以名目GDP來看，經濟規模為二兆五千五百一十億美元*，僅日本的一半。另一方面，名目人均GDP為四千零六美元，是日本的一成（圖表1）。（編按：二〇一八年十月美元兌新台幣匯率約為三〇．九，一美元可兌換三〇．九新台幣。）

多元民族、宗教、政體

東協自古以來，就是中國、印度及伊斯蘭圈交會的貿易中樞，繁極一時，十六世紀後成為歐美的殖民地。在這樣的歷史背景下，其本土文化中蘊含了中國、印度、伊斯蘭及歐美的特色，多元民族和文化共存。並且，從殖民地走向獨立後，經過社會主義化和民主化的洗禮，形成各種政治體制。

就各國的主要民族而言，在「陸地東協國」中南半島有泰族（泰國）、越族（注：也稱京族）（越南）、高棉族（柬埔寨）、緬族（緬甸）及佬族（寮國）等。環繞島嶼的「海洋東協國」則以馬來系民族為大宗，其中最具代表性的是馬來人（馬來西亞），而馬來系民族還可分為爪哇人和巽他人（印尼）、他加祿人和宿霧人（菲律賓）。還有，各國皆有華人分布，尤華人占新加坡人口約七成。此外，少數民族多也是東協的特色。

各國也有不同的宗教信仰，主要包括上座部佛教（泰國、柬埔寨、寮國、緬甸）、大乘佛教（越南）、伊斯蘭教（印尼、馬來西亞、汶萊）、天主教（菲律賓）等。也受到印度教的影響，例如泰國和印尼的章節中所提到的金翅鳥

圖表1　東協與主要會員國的區域性基礎指標（2016年）

	名目GDP（億美元）	人口（萬人）	名目人均GDP（美元）
日本	49,365	12,696	38,883
中國	112,321	138,271	8,123
印度	22,638	129,980	1,742
東協	25,510	63,684	4,006
新加坡	2,970	561	52,961
汶萊	114	42	26,935
馬來西亞	2,965	3,163	9,374
泰國	4,071	6,898	5,902
印尼	9,324	25,871	3,604
菲律賓	3,049	10,418	2,927
寮國	158	659	2,394
越南	2,013	9,269	2,172
柬埔寨	202	1,578	1,278
緬甸	644	5,225	1,232

（資料）瑞穗綜合研究所根據國際貨幣基金組織（IMF）「世界經濟展望報告」（World Economic Outlook）（2017年10月）製成

*編按：該份資料中，台灣名目人均GDP為22,497美元。

（迦樓羅），原本是印度的神鳥。

就政治體制的部分，越南、寮國與中國同樣是一黨獨裁制。泰國、馬來西亞及柬埔寨是保留國王做為國家元首的君主立憲制；印尼、菲律賓、新加坡及緬甸，則是以總統為元首的共和制。各國的民主穩定度也不盡相同，例如泰國政變頻發、緬甸軍政府擁有一定權力；而新加坡則是法律制度對執政黨有利，因此難以出現政權交替。

多元經濟發展階段和產業結構

世界銀行依據人均國民所得毛額，對東協各國的經濟發展階段進行分類，新加坡、汶萊與日本一樣列為高所得，馬來西亞和泰國與中國一樣為中高所得國，其他國家則是中低所得國。柬埔寨於二〇一五年晉升為中低所得國，因此東協已經不存在低所得國（圖表2）。

隨發展階段不同，也形成各國相異的產業結構。以國際競爭力高的代表性產業為例，高所得國的新加坡，主要發展知識密集型產業，包括金融等以企業為對象的服務業等。

中高所得國的代表性產業，包括馬來西亞的電機、泰國的家電、汽車等資本密集型製造業。

中低所得國，主要發展勞動密集型產業。例如印尼的木材和木材加工品、越南與柬埔寨的縫紉品等。

此外，某些國家有天然資源的優勢，擁有豐富的資源蘊藏量，例如馬來西亞（石油、棕櫚油、錫、金、鐵礦石、鋁土礦）、印尼（石油、煤炭、天然氣、鐵礦石、銅）、緬甸（天然氣、礦石）、汶萊（石油、天然氣）。

運用地緣政治條件，形成共同體

東協各國不僅有獨立的經濟活動，也借助良好的地緣關係，發展與他國之間的經濟活動。

新加坡運用其位於馬來半島前端的地理優勢，成為連結太平洋和印度洋的貿易樞紐，奠定經濟繁榮的基礎。並建構完整的貿易制度，躍升為亞洲具代表性的國際貿易中心。

多國國境相連的中南半島，至二〇一五年為止，已建設三條經濟走廊，串聯泰國、越南、柬埔寨、寮國、緬甸等「陸地東協國」與部分中國領土（圖表3）。除了帶來活化貿易的經濟效益之外，走廊沿線工廠的投資增加，也拓展了生產網絡。

伊斯蘭教徒眾多的國家，則活用與伊斯蘭圈的關係，發展相關事業。例如，馬來西亞推動嚴守伊斯蘭教戒律的金融和飲食服務，成為知名的全球伊斯蘭市場中心。

多樣的成長動力

如上所述，融合多種文化色彩的東協各國，近年來不斷加強經濟整合。東協自一九九〇年代初開始推動互相免關稅，至二〇一五年已大致廢除域內關稅。同年成立的東協經濟共同體（ASEAN Economic Community，AEC），也投入消除非關稅障礙，積極整合市場。

就東協整體來看，近年的去年同期成長率，皆以＋五%的速度穩定成長。原因在於由經濟發展階段互異的國家所組成的東協，具備多樣的成長動力。

就中長期展望來看，隨著各國邁入新的發展階段，東協整體將有望持續成長。

中長期的成長動力之一為人口結構變動。許多被歸類為中低所得國的東協國家，未來十五～六十四歲的工作年齡人口仍然維持增長趨勢。正常來講，隨著工作年齡人口增加，部分勞動所得轉為儲蓄，投資金額就會變多。這會促使產業結構從勞動密集型轉型為資本密集型，經濟發展階段也會躋身至中高所得國。

而且，高所得國和希望晉升至高所得國的中高所得國，積極提升生產力的作為，也會驅動成長動力。我們將在各國的章節中，探討有關新加坡如何成為全球貿易中樞、泰國如何串聯周邊國家的生產網絡，以及馬來西亞如何站穩伊斯蘭市場。

圖表2　經濟發展階段、產業水準及成長動力的關係

經濟發展階段	國家	產業水準	成長動力
高所得國	新加坡	知識密集型產業	提升生產力
中高所得國	馬來西亞 泰國	資本密集型產業	投資
中低所得國	菲律賓 印尼 越南 寮國 緬甸 柬埔寨	勞動密集型產業	投入勞力

（注）由於汶萊（高所得國）的收入主要依賴天然資源的出口，產業結構特殊，因此不列在本表。
（資料）瑞穗綜合研究所製成

圖表3　橫跨東協的主要基礎建設

（資料）瑞穗綜合研究所製成

主題

02

東協是日商重要的投資市場

～重視東協全體成員國，站穩腳步，擴大市場

東協依舊是重要的投資市場

瑞穗綜合研究所每年針對超過一千家的企業會員進行問卷調查，詢問其未來將傾力投入於哪個全球貿易市場，自二〇一二年度（此為二〇一三年二月實施，此後每年二月實施）展開調查以來，東協便蟬聯冠軍寶座（圖表1）。東協之所以能居冠，最直接的主因，或許是二〇一二年釣魚台問題引發中日持續對立，雙方關係惡化；不過東協多國人口增加、經濟持續成長、政局相對穩定，且有許多親日國家等正面的綜合評價，也是吸引日系企業的要因。二〇一五年AEC成立，進一步整合為單一市場（請參閱主題3），也成為一大誘因。

日本企業對東協的內需抱持高度期待

日商長期將東協當做出口基地，不過近年來，也相當看好其內需市場。自二〇一一年到二〇一六年的五年間，日商看好東協市場的原因持續變動，「當地市場趨於擴大」由六五・四％上升至七六・三％，選擇此答案的比例較過去高出一〇％，顯示日本企業的高度期待（圖表2）。另一方面，「確保出口基地，將商品輸往日本或第三國」由二六・八％下降至二一・四％、「稅制優惠措施等投資誘因」由九・三％下降至二・八％。東協仍然是纖維、家電及汽車等商品的出口據點，但近年來，只將東協國家視為出口基地的企業相對減少，有愈來愈多的企業已經開始積極搶攻東協已成形的內需市場。

驅動東協內需成長的主因，包括：占東協六億消費人口核心的中產階級增加（請參閱主題4）、落實市場開放與法規鬆綁，以及建設市場擴大所需的都市基礎設施（請參閱主題5）等。

擴增投資對象國和投資領域

雖然東協是由十個國家組成的聯盟，但日系企業最重視哪個國

圖表1 日本企業未來將傾力投入的全球市場

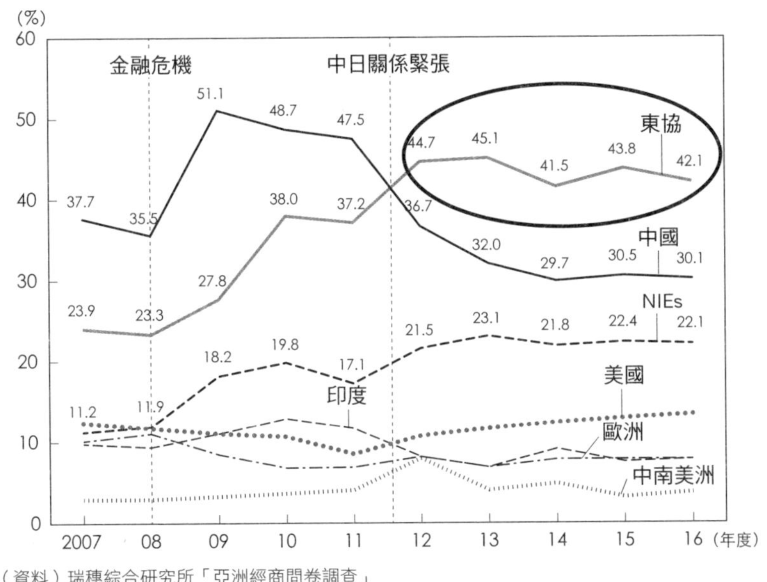

（資料）瑞穗綜合研究所「亞洲經商問卷調查」

圖表2 日本企業看好東協市場的理由

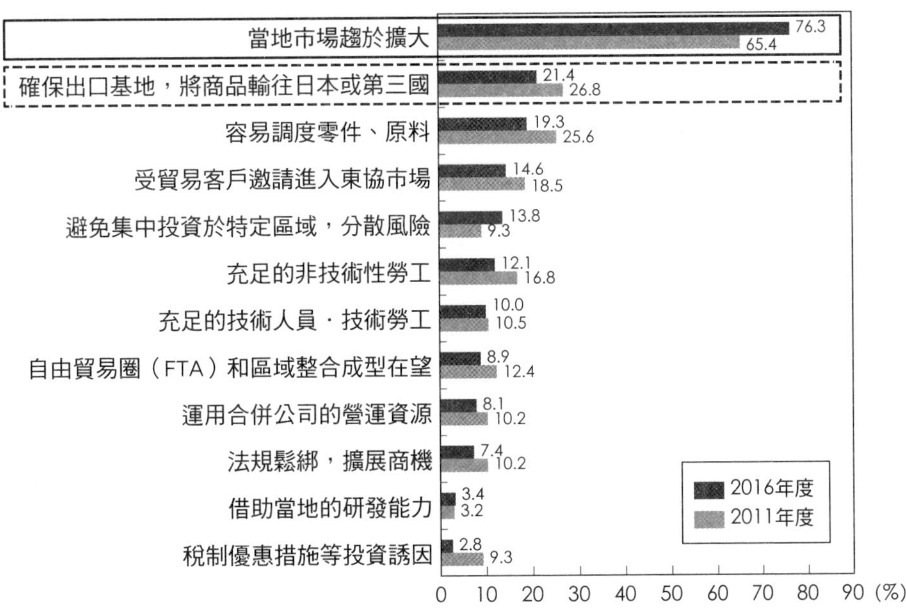

（資料）瑞穗綜合研究所「亞洲經商問卷調查」

家？日系企業的投資，主要集中在泰國。泰國港灣、高速公路等物流基礎設施較完善，汽車產業表現亮眼，有亞洲底特律之稱等，支援產業實力穩固，是吸引日商的要因。

泰國可說坐穩了日本製造業在東協的核心寶座，不過看準東協內需市場的日系企業，也逐漸將眼光放到其他國家。實際上，日本企業大多將區域性總部設在新加坡，統籌管理泰國和東協整體。就日本的直接投資餘額來講，以新加坡最突出，但對印尼、越南、菲律賓等國的投資，五年以來也呈現成長趨勢（圖表3）。除了人口達約二．六億的印尼、人口逼近一億的越南和菲律賓的內需受到關注，是帶動投資的原因之一。而其他方面的成長，也顯示緬甸、柬埔寨及寮國成為日商的新興投資市場。二〇一一年，緬甸民主化以後，逐步開放市場，因此日商開始瞄準緬甸市場。如上所述，日商在東協不僅投資目的多樣，也紛紛進入東協各國市場。

另外，長期以來，日商對東協的投資以製造業為主。然而，近來年非製造業的投資有超過製造業的傾向（圖表4）。大規模的合併與收購，是使較晚發展的非製造業得以累積投資額的主因，例如二〇一二年，日本AEON（永旺集團）收購法國最大零售商家樂福集團（Carrefour）在馬來西亞的二十六個門市等，不過非製造業進入東協的時間晚於製造業，因此還有很大的成長空間。

隨著日本國內人口減少，批發業、零售業、金融．保險業、不動產等非製造業也加速拓展海外市場，從經濟成長和人口結構變遷等角度而言，東協無疑是理想的是投資地點。日本企業期待日式的高品質服務，也能在東協受到廣泛的認同。

留意人事費用高漲、經濟變動等風險

雖然日商仍然很重視東協市場，但從前面問卷調查的結果即看得出來，近年來對東協的期待似乎已達到極限（圖表1）。首先，第一個原因，就是擔憂「人事費用增加」（圖表5）。隨著所得水準提升，勞動成本也會跟著升高，使得日商必須致力提升勞動生產力。

再者，對於「東協景氣」的擔心，也從二〇一一年的三三．七%，飆高至二〇一六年的五六．三%。

儘管日商相當期待東協市場的發展，但二〇一〇年代前半，受美國緊縮貨幣寬鬆政策的影響，導致資本外流、貨幣貶值。為了保衛幣值和抑制輸入性通膨，貨幣緊縮政策導致景氣減速，使得日商再度警覺到，必須留意短期的經濟變動（請參閱主題9）。二〇一三年泰國爆發反政府示威遊行，至今仍必須關注「政治．社會動盪」的風險。眼光放長遠來講，東協對日商還是充滿吸引力，不過在眾多風險下，建立完整的管理制度，才是永續經營的關鍵。

圖表3 日本企業對東協的投資餘額

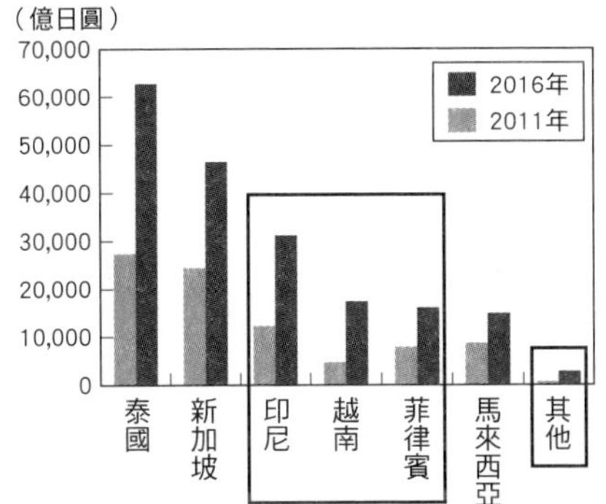

（注）其他：柬埔寨、寮國、緬甸、汶萊。
（資料）瑞穗綜合研究所根據日本銀行「國際收支統計」製成

圖表4 日本企業在東協的投資（製造業．非製造業）

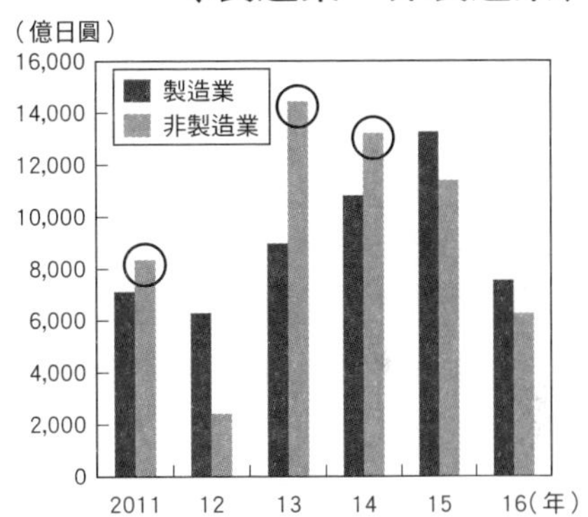

（注）2016年的非製造業不包括金融．保險業。
（資料）瑞穗綜合研究所根據日本銀行「國際收支統計」製成

圖表5 對前進東協的憂慮

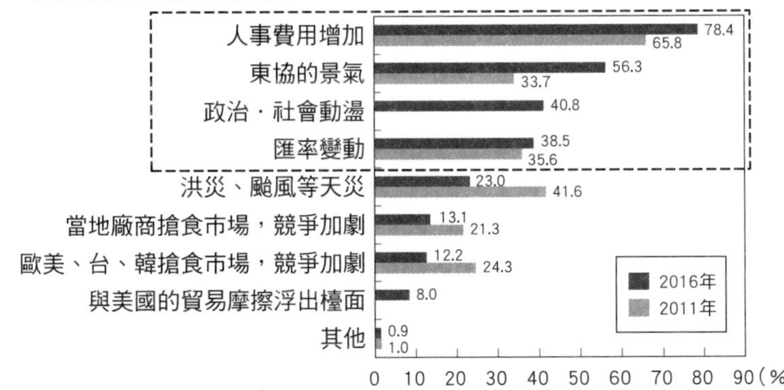

（注）「政治．社會動盪」為2016年新增項目。
（資料）瑞穗綜合研究所「亞洲經商問卷調查」

主題 03

東協的魅力①ＦＴＡ網絡

～緩慢但逐漸成形的經濟整合

成立東協經濟共同體，強化域內合作

二〇一五年底，由東協十國組成ＡＥＣ，以創造單一市場為目標。

ＡＥＣ的成立基礎，為一九九二年由東協的六個創始會員國（新加坡、汶萊、泰國、馬來西亞、印尼、菲律賓），所簽訂的東協自由貿易區（ASEAN Free Trade Area，ＡＦＴＡ）架構。ＡＦＴＡ的目標是階段式地降低東協的域內關稅率，以提升做為生產據點的競爭力，並吸引外資。後來新加入四個會員國（越南、寮國、緬甸、柬埔寨），奠定目前東協經濟圈的基礎。

然而，自一九九七年亞洲金融危機之後，東協各國經濟停滯，中國和印度等新興大國一躍而起，迫使東協必須進一步整合，才能維持能見度。因此，東協於二〇〇三年提出東協經濟共同體的構想。在ＡＥＣ的架構下，除了原本的廢除域內關稅，東協進一步納入非關稅障礙、服務貿易、投資自由流通、專業勞力自由流動、標準和質量統一措施、專業認證相互承認等議題，邁向更廣泛且高層次的經濟整合。

回顧ＡＥＣ成立的二〇一五年，除了針對新進東協四國的部分商品，放寬消除關稅的期限至二〇一八年之外，當時大部分產品都已經達成零關稅（圖表１）。但部分國家還是在本國內實施等同於關稅的制度。例如，印尼為了消除貿易赤字，對手機和平板電腦等進口貨品課徵奢侈稅；越南也為了保護國內產業，對進口車設定高額的特殊關稅。

此外，還有更多課題待解決。消除非關稅障礙的進展不如預期、服務貿易和勞工的移動自由，停留在形式化的規範。

這類議題在二〇一五年十一月，都被納入ＡＥＣ二〇二五藍圖中（圖表２）。除了解決非關稅障礙等既有的問題，此份藍圖也將積極推動行政透明化措施、創造有利

圖表1　平均關稅率的變化

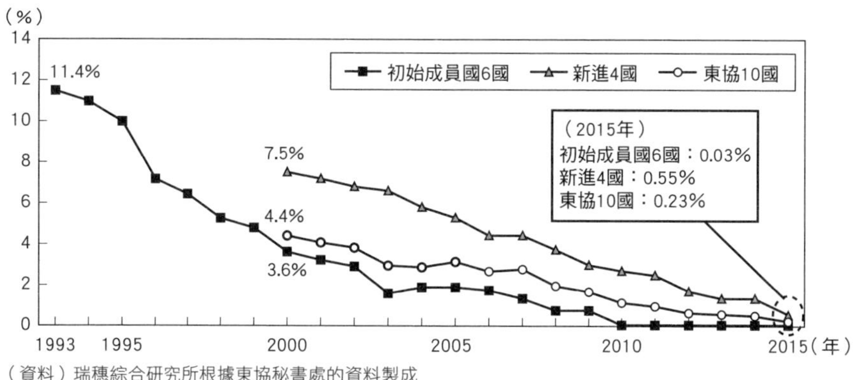

（資料）瑞穗綜合研究所根據東協秘書處的資料製成

圖表2　AEC藍圖

AEC2025（2015年訂定）
①高度經濟整合：
人員、貨物、服務的移動自由化。 積極加入全球價值鏈。
②讓東協成為具有競爭力、創新力的動態組織：
透過稅制改革、治理、提高生產力，來強化競爭力。
③營造高連結性，展開多領域合作：
發展交通運輸、資訊與通信科技（ICT）、電子商務、科學技術。
④打造強韌且全面以人本和人為核心的東協：
強化中小企業與私部門的角色與參與等。
⑤與全球經濟體系整合：
強化對外的經濟合作。

（資料）瑞穗綜合研究所根據東協秘書處的資料製成

企業參與的環境、透過技術轉移強化域內競爭力等，設定更高的目標，以期實現更高品質的經濟整合。

與非會員國合作

東協也積極與非會員國展開合作關係。目前為止，與日本、中國、韓國、澳洲、紐西蘭及印度等六國簽訂了自由貿易協定（FTA），和更緊密經貿關係安排（Closer Economic Partnership Arrangement，CEPA），組成東協加六，在各領域建立貿易夥伴的關係。

尤其東協與日、中、韓（東協加三）的關係深厚，在歷經一九九七年的亞洲金融危機之後，每年都會召開東亞高峰會和外長會議。會議成果包括簽署「清邁倡議」（Chiang Mai Initiative），在發生危機時相互提供緊急資金，和成立東協加三總體經濟研究辦公室（ASEAN＋三 Macroeconomic Research Office，AMRO），來監督、分析參加國的經濟和金融狀況，目標為穩定貨幣。

未來也將緩步推動區域全面經濟夥伴協定（Regional Comprehensive Economic Partnership，RCEP），實現東協加六的高度整合，並強化對外合作。

深化區域整合，發揮經濟效果

上述區域整合和與非會員國展開合作的策略，透過活絡貿易活動，已在東協的經濟發展上看到成效。

分析東協的域內貿易比例（域內出口額占東協總出口額的比例），可發現一九八〇年代尚未簽訂AFTA前的比例為一八%，一九九七年因亞洲金融危機而一度銳減，但到了二〇〇〇年又攀升到二五%（圖表3）。進入這個時期，在電氣設備等領域具備技術優勢的日本、韓國及台灣等國，與勞動力充足的東協之間，發展出產業分工模式，使東協成為亞洲供應鏈的一環。東協之所以能成為東亞供應鏈的一環，除了東協的經濟成長剛好在這個時期達到頂峰之外，廢除關稅等策略，也建立起東協經濟圈的基礎。

二〇〇〇年代中期以後，域內貿易比率的成長趨穩，與中國的貿易比例則逐漸升高。二〇〇五年東協與中國簽訂的FTA（ACFTA）奏效，東協與中國之間的電子機器、零件貿易、印尼對中國的煤炭出口量都增加，東協供應鏈的觸角延伸至中國。當初東協經濟整合的目的之一在於對抗中國，但FTA串聯起東協和中國的供應鏈，讓東協也受惠於中國的經濟發展，雙方的經濟關係從對抗逐漸走向合作。

未來將持續邁向整合

雖然東協已完成局部性的經濟整合，但尚未走完整合之路。東協經濟整合速度緩慢的原因，在於必須仰賴各會員國自願性推動經濟整合。就算會員國態度消極，也缺乏可適用的罰則。比起歐盟（EU）會員國依據協定，交出部分主權給歐盟、設立具有行政權力的決策機構，快速達成區域性的經濟整合模式，採漸進模式的東協，其經濟整合的層次較低。

如同我們在主題1所看到的，東協各國經濟發展階段差異大且擁有多元文化，異質性遠大於歐洲。

圖表3　東協貿易對象結構比例

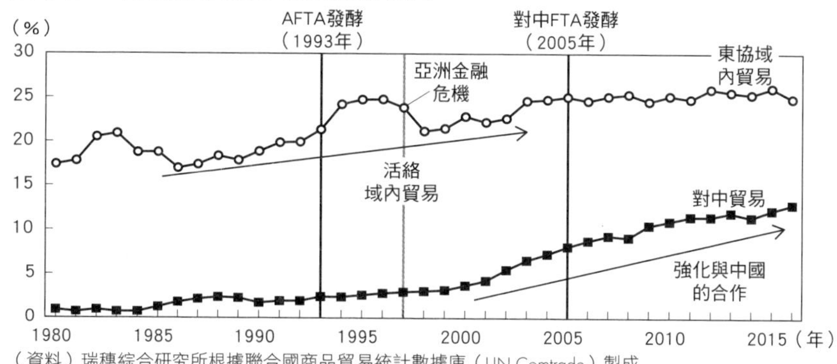

（資料）瑞穗綜合研究所根據聯合國商品貿易統計數據庫（UN Comtrade）製成

圖表4　比較東協經濟共同體（AEC）與歐盟（EU）、經濟夥伴協定（EPA）的差異

	AEC	EU	EPA
廢除關稅	○	○	○
消除非關稅障礙	○	○	△
貿易便捷化	○	○	○
共同對外關稅	X	○	X
專業認證相互承認	△	○	○
服務貿易自由流通	○	○	○
投資自由流通	○	○	○
專業勞力自由流動	△	○	△
保護智慧財產權	○	○	○
開放政府採購市場	X	○	△
競爭政策	△	○	△
域內合作	○	○	○
共同貨幣	X	○	X

（注）○：實施。△：實施，但限定範圍。X：不實施。
（資料）瑞穗綜合研究所根據石川、清水、助川（2013）「東協經濟共同體與日本：巨型整合市場之誕生」（ASEAN経済共同体と日本：巨大統合市場の誕生）等資料製成

因此，對東協而言，必須做好萬全準備，與經濟發展階段較低的後進國，共同展開高層次的經濟整合，堅持一致決和不干涉內政的原則，花時間獲得各國認同，才是實現經濟整合的實際做法。

要達成理想中的經濟整合，時間或許比目前AEC藍圖所設定的二〇二五年更漫長，但相信東協能穩健地打造此經濟圈的魅力。

主題

04 東協的魅力②中產階級群體擴大

~中所得以上族群增加，消費市場擴大

過去十年中產階級群體擴大

東協各國在經濟加速成長的榮景中，中高所得階層的比例年年攀升。根據世界銀行統計的每人每日消費支出和所得資料，將各國的所得階層分為①貧窮、②低所得層、③中所得層、④中高所得層、及⑤高所得層等五級，可看到所有東協國家在過去約十年間，進入更高所得階層的比例都增加了（圖表1）。

而且，不僅是占整體比例升高，中所得層以上的人口確實也增加了。以中所得以上的比例和聯合國的人口變動報告來計算，東協各國中所得層以上的人口，皆呈現增加的趨勢，尤其越南、泰國、印尼各國在過去十年間，中所得層的人口皆增加了約二千萬人。

未來將邁向更高所得的階層

根據先行研究的論點，當人均ＧＤＰ升高，中所得層以上的人口也會隨之攀升。因此，對照東協各國過去的中所得層以上人口比例和人均ＧＤＰ，可發現中所得層的人均ＧＤＰ，已迅速突破六千美元（圖表3）。

假設這樣的論點不變，國際貨幣基金組織（International Monetary Fund，ＩＭＦ）預估，印尼和菲律賓的人均ＧＤＰ將在二〇二二年達到五千美元、越南將超過三千美元，而這些國家中所得層的人口也會暴增。另外，一樣根據ＩＭＦ的預測，馬來西亞的人均ＧＤＰ將增加到一萬四千美元、泰國將接近八千美元，兩國中所得層的人口將進入成長停滯狀態。不過，如圖表3所示，中高所得層和高所得層的人數，有逐漸增加的趨勢。

耐久財消費支出再增加

中所得層以上人口的成長，會增加耐久財的消費支出。世界銀行按各國所得階層，將消費階層分為①最低層、②低層、③中層及④高層，以消費支出細項來分析東協

圖表1 所得階層人口比例的變化

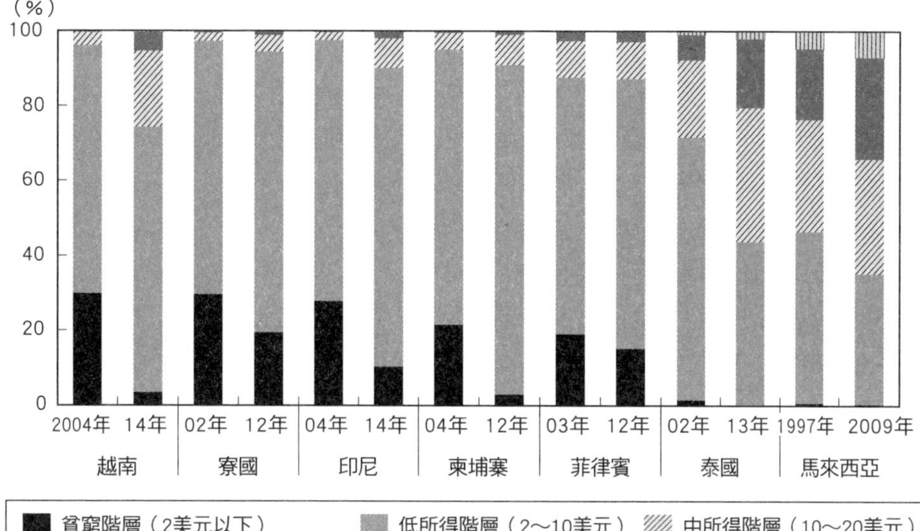

(注)1.馬來西亞為「人均所得/日」,其他國家則為「人均消費支出/日」。
2.根據皮優研究中心(Pew Research Center)「A Global Middle Class Is More Promise than Reality」為所得階層分級。
3.以美元做為購買力平價(Purchasing Power Parity,PPP)的計算基準。

圖表2 中所得層以上的人口成長數

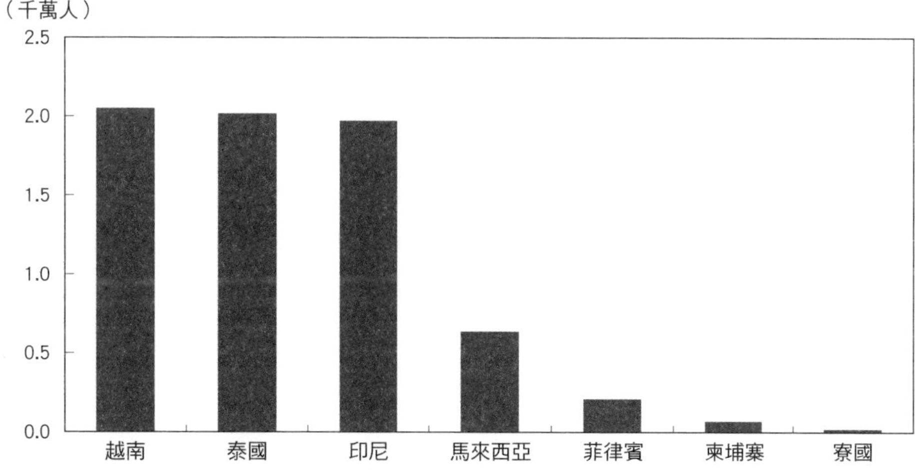

(注)各國於圖表1所示,年間增加的中所得層人口。
(資料)瑞穗綜合研究所利用世界銀行PovcalNet資料庫和聯合國資料製成

主要國家的趨勢，可發現消費階層從低層逐漸轉移到中層，消費者減少了食品的支出比例，而增加了住宅、汽車等高價耐久財，和通訊機器、服飾、鞋子等廉價耐久財的消費支出（圖表4）。

另外，在消費階層從中層進入高層的階段中，除了食品和廉價耐久財的消費支出比例減少之外，汽車等高價耐久財和購屋的支出則會增加。當所得隨著經濟成長而變高，也會出現耐久財和房屋的購買熱潮。

規模擴大有利振興產業

就像這樣，耐久消費財的市場，隨著所得階層提升而擴大，由於日本品牌的較受信賴，因此早有日本企業將部分耐久財的生產移轉至東協。最明顯的案例就是汽車。人口規模多、人均GDP超過三千美元的泰國和印尼，都已經有很多日本汽車產業進駐。而人均GDP接近三千美元的菲律賓，二〇一六年度的汽車銷售量比前年成長二五％，因應市場快速成長，日本汽車廠商也開始在當地進行製造生產。

電子商務帶動消費市場升溫

除了耐久財消費變多，所得水準提升也會增加消費財的選項，隨著IT等科技發展和手機普及化，東協各國的電子商務也有顯著的成長。尤其在印尼，屬於耐久財消費的汽車消費擴大，汽車普及化造成嚴重的塞車問題，因此有愈來愈多人透過手機APP利用機車宅配服務等。電子商務不受空間限制，有利進一步擴大市場。

關鍵在於看準當地需求

耐久消費財的成長和電子商務的榮景，促成周邊其他亞洲國家進入東協市場，市場競爭激烈。例如，中國在廉價手機和電子商務領域的占有率，大幅領先其他國家，迅速擴大市場發展。還有，隨著韓國汽車和家電產品的普及，KPOP（韓國流行音樂）、韓劇、電影、時尚等文化領域的消費市場也跟著擴大。最後，不僅這些外資企業之間，他們與在地企業也相當競爭，未來必須因應當地需求進行商品研發，並提供更細緻的服務。

圖表3 名目人均GDP與各所得階層的比例

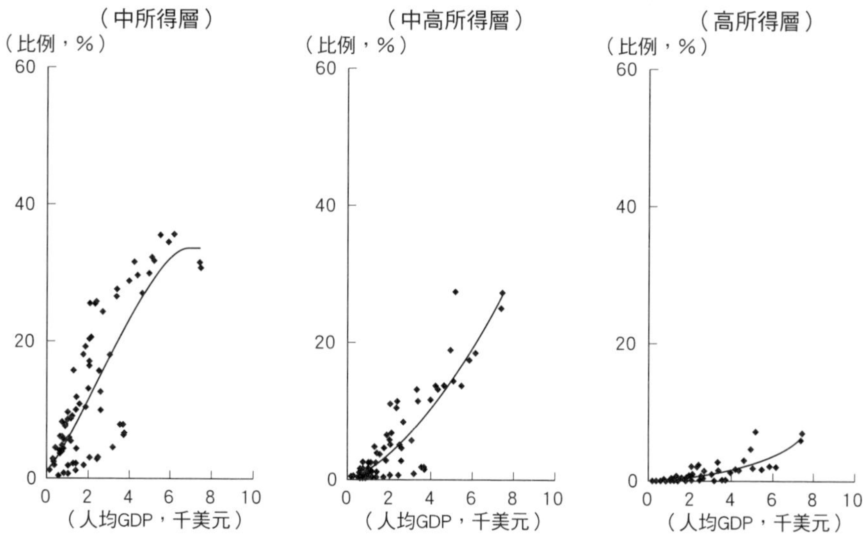

（注）所得階層與人均GDP的對照法，參考日本綜合研究開發機構（NIRA）「帶動亞洲〔內需〕的所得階層」。
（注）瑞穗綜合研究所利用世界銀行PovcalNet資料庫和綜合研究開發機構（NIRA）的資料製成

圖表4 所得階層變化與消費比例的增減

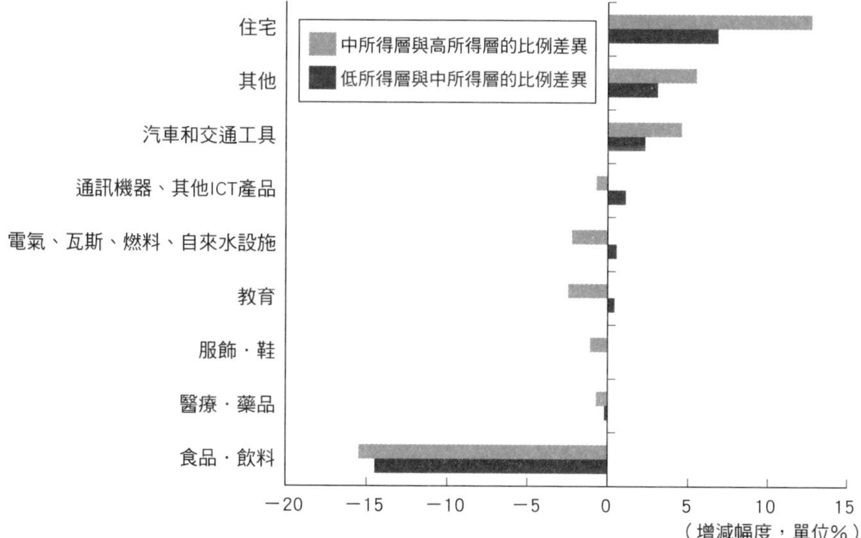

（注）1、低所得層的人均所得／日為2.97～8.44美元，中所得層為8.44～23.0美元，高所得層為23.0美元以上。
2、泰國、印尼、菲律賓及越南四國的增減幅度為平均後的數值。
（資料）瑞穗綜合研究所利用世界銀行Global Consumption Database製成

主題

05

東協的魅力③基礎設施建設

～基礎建設需求旺盛，掀工程競標熱

需求持續旺盛至二〇三〇年

ＡＳＥＡＮ的成員國中，除了部分國家以外，基礎設施普遍落後。例如，世界銀行利用針對物流業者進行的民意調查，製作了物流績效指數（Logistics Performance Index，ＬＰＩ）排行榜，從其中一個評分項目「基礎建設品質」來看，雖然被列為高所得和中高所得的新加坡和馬來西亞排名在前面，但其他國家的水準幾乎都低於世界平均，尤其較晚加入東協的柬埔寨、寮國及緬甸，基礎建設更是嚴重落後（圖表1）。另外，瑞士非營利組織世界經濟論壇（World Economic Forum）針對各國實施的基礎建設評估，也出現相同的結果。基礎建設落後是導致投資者卻步和競爭力低下的主因。反過來講，完善的基礎建設不僅可提供誘因，吸引外資到相關國家內進行投資，還能提升生產力，強化競爭力。

ＡＳＥＡＮ地區未來將有龐大的基礎建設投資需求，一旦滿足這個需求，就有望提升基礎設施的水準。亞洲開發銀行（Asian Development Bank，ＡＤＢ）在二〇一七年發表的報告中，針對成員國中的四十五個開發中國家，估算二〇一六至二〇三〇年間的基礎建設所需資金。此基線情境（baseline scenario）顯示，東南亞地區在這段期間所需的投資總額為二．八兆美元（圖表2）。以這個結果來看，該地區每年需要一千八百四十億美元的資金，占ＧＤＰ比率五．〇％。

以民間資金滿足龐大需求

ＡＤＢ除了公布潛在的基礎建設投資需求之外，也指出每年實際的基礎建設投資額和潛在需求之間，存在極大的落差。以二十四個開發中國家為例，二〇一五年的投資額和潛在需求的差距，高達二千六百億美元（圖表3），其中有約五四％，相當於一千四百一十億美元，都是期望民間資金挹注的領域。且東南亞地區潛在需求和實際投資額的落差，甚至高達九百二十億美元。假設東南亞地區的狀況，同於開發中國家的整體趨勢，則有待民間資金挹注的領域，每年金額約四百六十億美元。

能源供給、物流網建設暗藏商機

我們參考過去的實際數據，具體檢討民間企業在ASEAN地區，到底可以參與哪些基礎建設。世界銀行統計民間企業參與開發中國家基礎建設的結果發現，二〇一〇至二〇一六年間，民間企業在東南亞新興國家參與的基礎建設，近九成都是電力事業。

不過，各國電力事業發展的趨勢互異。例如，雖然柬埔寨、寮國全部都是電力事業（圖表4），但大部分集中於水力發電。

圖表1　全球基礎建設品質排行榜

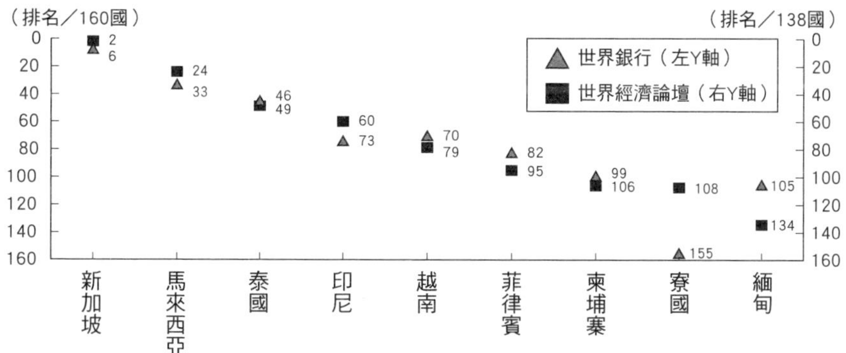

（注）世界經濟論壇中的緬甸數據，為「2015-2016全球競爭力報告」（The global Competitiveness Report）的數值。
（資料）由瑞穗綜合研究所根據世界經濟論壇「2016-2017全球競爭力報告」、「2015-2016全球競爭力報告」及世界銀行「2016 2012年物流績效指數報告」（Logistics Performance Index 2016）製成

圖表2　基礎建設所需資金

	2016～2030年的所需資金（10億美元）	年平均所需資金（10億美元）	年平均所需資金（GDP占比）
中亞	492	33	6.8%
東亞	13,781	919	4.5%
南亞	5,477	365	7.6%
東南亞	2,759	184	5.0%
（印尼）	1,108	74	5.5%
環太平洋地區	42	2.8	8.2%
全體	23,659	1,577	5.1%

（資料）瑞穗綜合研究所根據ADB「滿足亞洲基礎建設需求」（Meeting Asia's Infrastructure Needs）報告製成

另一方面，泰國和馬來西亞的電力事業則以發展太陽能、風力發電等綠能為主。印尼和菲律賓還有地熱發電。

另外，也有少數民間企業參與鐵路、港口等運輸事業。在此領域中，事業數量最多的是菲律賓，機場、港口、鐵路、道路等基礎設施，都可見民間企業參與建設。由於菲律賓前總統艾奎諾三世（Benigno Aquino III）積極推動公共私營合作計畫（ＰＰＰ），因此以當地財閥為中心，推動民間參與運輸基礎建設。

日本政府的基礎建設輸出戰略

日本看準亞洲新興國家旺盛的基礎建設需求，大力支援民間企業參與基礎建設。安倍政權為了推動基礎建設輸出，在二〇一三年召開海外基礎建設戰略會議，在會議上揭示目標，希望達成基礎設施系統訂單額成長三倍，由二〇一〇年的約十兆日圓提高至二〇二〇年的三十兆日圓，而二〇一五年的實際訂單額，已衝高至約二十兆日圓。（編按：二〇一八年十月日圓兌新台幣匯率約為〇．二七，一日圓可兌換〇．二七新台幣。）

日本政府根據基本計畫，針對東協各國訂定合作方針，支援港口、鐵路等交通基礎建設、建置光纖網路、支援人才培育和提升行政效率等。其中部分事業已進入執行階段，例如二〇一六年以日本企業為主所組成的企業聯盟，協助建置泰國首都曼谷的都市地鐵紅線建設、緬甸迪洛瓦經濟特區（ＳＥＺ）的港灣基礎建設，以及柬埔寨急救中心的建設等。

工程競標白熱化

東協旺盛的基礎建設需求，也增加了日本以外的國家和國際組織的投資意願，其中最積極的當屬中國。中國於二〇一三年提出一帶一路的構想，希望布建以亞洲為主的基礎建設。

另外，中國為了提供一帶一路基礎建設的資金，於二〇一四年成立了國際金融機構「亞洲基礎建設投資銀行」（簡稱亞投行，Asian Infrastructure Investment Bank，ＡＩＩＢ）。截至二〇一七年八月為止，亞投行共有五十六個會員國，就東南亞地區來講，已通過印尼水壩改良計畫、緬甸火力發電廠建設計畫等。

圖表3　2015年基礎建設投資額（實際）與潛在投資需求之間的差距

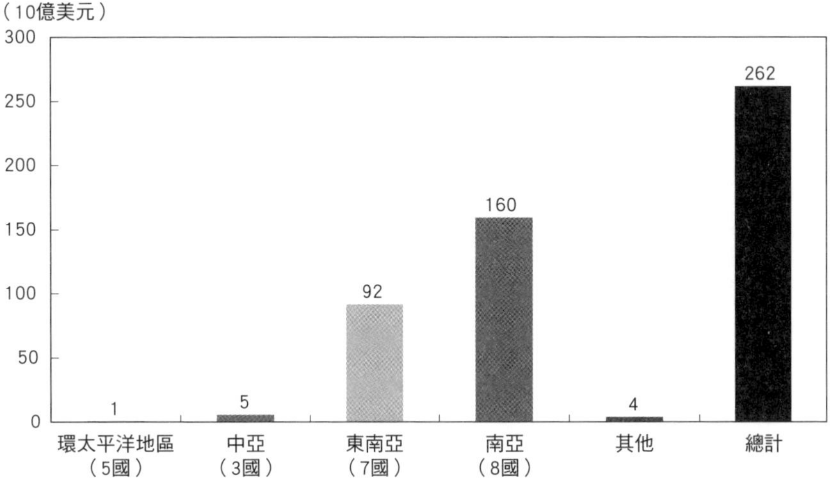

（注）1、東南亞分別為印尼、馬來西亞、菲律賓、泰國、越南、柬埔寨、緬甸等7國。
2、潛在投資需求為2016～2020年5年間的平均額。
（資料）瑞穗綜合研究所根據ADB「滿足亞洲基礎建設需求」報告製成

圖表4　民間企業參與的基礎建設（各國詳情）

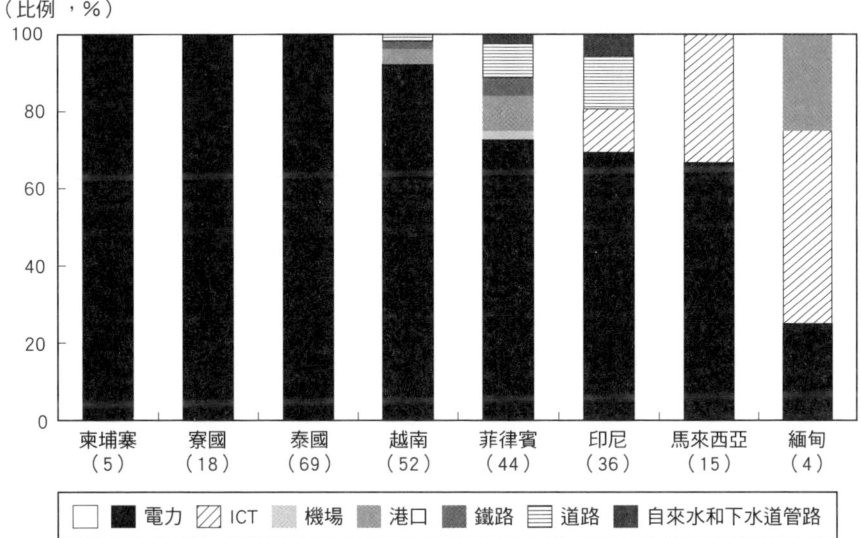

（注）1、統計對象為2010～2016年間，相關單位已簽署計畫出資和融資合約的事業。
2、國名下方（ ）內的數字為總事業數。
（資料）瑞穗綜合研究所根據世界銀行「民間參與公共建設計畫年度報告」（Private Participation in Infrastructure Annual Update）製成

主題

06 東協的外交關係①對美關係

～隨著川普政權的誕生，摸索與美國的適當距離

美國是確保區域安全和貿易的重要夥伴

冷戰期間與美國共同站在反共產主義陣線的大多數東協國家，與美國維持長年的合作關係。以防衛、安全保障合作為例，新加坡長期以來讓美國使用其軍事設施、從美國獲得先進的軍事裝備，並進行聯合軍演等，並於二〇一五年十二月簽署防務合作協定，強化雙方的合作關係。

另外，菲律賓、泰國在韓戰、越戰期間，都是美國的同盟國。雖然一九九二年菲律賓要求美軍撤離克拉克空軍基地，和蘇比克灣海軍基地，不過菲律賓與中國因南沙群島主權爭議加深對立，因此，為了加強菲律賓與美國的同盟關係，雙方於二〇一四年簽署防衛合作擴大協定，允許美軍可以接近或使用菲律賓軍事基地。雖然泰國曾因政變，而一度中斷與美國的軍事交流，不過後來泰國與美國仍共同主導「金色眼鏡蛇」多國軍事演習，並恢復向美方購買武器。

美國也是東協各國的重要貿易夥伴。除了緬甸、寮國、汶萊之外，美國名列二〇一六年東協出口國排行榜的前五名，更是泰國、越南、柬埔寨的最大出口國（圖表１）。不包含緬甸、柬埔寨、寮國，美國也是二〇一六年東協進口國排行榜前五名（圖表２）。二〇〇四年，新加坡成為與美國簽署雙邊ＦＴＡ的第一個亞洲國家。

東協各國成為亞洲廣域性分工生產體制的一環，其所發展出的貿易流程，將原料、零件輸出至供應鏈最末端的中國，在中國組裝後，將成品輸往美國等最終消費市場。如果將這種間接的貿易流程也算進來，那麼美國與東協之間，可說存在著緊密的經濟和貿易關係。

在歐巴馬政權下，強化夥伴關係

另一方面，做為區域性組織的東協，與美國的合作關係發展

圖表1　東協各國出口國・區域排行榜前五名

	泰國	印尼	越南	新加坡	菲律賓	馬來西亞	柬埔寨
1	美國	中國	美國	中國	日本	新加坡	美國
2	中國	美國	中國	香港	美國	中國	英國
3	日本	日本	日本	馬來西亞	香港	美國	德國
4	香港	新加坡	韓國	印尼	中國	日本	日本
5	澳洲	印度	香港	美國	新加坡	泰國	加拿大

（資料）瑞穗綜合研究所根據國際貨幣基金組織（IMF）統計數據製成

圖表2　東協各國進口國・區域排行榜前五名

	泰國	印尼	越南	新加坡	菲律賓	馬來西亞	汶萊
1	中國	中國	中國	中國	中國	中國	美國
2	日本	新加坡	韓國	馬來西亞	日本	新加坡	馬來西亞
3	美國	日本	日本	美國	美國	日本	新加坡
4	馬來西亞	泰國	美國	台灣	泰國	美國	印尼
5	韓國	美國	台灣	日本	韓國	泰國	日本

（資料）瑞穗綜合研究所根據國際貨幣基金組織（IMF）統計數據製成

較晚。「東南亞友好合作條約」（The Treaty of Amity and Cooperation in Southeast Aisa，TAC），是基於固守東南亞和平、穩定及合作所簽署的條約。東協一直到二〇〇〇年才開始呼籲區域外的各國加入，有意以TAC為軸心，強化對外的外交關係。雖然中國、印度在二〇〇三年；日本、韓國在二〇〇四年分別簽署該條約，但譴責鎮壓緬甸民主化運動的美國，在當時仍未加入。

成立於二〇〇九年的歐巴馬政府，採取將全球戰略重心移往亞洲・環太平洋地區的「再平衡戰略」（Rebalancing Strategy），改變了對東協的外交立場。在二〇〇九年簽署TAC，並於二〇一一年首次以TAC簽約國的身分，參加由東協主導的東亞高峰會。美國也強化與東協各國之間的雙邊關係，例如分別於二〇一〇年、二〇一三年、二〇一四年與印尼、越南、馬來西亞簽署全面夥伴協定，就強化政治、外交、經濟、安全保障等廣泛領域，達成協議強化交流與合作。並且，隨著緬甸於二〇一一年逐步民主化，美國於隔年放寬對緬甸的經濟制裁措施，二〇一六年緬甸經歷政黨輪替後，美國肯定緬甸民主化的發展，並於同年十月正式解除對緬甸的經濟制裁。

歐巴馬政權的外交立場，除了「再平衡戰略」原則之外，也希望透過與東協合作，將中國納入國際秩序，促使中國遵守世界貿易體系規範與國際法律規則。雖然東協各國與中國之間有著緊密的經濟關係，但同時也存在著南海主權爭議，各國在維持與中國穩定經濟關係的狀態下，也重視強化對美關係，以牽制中國在南海的勢力。

然而，歐巴馬「再平衡戰略」的成效，也未必符合東協的期待。歐巴馬政權拿不出有效的手段抑制中國在南海的活動，中國在南海填海建造人工島，強化對該海域的實質支配。甚而，內政問題堆積如山的歐巴馬總統，二〇一三年取消出席東協的重要會議，被東協各國視為是輕視亞洲的舉動。而以強化與美國的關係，來促進亞洲地區民主主義和人權發展為目的之一的「再平衡戰略」，對於厭惡內政被干涉的東協而言，也未必都是利多。菲律賓等部分東協國家，則與干涉內政的歐巴馬政權保持距離，轉而親中以追求實質利益。在這樣的局勢下，歐巴馬政權重振「再平衡戰略」，積極經營「跨太平洋夥伴協定」（ＴＰＰ），二〇一五年完成談判並達成基本協議。ＴＰＰ對於與美國之間沒有簽訂ＦＴＡ的越南、馬來西亞而言，具有相當重大的意義，也影響了其他非ＴＰＰ成員國的東協國家的貿易立場。

美國政黨輪替，政策不明

二〇一七年一月川普總統上任。同年四月和八月，美國副總統彭斯（Mike Pence）、國務卿提勒森（Rex Tillerson）分別出訪東協，宣布維持貿易、安全保障、南海議題等方面的合作關係。但儘管川普總統親自出席了十一月於越南峴港舉辦的亞太經濟合作會議（ＡＰＥＣ）領袖峰會，和菲律賓馬尼拉舉辦的東協高峰會，並表明將維持與亞洲的關係，卻未針對經濟、安全保障等議題，提出具體的戰略。ＴＰＰ是歐巴馬政權「再平衡戰略」中，具有象徵意義的成果，川普總統一上任就立刻退出ＴＰＰ，且不

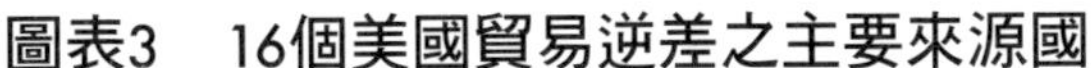

圖表3　16個美國貿易逆差之主要來源國

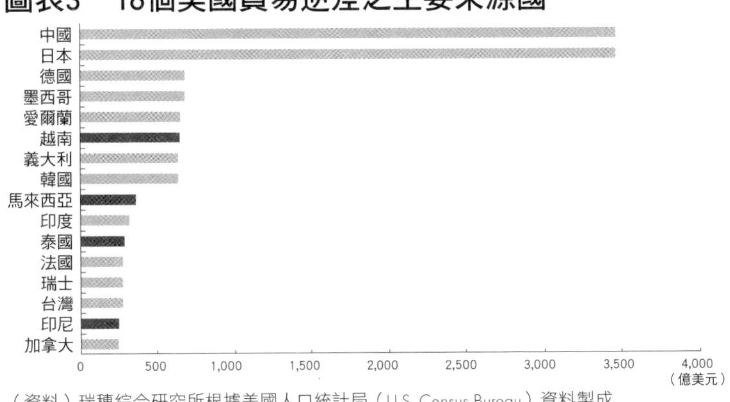

（資料）瑞穗綜合研究所根據美國人口統計局（U.S. Census Bureau）資料製成

重視緊接著東協高峰會登場的東亞高峰會，不可否認這些舉動，皆令東協各國感到美國與亞洲國家的關係更加遠離。

其中，川普總統明確指出貿易失衡的問題。川普總統偏好透過雙邊會談，解決貿易失衡的問題。

就貿易失衡方面，川普總統重視的是美國對各國的貿易赤字。雖然川普總統猛烈抨擊對中國的巨額貿易逆差，但其實美國對東協各國的貿易收支，也是赤字。二〇一七年三月，川普總統簽署行政命令，針對十六個貿易赤字國的不公平貿易行為展開調查，東協的泰國、印尼、馬來西亞及越南，都被列入調查對象（圖表3）。美國表示將依據調查結果實施制裁措施，這些國家與中國一樣，都就貿易問題與美國陷入對峙。

越南、印尼等部分國家主動表示，願意與美國簽訂大量進口契約，解決貿易失衡的問題，避免與美國直接衝突，但美方態度不明。如何在與中美兩國的合作與對立中找到平衡點，摸索出各自的外交定位，是東協各國共通的課題。

（編按：因為美國川普總統宣布退出TPP，對TPP造成重大衝擊。二〇一七年十一月APEC會議期間，由十一個會員國共同宣布，TPP（跨太平洋夥伴協定）將正式改名為CPTPP（跨太平洋夥伴全面進步協定，Comprehensive and Progressive Agreement for Trans-Pacific Partnership），並於二〇一八年三月八日完成簽署。尚未生效。本書沿用TPP一詞。）

主題

07 東協的外交關係②對日關係

～東協最大的援助國

日本對東協發展貢獻良多

日本在第二次世界大戰中，占領了許多東協國家，戰後各國都曾發生反日活動，雙方的關係並不友好。爾後，日本政府支付東協各國戰後賠償金，同時也展開經濟合作。一九七七年戰爭賠償全數支付完畢後，當時的福田赳夫首相在菲律賓馬尼拉，承諾日本不會成為軍事大國，宣示與東協建立信賴關係，成為對等合作夥伴等外交原則（福田三原則），為現在的日本．東協關係建立了基礎（圖表1）。自此，日本政府透過政府開發援助（Official Development Assistanc，ODA）等政策，急速深化與東協的合作關係。目前為止，日本政府已參與跨越湄公河地區的東西．南北經濟走廊的幹線道路整修建設，和島嶼國的港口建設，是東協最大的ODA援助國，協助東協鞏固經濟發展的基礎（圖表2）。過去，以援助印尼、菲律賓、泰國等較先進的東協國家為主，但近年來則將範圍拓展至越南、緬甸等較落後的國家。

一九九七年亞洲金融危機期間，也由日本主導創立雙邊援助和基金，支援東協發展。之後，東協與中日韓之間，也簽署了「清邁倡議」，允許在危機發生時，相互融通外匯，讓亞洲到目前為止，尚未再出現金融風暴。

日本政府的深耕，為日本企業進入東協打造下良好的基礎。對外直接投資，是以在本地成立子公司或收購當地企業為目的，從投資總額的對外直接投資餘額看來，東協無疑是強勁的投資目標（圖表3）。相對的，日本企業進入東協，也能進行技術移轉合作、創造就業機會，進一步協助各國的產業發展。日本企業在東協的汽車產業和家電產業上，扮演著相當重要的角色。

日本近年來也受惠於東協

日本透過經濟合作和直接投

圖表1　日本與東協的關係史

1967年	東協成立
1973年	召開「日本・東協合成橡膠論壇」（初次合作關係）
1977年	戰爭賠償金全數支付完畢
	福田赳夫首相（時任）在菲律賓馬尼拉發表「福田三原則」聲明 東協外交原則（福田三原則） （1）日本不會成為軍事大國，貢獻世界和平 （2）與東協建立相互信賴關係 （3）與東協成為對等合作夥伴，致力於和平與繁榮
	首次日本・東協高峰會
1997年	亞洲金融危機 日本提供八百億美元援助金
2008年	東協和日本達成全面經濟夥伴關係協定（AJCEP）

（資料）瑞穗綜合研究所根據日本外務省資料製成

圖表2　日本與東協的關係史

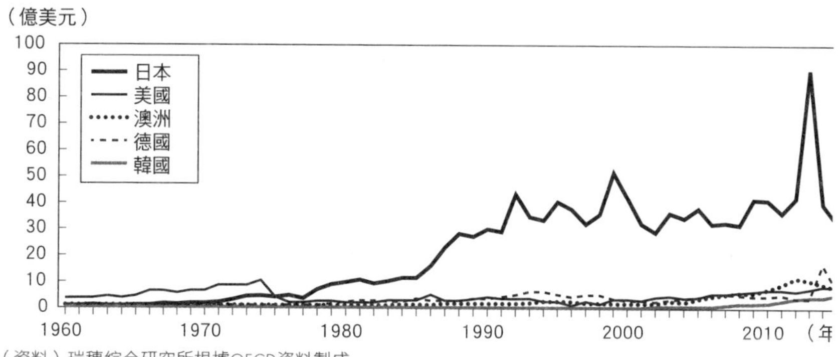

（資料）瑞穗綜合研究所根據OECD資料製成

圖表3　日本的直接投資餘額

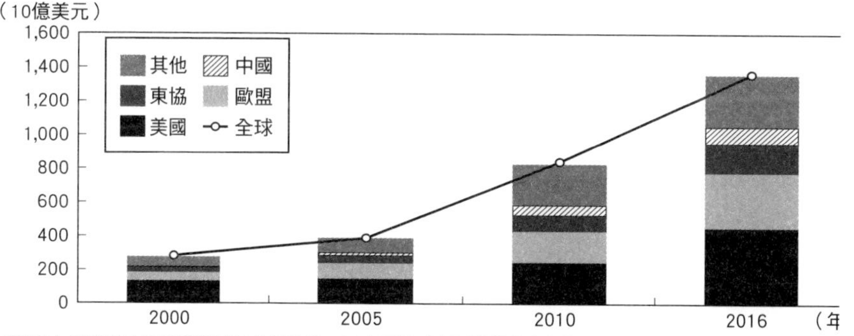

（資料）瑞穗綜合研究所根據日本財務省、日本銀行「本國對外資產負債餘額」資料製成

資，促進了與東協的友好關係。實際上，日本外務省針對東協各國實施對日本觀感民意調查，結果顯示親日的國家居多（圖表4）。日本國家形象的提升，也對日本經濟產生正面的影響，特別是觀光業的影響。隨著日本放寬東南亞觀光簽證規定、開通廉價航空（ＬＣＣ）航線等措施，東協六國的旅日遊客人數，從二〇一〇年的七十萬人，暴增至二〇一六年的二百五十萬人（圖表5），旅遊消費額上升了約二千九百億日圓，對活化日本的經濟有極大貢獻。

過去，日本與東協處於單向援助的狀態，但近年來日本也開始受惠於東協，轉變為雙方互惠的關係。

中國崛起，弱化日本存在感

近年來，中國也積極與東協展開經濟合作，尤其擴大基礎建設的融資。整體而言，由中國主導的亞投行，不但所有東協國家都有出資；陸路和海陸連接中國與歐洲的「一帶一路」構想，抱以能投資自己國家基礎建設的期待，都能看出東協對中國的參與，抱持肯定的態度。

然而，東協仍然維持一貫的外交立場，避免只與特定國家、地區互動，而是與所有的外交夥伴維持穩定的關係。東協以此立場維護自身的實質利益，審慎地在日本和中國之間謀求平衡的關係。日本和擁有共同價值觀的美國，也合作牽制中國在亞洲的勢力。川普上任後，美國的立場不變。對於極力避免在美中日等大國間失聲的東協，日本除了與其保持適當距離之外，也應展現建立互惠經濟合作的態度。

日本政府做出差異化，與中國互別苗頭

日本政府仍然希望強化與東協的關係。二〇一二年安倍第二次上任後，就選擇東協做為首次出訪的地區，可見重視程度非同一般。

日本政府利用技術能力，採取與中國不同的策略，形成差異化。自二〇一五年起，日本與亞洲開發銀行共同推動五年約十三兆日圓的基礎建設投資計畫，提供考量耐久性、環境、社會、防災等因素的基礎建設投資，不僅追求援助「量」，更講究提升「品質」。

另外，日本也致力於人才培育，以促進基礎建設和產業結構高度化。日本提出「產業人才培育合作倡議」，目標是在二〇一五年

至二〇一七年間，培訓四萬名產業人才。針對管理階層人才短缺的越南，派人員至日本進行經營管理研修；與泰國共同設立泰日工業大學，透過高等技職教育，培育可建設高品質基礎設施的人才。由於這類優質技術的投資成本高，因此與東協各國充分共享日本的價值觀和理念，也相當重要。

圖表4　東協各國的日本的觀感（與日本的關係）

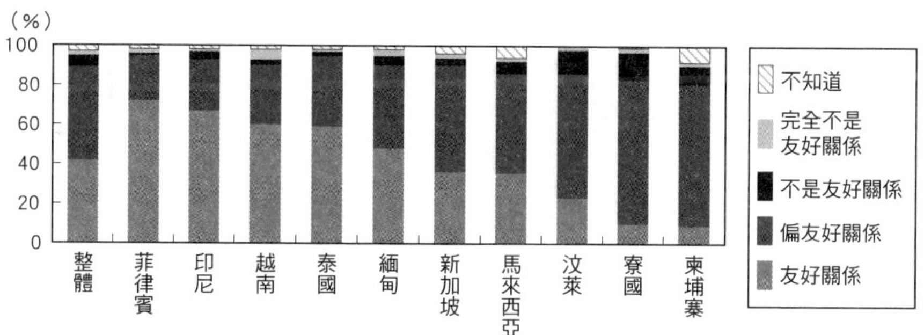

（資料）瑞穗綜合研究所根據日本外務省資料製成

圖表5　ASEAN的旅日遊客人數

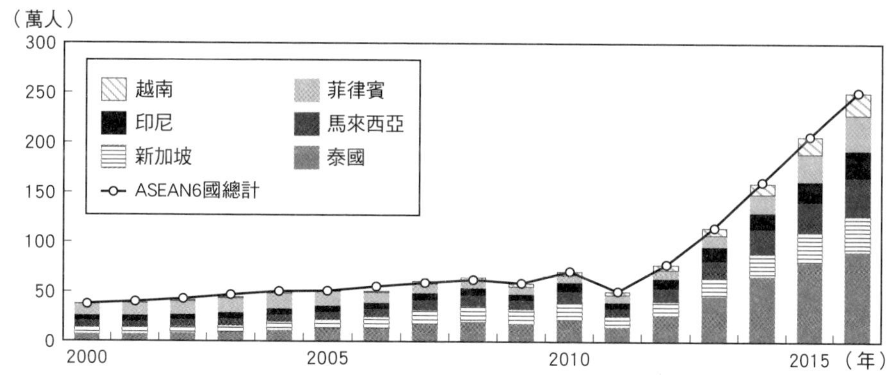

（資料）瑞穗綜合研究所根據日本觀光廳資料製成

主題

08 東協的外交關係③對中關係

～努力在對立與合作中找到平衡

傳統上眾多親中舊社會主義國家

東協成立於一九六七年，創始會員國為新加坡、泰國、馬來西亞、印尼及菲律賓五國。東協創立之初，越南正值南北分裂的越戰（圖表1），柬埔寨和寮國的社會（共產）主義勢力日漸擴張，支持南越的美國，憂心東南亞各國被社會主義控制，也促成成立以反社會主義陣營為中心的東協。美國擔憂出現骨牌效應，即若有一國被共黨赤化，鄰近國也會接著被赤化，因此相當重視與這五國的關係。

越戰（一九七五年北越統一南越）結束後，越南、柬埔寨、寮國成為社會主義國家，這三國與一九六〇年代起就採行社會主義的緬甸，與中國從以往就關係深遠。

然而，這些社會主義國家，並非全都與中國維持著良好的和平關係。一九七八年，越南入侵民主柬埔寨，推翻獲得中國支持的波布（Pol Pot）政權，此事件引爆隔年的中越戰爭，導致中國與越南和其友好鄰邦寮國的關係惡化。在越南的支持下，驅逐波布政權的柬埔寨人民共和國（越軍撤退後，改名為柬埔寨王國），後來轉而強化與中國的關係，寮國也步調一致。自此以來，柬埔寨、寮國、緬甸都維持親中的外交路線。中國之所以特別重視東協的湄公河地區，原因正是如此。

但隨著緬甸於二〇一一年邁向民主化，也逐步改變與中國的關係。

圖表1　越戰參戰國和周邊援助國

參戰	參戰
蘇聯	美國
中國、北韓	韓國、澳洲、紐西蘭
越南民主共和國（北越） 南越民族解放戰線（越共）	越南共和國（南越，1955～1975）
民主柬埔寨（波布政權）	高棉共和國（1970～1975）
巴特寮（Pathet Laos）寮共（寮國國家建設陣線）	寮王國（1953～1975）
	菲律賓、泰國
援助	**援助**
緬甸（當時英文名稱為Burma）	馬來西亞

（注）採1967年當時的國名。
（資料）瑞穗綜合研究所製成

南海主權爭議成為衝突導火線

另一方面，深化對美關係的東

協各國，雖然長期以來避免與中國直接衝突，但中國正式前進南海的舉動，都曾引發與菲律賓、馬來西亞及印尼等國之間的主權爭議（圖表2）。與中國相鄰的越南，也在領土權益問題上與中國對立。東協國家中，傳統上走親中路線的柬埔寨、寮國等，與中國之間向來沒有海洋權益爭議，因此所採取的對中外交立場，明顯不同於越南、菲律賓等，與中國之間潛在著海洋權益問題的國家。

東協會員國每年輪流擔任東協主席。依整合東協全體意見的主席國立場不同，東協對南海爭議的聲明也在反中、親中之間搖擺不定，反映出各國對中國外交立場的差異。

對中國大動作前進南海，抨擊最強烈的當屬菲律賓。相當看重海洋權益的菲律賓政府，在前總統艾奎諾三世執政時代的二〇一三年，把與中國的南海紛爭提交設於荷蘭海牙的常設仲裁法院，抗議中國對南海宣稱主權，認為其在該海域興建人工島違反國際法，二〇一六年七月仲裁法院判定：「中國在南海主張的九段線歷史權利，沒有國際

圖表2　中國前進南海

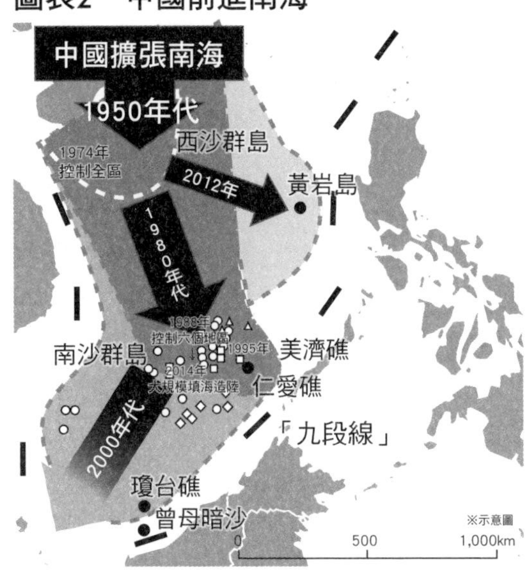

相關年代表

1950年代：法軍撤退
↓
1950年代：中國占領西沙群島東半部
（南越同時也入侵西沙群島）
1973年：美軍撤離南越
↓
1974年：中國全面控制西沙群島（擊退南越）
（1975年：南越政權垮台〔越戰〕）
1980年代中期：蘇聯在越南的駐軍減少
↓
1980年代：中國入侵南沙群島
1988年：中國占領南沙群島六個地方
1992年：美軍撤離菲律賓
↓
1995年：中國占領美濟礁
2000年：中國前進南海海域南部
2012年：中國實際掌控黃岩島
2014年：中國在南沙群島展開大規模填海造陸工程

（資料）日本防衛省「中國在南海的活動」（2016年2月）

法律基礎，中國所興造的人工島也非島礁。」判決結果顯示菲律賓大獲全勝。

然而，二〇一六年現任總統杜特蒂上任後，態度與前任總統艾奎諾三世大相逕庭，將海洋權益爭議擱一邊，以改善與中國的關係為優先，外交立場大轉彎，震驚東協和國際社會。杜特蒂總統擱置海洋權益爭議，成功換取中國鉅額援助。

就海洋權益紛爭，東協各國立場分歧。

東協拿捏與中國的距離

東協對中政策搖擺不定，原因之一，是各國在經濟方面對中國的依賴度逐漸變高。中國幾乎是所有國家最大的貿易對象國，中國與東協之間的貿易額，比日本與東協之間高出二倍以上（圖表3）。

二〇〇三年中國與東協建立戰略夥伴關係、二〇一〇年簽署東協中國ＦＴＡ等，布署完善的制度。除了貿易，中國對東協的基礎建設投資，也展現高度存在感。儘管日本長期以來在該領域深耕（請參閱主題7），但中國積極追趕。中國於二〇一五年設立的亞投行，東協十國皆有出資。中國提出「一帶一路」構想，企圖經陸路和海陸連接中國與歐洲，建立一大經濟圈，其中由於海陸路線會通過東協，因此沿線的東協各國，無不期待該構想能帶動國內的基礎建設。實際上，除了傳統上親中的柬埔寨和寮國領袖之外，越南、菲律賓、馬來西亞及印尼的領袖，皆出席了二〇一七年五月在北京舉辦的「一帶一路」高峰會，顯示各國對此構想懷有高度期待。在同構想的架構下，也將推動東協經濟走廊建設、高速鐵路計畫等（圖表4），未來發展受備受矚目。

如上所述，東協各國無法忽視中國在經濟方面的存在感。二〇一八年，基於東協‧中國ＦＴＡ的協定，擴大廢除關稅項目，完成制度面的升級進化。

在經濟上與中國關係緊密，並不代表接受中國對南海的主權主張。因此，對於中國影響力過度擴張，也不能放鬆警戒。東協當初之所以如此重視ＴＰＰ，除了確保對美貿易通道之外，目的也在於藉強化對美關係，牽制中國勢力，以保障地區安全。東協在由中國主導的「一帶一路」和美國主導的ＴＰＰ中取得平衡，維持與中美兩國平衡的外交關係，但美國退出ＴＰＰ各國譁然。如何預測美國的外交政策，與中國在對立和合作中取得平衡，是令東協相當苦惱的問題。

圖表3　中國・東協間與日本・東協間的貿易總額

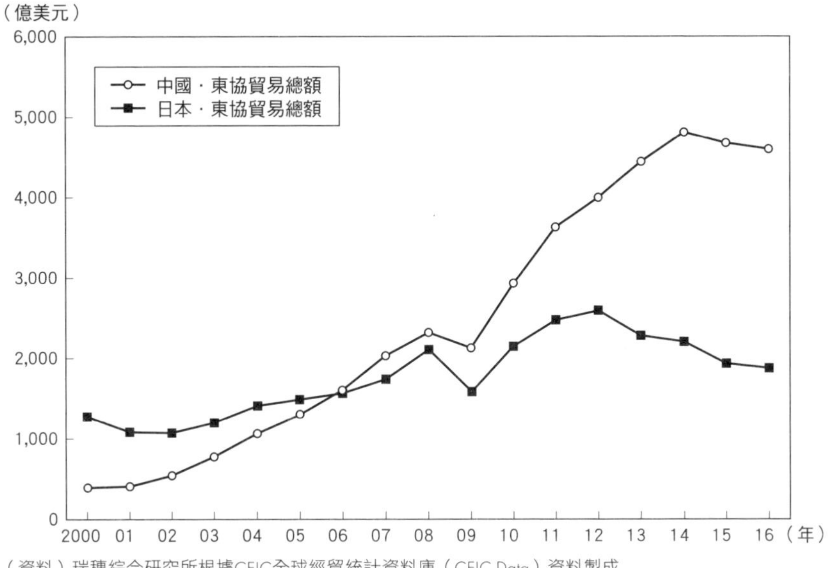

（資料）瑞穗綜合研究所根據CEIC全球經貿統計資料庫（CEIC Data）資料製成

圖表4　一帶一路構想下的東協基礎建設計畫

緬甸

2013年9月 中國與緬甸天然氣管線貫穿緬甸全境。
2015年1月 中國與緬甸原油管線貫穿緬甸全境。

泰國

2015年12月中泰鐵路開工。

越南

2015年4月越南海陽燃煤電廠開工。
2015年7月越南永新燃煤電廠一期施工。
2015年9月越南下龍灣水力發電廠竣工。

印尼

2016年1月連接雅加達與萬隆的高速鐵路工程開工。

寮國

2015年12月中寮鐵路寮國段開工。

柬埔寨

2016年6月進行「西哈努克港經濟特區」的「百家企業入園」。
2016年10月東南亞電氣通訊柬埔寨計畫，成為「一帶一路」生產能力・投資合作重點計畫。

（資料）擷取自人民網「2013～2016年一帶一路計畫成果」中的東南亞部分

主題

09 東協的風險①經濟風險

～幣值不穩定

亞洲金融危機的夢魘

回顧東協的經濟發展，數度出現幣值大跌，以及隨之而來的總體經濟不穩現象。未來，如何看出幣值大跌的預兆，對於管控總體經濟風險相當重要。

東協經歷過的最大風暴，當屬一九九七年七月發生的亞洲金融危機。導火線為泰國放棄固定匯率制，當時泰國原本採行以泰銖釘住美元的固定匯率制，但因泰銖在外匯市場被大量拋售，而有走貶的壓力。泰國中央銀行出手干預，拋售美元改買泰銖以支撐泰銖匯率，外匯儲備終於陷入枯竭。最後，泰國由於無法維持固定匯率制，因此宣布改採浮動匯率制，失去支撐的泰銖應聲暴跌。

泰銖大跌後，採行固定匯率制的其他亞洲國家貨幣，也出現暴跌的連鎖效應，引發亞洲金融危機。尤其印尼盾受到的衝擊最嚴重，幣值跌八成。

幣值大跌嚴重衝擊東協的實體經濟。第一，進口物價上漲，通膨竄升。第二，許多企業和銀行外幣負債高築，卻因為當地貨幣資產運用失衡，隨著幣值走貶，增加償還外幣債務的負擔，陸續營運破產。第三，各國政府為了穩定幣值，採取金融和財政緊縮政策，景氣急速冷凍。由於上述原因，各國經濟成長接連倒退。

不堪資本迅速流動

泰國採行固定匯率制，資本卻與國外自由流通，是引發貨幣危機的遠因。危機發生前，泰銖對美元的走勢已來到高價位，出口數據欠佳，且海外的投機資金流入，引起房地產泡沫，內需過熱誘發擴大進口，導致經常帳赤字擴大。

這些投機客眼看為了抑制經常帳赤字，泰銖勢必貶值，因此開始拋售泰銖。如前所述，泰銖下跌力道漸強，如投機客所料，固定匯率制崩盤，泰銖應聲大跌。

除了泰國，其他亞洲國家的

幣值也大幅走貶，印尼和韓國是受此金融風暴波及最嚴重的國家，由於企業和銀行的外幣債務膨脹，因此在資金外流和幣值走貶中大受影響。最後，兩國後來與泰國一樣面臨嚴峻的經濟衰退。

從貨幣暴跌中吸取教訓

亞洲金融危機發生後一年，東協各國的貨幣就開始走穩，但仍然數度出現暴跌現象（圖表1）。

例如，①二〇〇〇～二〇〇一年網際網路泡沫破滅（美國資訊類股股價銳減，引發全球景氣衰退）、②二〇〇八～二〇〇九年雷曼兄弟金融風暴（美國銀行破產，引爆全球金融危機）、③二〇一三年的縮減恐慌（美國預告縮減量化寬鬆規模，動搖全球金融市場）、④二〇一五年八月人民幣重貶（中國政府引導人民幣貶值）等，一旦

圖表1　東協主要貨幣對美元匯率

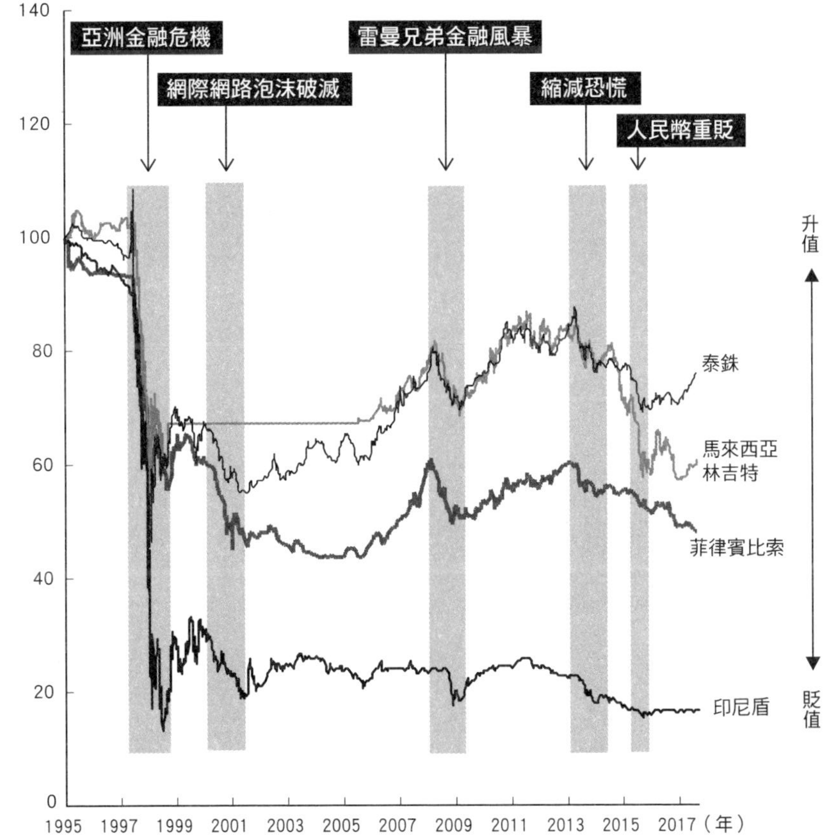

（資料）瑞穗綜合研究所根據Bloomberg資料製成

發生動搖全球經濟的事件，東協的貨幣就會大幅走貶。

然而，相較於亞洲金融危機，①~④的貶值還算有限，雖然導致各國經濟不穩定，不過並沒有發生相繼陷入負成長的大衰退。

預防金融危機再發生的機制

東協之所以能避免金融風暴再次席捲亞洲，主要是因為布局了多層防護機制。

第一，泰國、印尼、菲律賓及馬來西亞都改採浮動匯率制。由於固定匯率制容易成為投機客的目標，累積貶值的壓力，但變動匯率制不會守住特定匯率，所以不易被投機客鎖定，反而可以避免暴跌。

第二，推行重視經濟穩定的總體經濟政策。在金融政策方面，亞洲金融危機爆發後，泰國、印尼、菲律賓皆導入通膨目標化機制，避免過度放寬或緊縮的金融政策引起經濟動盪。就財政政策方面，各國在營運上開始重視秩序，以削減財政赤字。

有秩序的財政金融政策，可預防泡沫經濟和景氣過熱，並且自二〇一四年中期以後，由於原油價格下滑，也讓部分東協國家的經常帳轉為黑字，或赤字縮小（圖表2）。

第三，各國逐漸增加外匯儲備。現在幾乎所有國家的外匯儲備都滿足三個月的進口額度，或超過償還期在一年以內的短期對外債務額度，可充分因應隨時可能發生的資金外流風險。

第四，東協十國與日本、中國、韓國於二〇〇〇年簽署「清邁倡議」，允許在危機發生時，相互融通外匯。雖然至今尚未啟動過清邁倡議，討論實質效益言之過早，不過有外匯儲備雄厚的日本和中國做後盾，確實可提高東協貨幣的信賴度。

其他應注意的問題和國家

如上所述，東協實施了各種防止貨幣危機的策略，降低再發生一九九七年那種大規模金融風暴的風險。

但是，仍然要注意幾個國家的潛在問題。

例如，近幾年菲律賓因內需旺盛，導致經常帳惡化。二〇一六年的經常帳盈餘幾乎為零，如果目前的經常帳持續惡化，二〇一七年就會首見十五年以來的赤字（編按：該年經常帳確實為赤字）。杜特蒂政府傾向民粹主義，實施擴張性的財政政策，刺激內需擴大進口，導致經常帳惡化。受到經常帳惡化的影響，美元兌菲律賓比索匯率，下滑至十一年來的低點，是東協貨幣之最。

另外，緬甸、柬埔寨、寮國的經常帳赤字依舊龐大，尤其緬甸的赤字明顯惡化。柬埔寨和寮國因為廉價的人力和豐富的天然資源，所以有充足的國際直接投資資金流入，沒有貨幣貶值的壓力；但緬甸由於經常帳赤字擴大，導致資本難以流入國內，因此面臨貨幣貶值的壓力。

菲律賓的經常赤字規模不會膨脹到與一九九七年的泰國一樣，緬甸的金融市場不成熟，難以發生投機資本流出的情形，因此兩國幣制暴跌的可能性都很低。但不可否認的是，確實還存在著走貶的壓力。在這樣的情況下，不禁令人擔心貶值會加速通膨、降低購買力及增加生產成本。

圖表2　東協各國的經常帳（名目GDP占比）

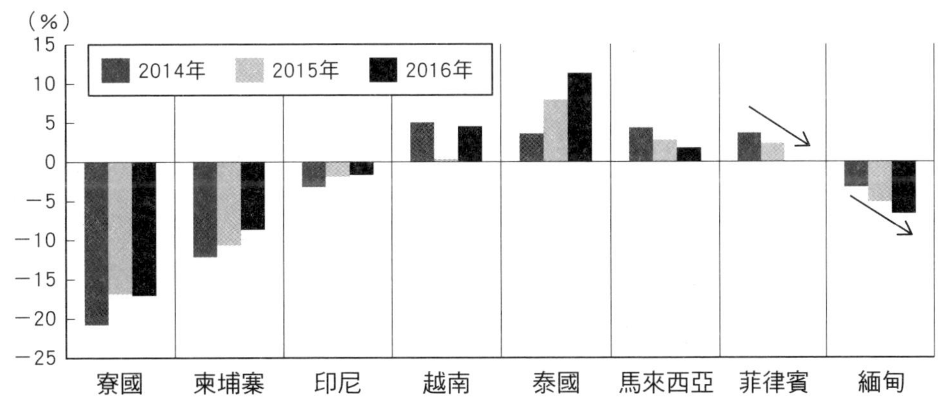

（資料）瑞穗綜合研究所根據國際貨幣基金組織（IMF）資料製成

10 東協的風險②地緣政治風險

～種族、宗教等對立，製造緊張氣氛

地緣政治風險分類

依據日本「kotobank」網路百科全書的解釋：「地緣政治風險是指，存在於特定區域內的政治、軍事緊張情勢升溫，導致全球經濟局勢不明。自美國聯邦準備理事會二〇〇二年九月於聲明中使用此一詞後，即沿用至今。」地緣政治風險原本是貿易、交易市場參與者的用語，但近年來隨著企業全球化，也變成影響經營環境的重大因素。在這裡，我們從哪些重要因素會引發政治、軍事緊張情勢的觀點，來探討東協的地緣政治風險。這類緊張情勢大致可分為①國家對立、②民族對立、③宗教對立、④國內政治對立。實際上，由於各類別大多包含多種因素在內，因此我們依個別因素的重要度加以歸類。

①國家對立

國境紛爭多

首先來看東協區域內的國家紛爭，二〇一七年最嚴重的是柬埔寨和寮國之間的領土問題。同年四月，寮國為了阻止柬埔寨重建國境標識，派遣軍隊進入國境模糊的區域，導致雙方緊張情勢。柬埔寨宣稱，寮國在八月為了阻止柬埔寨工兵築路，擅自越境進入柬埔寨。

除此，雖然越南與柬埔寨之間也有領土糾紛，但雙方政府為了及早解決紛爭，已於二〇一七年三月達成協議。緬甸和泰國也有領土問題。

泰國與柬埔寨之間，曾在二〇一一年因柏威夏寺所屬權（Preah Vihear）的問題，有過軍事衝突。但是，二〇一三年國際法庭宣判，柏威夏寺周圍土地的主權歸屬柬埔寨。

東協各國與域外國家的紛爭，最具代表性的就是和中國之間的南海主權糾紛（請參閱主題8）。緬甸和印度之間也有極小規模的領土問題。

圖表1　東協各國的華裔人口（2013年）

（單位：萬人，%）

	華人		華僑		總計	
印尼	824.1	（3.3）	20.9	（0.1）	845.0	（3.4）
泰國	732.7	（11.2）	14.2	（0.0）	746.9	（11.2）
馬來西亞	658.0	（22.9）	4.3	（0.2）	662.3	（23.1）
新加坡	285.4	（52.2）	3.1	（0.6）	288.5	（52.8）
菲律賓	143.4	（1.4）	0.4	（0.0）	143.8	（1.4）
緬甸	116.1	（2.0）	0.02	（0.0）	116.1	（2.0）
越南	101.5	（1.1）	6.1	（0.1）	107.6	（1.2）
寮國	15.0	（2.3）	0.01	（0.0）	15.0	（2.3）
柬埔寨	13.8	（0.8）	0.3	（0.0）	14.1	（0.8）
汶萊	4.0	（9.7）	2.2	（4.6）	6.2	（14.3）
總計	2,894.0	–	51.5	–	2,945.5	–

（注）華裔中，華人指擁有該國國籍的族群，華僑則不具該國國籍。括號內為人口比例。請注意本表是以不同公式統計各國華人人口。

（資料）瑞穗綜合研究所根據中華民國僑務委員會「2013年華僑經濟年鑑」資料製成

②民族對立與華裔紛爭多

這裡的討論，以宗教對立色彩較薄的民族對立為主。

首先，在東協各國，人口眾多、掌握經濟實權的華裔（圖表1），與人口占多數的原住民之間常有紛爭。

最具代表性的例子是馬來西亞，占多數的馬來系民族，和不滿國家政策獨厚馬來系民族的華裔之間衝突不斷。一九六九年，華裔組成的反對黨慶祝全國選舉勝利的遊行隊伍，與反示威的馬來系民族遊行隊伍發生大規模的暴動。直到現在，華人還是經常不滿政府，而進行反政府遊行。

同樣是馬來系民族占多數的印尼，亞洲金融危機後景氣大衰退，一九九八年也發生大規模的反政府示威活動。當時，印尼原住民認為華裔與政府勾結，把持大量財富，因此示威活動演變成死亡人數超過一千人的排華暴動。近年，印尼也出現反對大量中國勞工湧入的聲浪；二〇一七年，雅加達前華裔市長被控褻瀆伊斯蘭教，被判處二年徒刑。

以越族占多數的越南，也曾於二〇一四年因南海爭議爆發大規模的排華暴動，造成二十一人死亡。菲律賓爆發的排華示威，也起因於南海主權爭議。

緬族人口占多數的緬甸，政府與華裔果敢族武裝勢力，也處於對峙關係。二〇一五年緬甸軍政府空襲武裝勢力時，不慎將炸彈投到中國雲南省，一度讓兩國緊張情勢升高。

在緬甸，與華裔以外的民族之間，也有很多對立。尤其近年來，來自南亞的伊斯蘭教徒羅興亞人

圖表2　東協的宗教分布圖

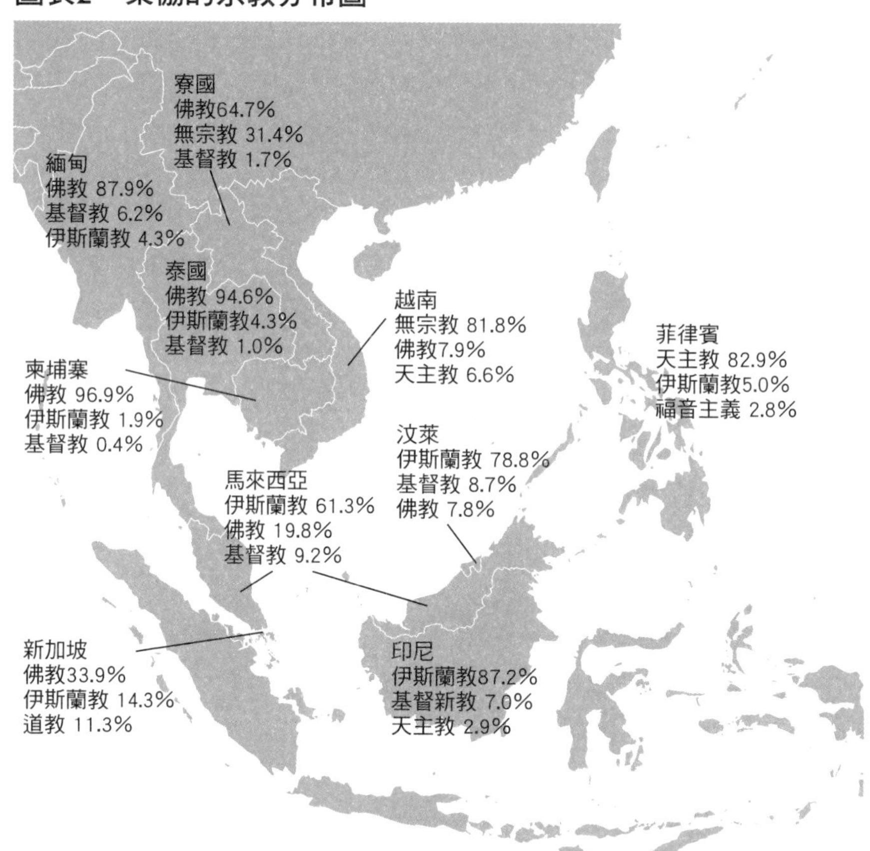

（資料）瑞穗綜合研究所根據美國中情局（CIA）的調查報告「世界概況」（World Fact Book）資料製成

（由於緬族多信奉佛教，因此也有宗教對立）的人權侵害問題，備受國際矚目。

二〇一七年，緬甸西部若開邦爆發衝突以來，緬甸軍方全力鎮壓羅興亞人，導致逾六十萬人的難民逃離至孟加拉。目前尚不能論斷此問題未來的發展情勢。

並且，緬甸境內還有喀倫族、克欽族及撣族等數個反政府的武裝勢力，如何與這些少數民族共存共榮，是緬甸政府最大的課題。

③宗教對立與伊斯蘭糾紛多

就宗教對立方面，二〇一七年最受關注的便是菲律賓。

雖然該國為天主教國家，但民答那峨島上以伊斯蘭教徒為多數，過去反政府武裝勢力頻頻活動，尋求獨立。其中最具代表性的，就是過去經常挾持外國人、勒索贖金、對IS伊斯蘭國宣誓效忠的激進組織「阿布沙耶夫」。二〇一七年，雖然阿布沙耶夫遭到政府清剿而弱化，但馬巫德集團與阿布沙耶一起占領馬拉威市。並且，於同年五月起與政府展開激戰，雙方持續交火到十月，時間長達五個月。

在佛教徒占多數的泰國，深南部是伊斯蘭教徒占多數的地區，而泰國長期置身於恐怖攻擊的陰影中。深南部恐攻事件多到即使有少數死傷，也不會有大篇幅的報導。二〇一六年，該勢力在泰國南部區域發動連續恐攻，恐攻範圍甚至可能擴及深南部以外的地區。因此必須相當注意其未來動向。

新加坡雖然宗教多元，但一般沒有宗教對立的問題。然而，二〇一六年印尼官方逮捕了策劃從印尼對新加坡金融街發動火箭攻擊的IS恐怖分子，新加坡表示已加強維安措施。

並且，伊斯蘭激進組織也對多個以伊斯蘭教徒占多數的國家，策劃並進行恐怖攻擊，企圖引發社會動亂。二〇一七年五月，印尼首都雅加達遭到自殺炸彈客攻擊，造成嫌犯和警方總計五人死亡。馬來西亞至二〇一七年止，雖然沒有發生大規模的恐攻，不過經常可看到逮捕恐攻嫌犯的新聞。

④國內政治對立　泰國最嚴重

民族和宗教色彩對立較淡的國內政治對立，以泰國最為嚴重。泰國前總理塔克辛派，採取民粹主義政策，偏向農村利益，與看重都市的反塔克辛派長期陷入對立，激烈的抗議示威，也一度影響經濟。二〇一四年發生軍事政變，雖然在軍政府的鎮壓下暫時緩和政治對立，但二〇一八年全國大選在即，恐怕引發一波政治對立。

除此，雖然印尼和菲律賓實行民主選舉制度的時間較久，但也可說更容易成為民粹主義的溫床。不可否認，反對民粹主義擴散的菁英階層、富裕階層，與低所得階層的對立愈演愈烈，極可能造成社會動盪。

主題 11

東協的風險③天災風險

～經歷地震、颱風等嚴重天災

各類天災頻傳

東協是所有天災都可能發生的地區。由於經常造成嚴重災情，也影響企業經營，因此必須做好危機管理的工作。

首先，我們來看全球風險指數，這是聯合國大學衡量一百七十一個國家面對「地震、暴雨、洪水、乾旱、海平面升高」等自然災害瀕危程度的指數（圖表1）。此指數考量發生天災的危險性，和面對天災的脆弱性等兩方因素，數字愈大表示發生天災後遭受重大災情的風險愈高。從全球排名第三的菲律賓到第四十二的緬甸，天災的風險都是相對高的。另一方面，馬來西亞、泰國、寮國的皆落在中間排名，第一百五十九的新加坡，風險算是相當小。

地震災情嚴重的印尼

說到地震和海嘯災害，腦中首先浮現的國家就是印尼。蘇門答臘島附近是主要的震源，二〇〇四年蘇門答臘島附近海域發生強烈地震並引發大海嘯，海嘯席捲周邊國家，造成歷史性的大災難（圖表2）。爪哇島也同樣頻傳大規模地震。

雖然其他國家的地震災情沒有列在圖表2中，但二〇一一年緬甸地震，和二〇一三年菲律賓的薄荷島地震，都造成較嚴重的死傷。

菲律賓暴風雨災情頻傳

風速快的熱帶低氣壓，生成於西北太平洋部稱為颱風，在南太平洋、北印度洋則稱為熱帶氣旋，伴隨而來的海平面升高則稱做暴潮。

颱風是讓東協各國受災嚴重的主要天災。尤其菲律賓經常受強颱襲擊而出現嚴重災情，二〇一三年伴隨著大規模暴潮的海燕颱風，造成的死亡人數超過六千人。還有，二〇〇六年的榴槤颱風襲擊菲律賓前，馬榮火山（Mayon）剛噴發，暴雨混和火山灰，造成一千人以上喪生。越南也經常受颱風侵襲。

內陸國柬埔寨雖然不太有颱風經過，但由於基礎建設脆弱，因此很容易因颱風降雨造成水災。二〇一一年重創泰國經濟的水災，起因也是颱風挾帶的豪雨。

另一方面，最廣為人知的熱帶氣旋災情，有二〇〇八年襲擊緬甸、造成歷史性重大災情的納吉斯熱帶氣旋（主題26）。

旱災頻傳

雖然不像地震和颱風一樣會造成慘重死傷，但旱災也是東協地區經常發生的天災。聖嬰現象造成的大規模旱災，通常災情最為慘重，實際上二〇一五年、二〇一六年，乾旱都重創泰國等地的農業生產。除此之外，二〇一五年乾旱增強印尼火山噴發的能量，火山灰四處飄散，大範圍覆蓋周邊國家，危害民眾健康。

圖表1　全球風險指數

世界排行	國家	全球風險指數	天災發生風險	面對天災的脆弱性	災情發生的可能性	缺乏減輕災情的能力	缺乏擬定對策的能力
3	菲律賓	26.70	52.46	50.90	31.83	80.92	39.96
7	汶萊	17.00	41.10	41.36	17.40	63.17	43.53
9	柬埔寨	16.58	27.65	59.96	37.55	86.84	55.49
17	日本	12.99	45.91	28.29	17.82	38.04	29.00
18	越南	12.53	25.35	49.43	24.95	76.67	46.67
36	印尼	10.24	19.36	52.87	30.09	79.49	49.04
42	緬甸	8.90	14.87	59.86	35.63	87.00	56.93
77	印度	6.64	11.94	55.60	35.79	80.22	50.78
85	中國	6.39	14.43	44.29	22.81	69.86	40.18
86	馬來西亞	6.39	14.60	43.76	19.02	67.52	44.73
89	泰國	6.19	13.70	45.22	19.34	75.53	40.79
100	寮國	5.59	9.55	58.51	37.41	84.37	53.76
159	新加坡	2.27	7.82	28.99	14.24	49.44	23.28

（注）各項目的名稱皆為作者的翻譯。正確名稱請見參考資料。
（資料）瑞穗綜合研究所根據聯合國大學EHS and Bündnis Entwicklung Hilft「2016全球風險報告」（World Risk Report 2016）資料製成

圖表2　21世紀發生的主要天災

2004年	印尼印度洋大地震引發海嘯，造成近23萬人罹難的重大災難。東協的罹難者（包括下落不明者）分別為，印尼16萬8千人、泰國6千人、馬來西亞68人，緬甸61人。
2006年	印尼爪哇島中部發生地震，同年爪哇島西南海域發生地震，伴隨海嘯，造成6千人罹難。
	菲律賓馬榮火山爆發後，榴槤颱風（菲律賓命名為Reming）隨之登陸，引發火山泥流，造成1330人罹難、失蹤。該颱風也在越南造成數十人罹難。
2008年	納吉斯熱帶氣旋造成緬甸13萬8千人罹難、下落不明。
	風神颱風（菲律賓命名為Frank），造成「星辰公主號」（The Princess of the Stars）傾覆，導致菲律賓1千數百人喪生、失蹤。
2009年	印尼蘇門答臘島地震，造成1200人喪生。
2011年	納坦颱風在泰國引發水災，造成815人喪生，經濟損失高達465億美元。
	瓦西颱風（菲律賓命名為Sendong）造成菲律賓1453人喪生。
2012年	寶發颱風（菲律賓命名為Pablo）造成菲律賓1020人喪生。
2013年	海燕颱風（菲律賓命名為Yolanda）和暴潮，造成菲律賓6200人喪生。越南也出現罹難者。
2015～2016年	18年來首次出現聖嬰現象，造成越南、泰國、馬來西亞等東協國家大規模嚴重旱災。

（注）罹難者超過千人的災害，還包括泰國大水災和超強聖嬰現象。
（資料）瑞穗綜合研究所根據聯合國資料、新聞報導製成
（編按）印尼蘇拉威西島2018年9月28日遭規模7.5強震侵襲並引發海嘯，許多人遭海嘯捲走喪命，死傷超過數千人。

Column 1

二〇一三年以後，企圖在負成長中扭轉乾坤的汶萊

二〇一三年起原油價格跌落，導致許多產油國家的財政收支惡化。美國頁岩油不斷增產，並與中東各國和俄羅斯達成原油減產協議，也壓縮了油價的漲幅空間，讓油價難以上漲。

汶萊是東協國家中，全球知名的產油國家。該國由婆羅洲島北部的兩塊鄰近的飛地*組成，周圍被海洋和馬來西亞包圍，是總人口僅約四十萬的小國，自一九八四年從英國獨立出來後，就靠著天然資源帶來的豐厚收入，支撐國家財政至今。然而，二〇一三年起國際原油價格滑落，汶萊的經濟也無法倖免地遭受打擊，二〇一三年起陷入負成長。油價滑落壓迫財政，使得汶萊政府必須透過大幅刪減國防預算等政策，來平衡財政收支。汶萊政府希望藉增加原油生產量，解決財政不穩定的困境，但礙於國際社會為了穩定油價而達成原油減產協議，使汶萊政府難以如願。

但是，汶萊卻不像部分產油國家，因貨幣暴跌等而陷入經濟混亂。由於是小國，內需小進口額也小，所以可以維持經常帳黑字。並且，汶萊擁有豐厚的對外資產，因此短期內不會面臨財政破產的危機。

另外，中國看準汶萊面南海沿岸的深海港，展開新的投資。中國提出連接中國和歐洲的「一帶一路」構想，其中一環為建設通過東協和南亞的「二十一世紀海上絲綢之路」。由於汶萊位於南海要衝，因此備受矚目。二〇一七年二月，汶萊企業與中國企業合併，共同經營貨櫃集散場。汶萊藉此展現了做為海運轉運站的新面貌。並且，雖然汶萊的兩塊飛地領土，隔著十公里以上的海域，不過中國企業已經開始興建連接兩地的大橋。

日本是汶萊長期以來最大的輸出國。反過來講，汶萊則是日本確保能源來源充足的重要國家。並且，身為TPP初始成員國的汶萊，與後來加入的日本，皆採取支持亞太地區自由貿易的立場。如上所述，在中國加強與汶萊的經濟合作的同時，日本也應該協助汶萊擺脫過度依賴資源的產業結構，提供新的成長泉源。

* 譯注：飛地是一種人文地理概念，意指在某個國家境內有一塊主權屬於他國的領土。

第2章

認識泰國

——日本的重要經濟夥伴

主題 12

泰國的特徵

～工業與觀光發展蓬勃的國度

佛教信仰根深蒂固的國家

泰國的國土面積約為日本的一．四倍（編按：約台灣的十四倍），人口將近七千萬人。由於泰國人民總是面帶笑容，因此有「微笑之國」的稱號。

一般人將泰國的首都叫做曼谷（Bangkok），但其實這是英文名稱。泰國人民多以「Krung Thep」（天使之城）稱之，這是佛教儀式中所使用的正式名稱的開頭部分。

泰國境內的主要民族為泰族。其他還有華人和馬來民族。據說泰族的祖先為從中國南部南下的民族。

約一百萬人口的少數民族，居住在山岳地區。其中有超過五十萬人，是住在靠近緬甸邊境的喀倫族，和遭受緬甸軍政府迫害而逃亡至此的人們。

泰語和寮語相似，卻和緬甸語、柬埔寨語截然不同。不過，有很多緬甸人和柬埔寨人離鄉背井到泰國工作，因此不得不學習泰語。

泰國的宗教為戒律森嚴的上座部佛教。佛教文化滲透至社會各個層面，人民的日常生活少不了拜佛等，街上到處都看得到佛像和寺廟。泰國人認為，男性在成年和結婚前，一定要短期出家一次，才能成為有擔當的人。

除了篤信佛教之外，泰國人民也相當尊敬王室。在泰國，平日早上八點和傍晚六點，全國上下會同時播放一分鐘的國王頌歌，所有人會在歌曲播放時立正站好，表達對國王的尊敬。

尤其已故泰皇拉瑪九世蒲美蓬・阿杜德（Bhumibol Adulyadej），備受人民尊崇，二〇一六年辭世時，泰國上下舉國悲痛。另外，現任泰皇瓦吉拉隆功（Maha Vajiralongkorn）長期旅居國外，由於泰國人民對他的品性了解不多，因此是否能像前泰皇一樣獲得人民愛戴，目前還有待觀察。未來他將有更多機會在各類活動和政治場合中露臉，外界必定能加深對他的了解。

人口：6898萬人（2016年） 面積：51萬3115平方公里 首都：曼谷 名目GDP：4071億美元（2016年） 人均GDP：5902美元（2016年） 產業結構：（名目GDP占比，2016年） 第一級產業：8.3% 第二級產業：35.8% 第三級產業：55.8%	政體：君主立憲制 元首：泰皇瓦吉拉隆功（拉瑪十世） （編按：時點為2018 年10月） 語言：泰語 民族：泰族、華人、馬來民族 宗教：佛教、伊斯蘭教等 會計年度：10月～隔年9月

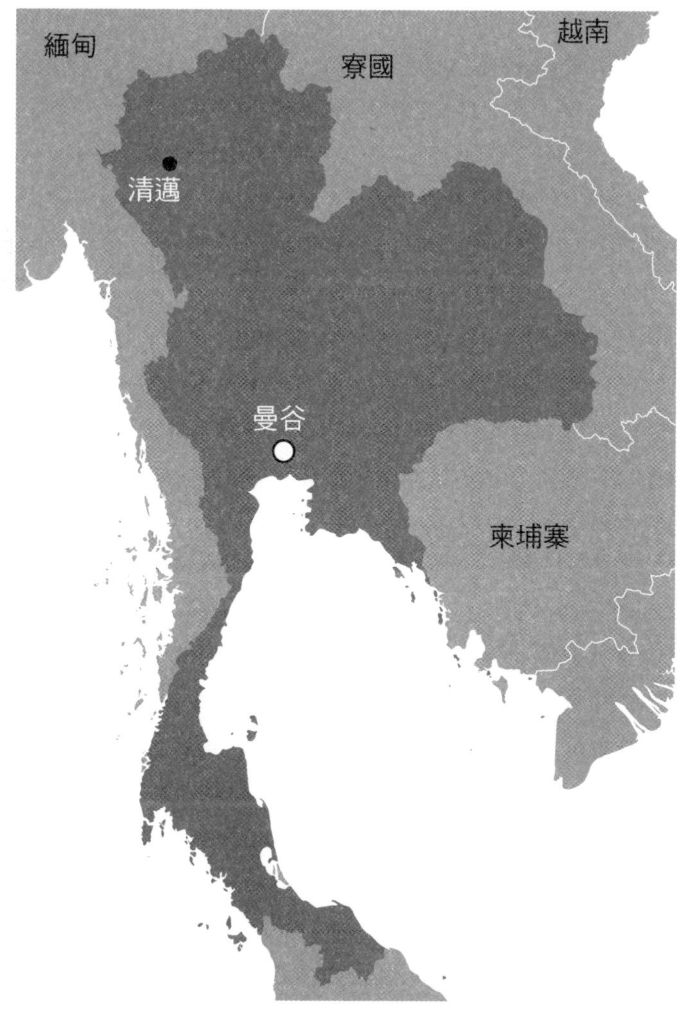

（資料）瑞穗綜合研究所根據泰國國家統計局和日本外務省網站資料製成

東協具代表性的生產基地

泰國自古以來因盛產農漁產品而繁榮，不過近代以來隨著製造業的發達，躋身為東協中較為工業化的國家。第一級產業占GDP的比率，從一九八〇年的二三・二％，下降至二〇一六年的八・三％，而第二級產業則從二八・七％上升至三五・八％。

主導泰國邁向工業化的，是自一九八五年簽訂廣場協議（Plaza Accord）後，加速前進泰國的日本企業等外資。對外直接投資是以在本地成立子公司或收購當地企業為目的，從投資總額的對外直接投資餘額看來，日本的投資比例居全體之冠（圖表1）。投資泰國的日本企業增加至四千七百八十八家（日本帝國徵信〔Teikoku Databank，TDB〕資料，截至二〇一五年十二月底），對於泰國而言，日本儼然成為不可或缺的存在。尤其眾多日本汽車製造商插旗泰國，支撐汽車產業的許多零件商也隨之進駐，形成完整而集中的供應鏈，促使泰國被譽為「亞洲底特律」。

如上所述，隨著工業化的發展，泰國成為汽車和電氣機器的出口基地。從產品類別來看泰國的出口額，電子機器、車輛、電器產品的占比都很高，緊接在農漁產品（圖表2）之後。農漁產品以橡膠、稻米、珍珠粉圓、雞肉等為主要項目。銷往日本的產品，則以雞肉、橡膠、漁產、貓飼料為大宗。

反觀進口產品，電子機器和機械類的比重不到二成。其次，原油、石油等燃料約占一至二成，化學、車輛和車輛零件則不到一成。

擁有豐富觀光資源的國家

另外，泰國雖然不像印尼和馬來西亞擁有得天獨厚的天然資源，但觀光資源卻相當豐富。除了飲食文化多元之外，還擁有大城（Ayutthaya）等五處世界文化遺產（譯注：包括三項文化遺產，兩項自然遺產），全年氣候溫暖，普吉島等海島是非常受歡迎的渡假勝地。近來，由於旅館和公共交通發展完善，促進泰國觀光旅遊人數大幅成長。二〇一六年泰國的觀光旅遊人數總計三千二百六十萬人，高居東協國家之冠。並且，在外客的人均消費提升等因素下，觀光業占泰國GDP比率達一一・四％，就泰國整體經濟看來，觀光是相當重要的產業。

圖表1　對泰國直接投資餘額細項（2016年）

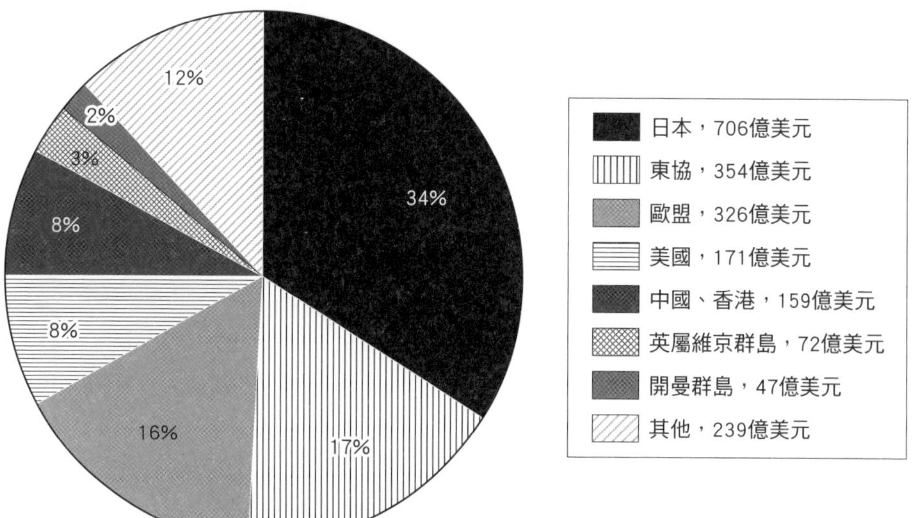

（資料）瑞穗綜合研究所根據泰國中央銀行資料製成

圖表2　出口產品細項（2016年）

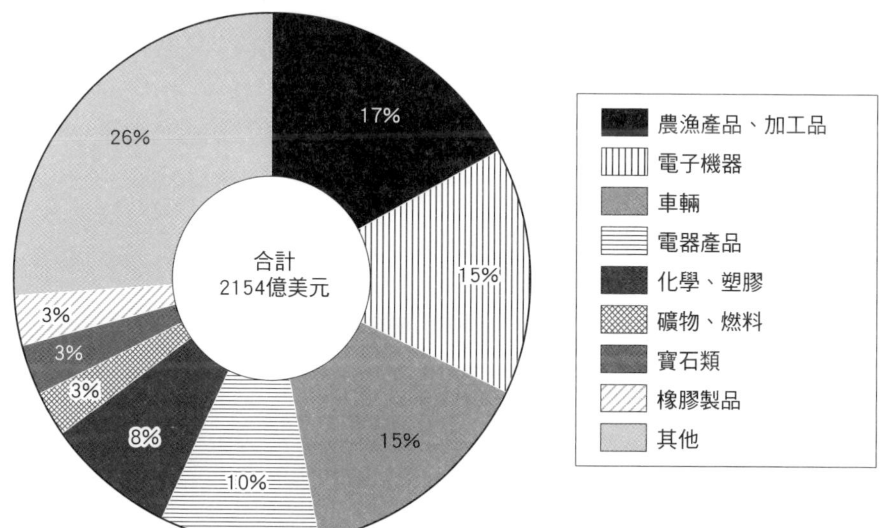

（資料）瑞穗綜合研究所根據泰國商業部資料製成

主題

13 泰國的政治

～政局動盪，軍事政變頻傳

經常選擇政變來收拾混亂的政局

目前泰國仍由軍政府掌權。二〇一四五月，為了解決長久以來的政治亂象，泰國國軍決定發動政變，由以軍方為主的國家和平暨秩序委員會（National Council for Peace and Order，NCPO）全面掌權。當時指揮軍事政變的陸軍總司令帕拉育（Prayuth Chan-ocha）獲得泰皇批准，擔任臨時總理。泰國在戰後曾一度由軍方實施獨裁統治，雖然一九七三年時改行民主制度，但卻未讓泰國成功轉型民主化，政局反覆在軍事政變和民主政治交替中震盪。自一九三二年立憲革命以來，包括一九七三年這次在內，共發生十九次政變。

泰皇擁有政治、軍事權力

泰國是以泰皇為元首的國家。泰皇在政治軍事上保有許多權力，可以召開國會、任命內閣、統帥國軍、實施戒嚴令（在緊急事態下停止行政權、司法權），並擁有中央和地方機關局長以上職位的人事任命權等。政府設於泰皇之下，軍方介入政治前須獲得泰皇批准，否則視同叛亂。經歷二〇一四年的政變，軍事政權的統治獲得泰皇承認，因此泰國目前暫時實施軍事統治。

在前泰皇蒲美蓬的時代，每當亂象一起，蒲美蓬泰皇會親自以國王的身分介入政治，收拾亂局並穩定社會，但正如主題12所提到的，現任泰皇瓦吉拉隆功少有機會在泰國人民前露臉，就現階段而言，他的政治手腕仍不明確。

階級對立，埋下政局動盪的導火線

近年來軍政府和民主政治之間的爭端，遠因包括二〇〇一年塔克辛政權的成立（圖表1）。塔克辛總理重視城鄉所得差距這個根深柢固的問題，針對農村大票倉（緩期償還債務、提供廉價醫療服務等）實施優惠政策，成功獲得全面性的支持。

然而，塔克辛家族被控貪汙，

圖表1　2001年起主要的政治事件

年月	事件
2001年2月	贏得大選的泰愛泰黨（Thai Rak Thai Party）黨魁塔克辛就任總理（第一次塔克辛政權）。
2005年3月	泰愛泰黨在全國大選中單獨過半。第二次塔克辛政權開始。
2006年1月	塔克辛總理家族遭揭發涉股票非法交易。反塔克辛派頻頻發起反政府示威遊行。
4月	舉行全國大選。在野黨民主黨抵制選舉，泰愛泰黨獲得475席，塔克辛派獲勝。
5月	憲法法庭判決4月的全國大選無效。
9月	發生軍事政變，10月蘇拉育暫時軍事政權開始。
2007年8月	公布2007年憲法。
2008年2月	恢復民主政治，依據2007年憲法在同年12月全國大選中獲勝的塔克辛派沙瑪政權開始。
8月	反塔克辛派占領總理府。
9月	沙馬總理遭判決違憲，解職下台。塔克辛前總理的妹夫頌猜就任總理。
11月	反塔克辛派非法占領素旺納普國際機場、廊曼機場。
12月	人民力量黨（People's Power Party）等塔克辛派的3個聯合政黨遭判決解散。頌猜內閣總辭，反塔克辛派的民主黨黨魁艾比希就任總理。
2010年3月	最高法院判決沒收塔克辛家族的資產，塔克辛派在曼谷發動大規模示威遊行（約10萬人參加，死亡人數91人）。
2011年7月	塔克辛派的為泰黨（Pheu Thai Party）在眾議院選舉中獲得過半席次，塔克辛的胞妹盈拉就任總理。
2013年11月	因反對允許前總理塔克辛回國的特赦法案，反塔克辛派發動大規模示威遊行。
12月	盈拉總理解散眾議院。
2014年2月	舉行眾議院選舉。雖然許多選區在反塔克辛派的妨礙下無法投票，塔克辛派依然獲勝，盈拉繼續執政。
3月	憲法法庭判決2月的選舉無效。
5月7日	憲法法庭判決盈拉總理所任命的政府高官人事案違憲。盈拉總理和9名閣員解職下台。
9月	帕拉育就任總理，軍事政權開始。
2016年8月	新憲法草案獲公投通過，鞏固民主政治基礎。
10月	泰皇蒲美蓬辭世。
2017年4月	新任泰皇瓦吉拉隆功簽署新憲法後頒布實施。
8月	報導指出，被控瀆職案的前總理盈拉，在法院正式宣判之前就已潛逃國外。
12月	新泰皇瓦吉拉隆功登基儀式。
2018年中？	舉行全國大選，實施民主政治*。

（資料）瑞穗綜合研究所參考各媒體報導製成

*編按：依據2018年9月12日最新的王室公報表示，本日公告包括參議員選舉和國會大選的法令，並將在公告後90天生效，根據泰國憲法規定，選舉法令生效後的150天內必須舉行大選。

引發軍人、官僚等菁英階級及都市的中產階級不滿情緒升溫。二〇〇六年九月，軍方發動政變推翻塔克辛政權，致使塔克辛逃亡海外至今。

塔克辛下台後，泰國的政治勢力可大致分為兩派，分別是由地方農民和都市貧窮階層組成的塔克辛派，和以都市中產階級、軍方及官僚等菁英階級為中心的反塔克辛派。由於塔克辛派穿著紅衫，反塔克辛派穿著黃衫，所以被稱為紅衫軍與黃衫軍的對立（圖表2）。

在二〇〇六年的政變中推翻塔克辛政權的軍事政權，於二〇〇八年舉行恢復民主政治的全國大選，但塔克辛派以強大的農村票倉為後盾而勝選，重握政權。

自此以後，只要塔克辛派以多數勝選、確立政權，不擅選舉的反塔克辛派便會以示威遊行或司法介入等非選舉的方式搶奪政權，這樣的模式反覆上演，而人民也才會容許軍人介入政治，以收拾混亂的政局。

不只軍方，連司法也介入政治

泰國的司法機關有憲法法庭、最高法院及查辦貪汙的國家反貪腐委員會等。近來，司法機關介入政治的案例也鬧得沸沸揚揚。二〇一四年二月，塔克辛派的盈拉政權在反塔克辛派示威遊行的壓力下，宣布解散國會並重新選舉。雖然盈拉再度當選，但由於投票期間反塔克辛派因選情不利，封鎖投票所、妨礙投票，因此同年三月，憲法法庭以「部分投票所遭到封鎖，違反全國應於同一日投票的憲法規定」為由，判決選舉無效。同年五月，憲法法庭判決前總理盈拉二〇一一年的政府高官人事案違憲，前總理盈拉因此解職下台。

這一連串的司法行動，都是向反塔克辛派靠攏，也被稱為是針對塔克辛派政權展開的司法政變。前總理盈拉下台後，塔克辛派雖然推舉出暫時代理總理，保住了政權，但終究被本主題開頭所述的軍事政變推翻。

全國大選後，有力政權的形成仍然遙不可及

雖然泰國政府希望盡快回歸民主政治，但由於憲法制定程序緩慢和前泰皇蒲美蓬辭世兩大因素，恢復民主制度的全國大選因而延期辦理。二〇一六年八月，公投通過新憲法，鞏固了全國大選的基礎法源，二〇一七年四月，泰皇瓦吉拉隆功簽署新憲法後頒布實施，全國大選終於有譜。目前，泰國將於二〇一八年下半年（編按：已延期）舉行選舉。然而，舉辦全國選舉也未必意味著民主化。新憲法規定，軍人等非議員身分的人，也可以擔任總理。並且，選舉後訂有五年民主化過渡期間，期間內軍部可選任上議院議員，且民選的下議院裡，中小政黨的席次，較易高過於依比例代表制所選出的國會議員，因此較難出現由單一政黨占多數席次的情形（圖表3）。以這樣的選舉制度，即使政權輪替，在上議院中擁有眾多席次的軍部，很有可能繼續保有很大的影響力。

一般認為，回歸民主政治之後的新政權，將會十分脆弱。因為對立根源為塔克辛派和反塔克辛派的所得差距，兩派顯然將持續敵對。即使反塔克辛派政權在不利塔克辛派的新選舉制度下成立，塔克辛派仍可能發動大規模示威遊行。因此，下屆政權的政策，勢必得處處顧慮兩派意見，而難以發揮領導力。

圖表2　紅衫軍與黃衫軍的對立

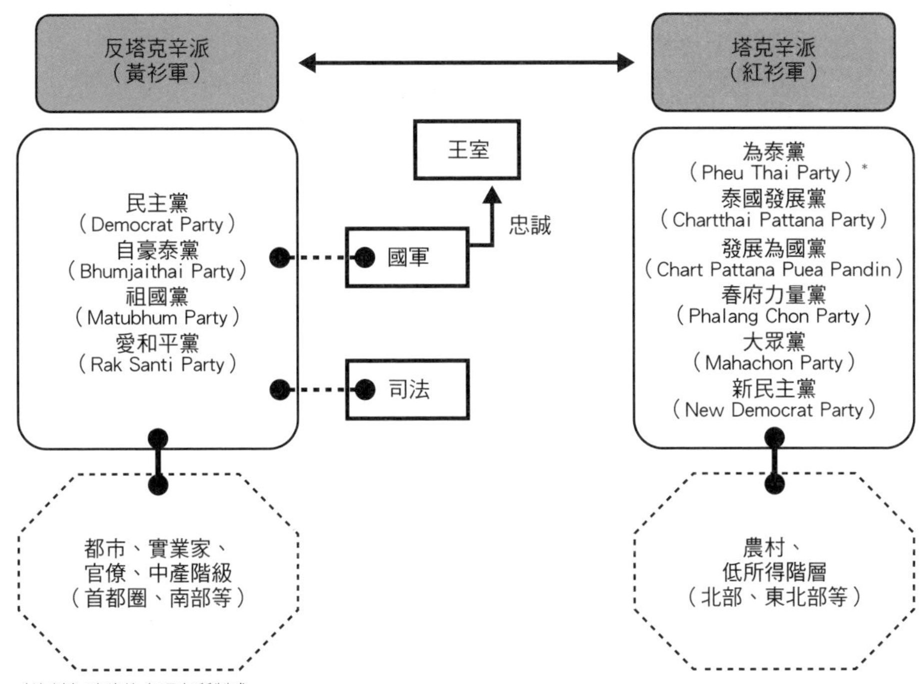

（資料）瑞穗綜合研究所製成

*譯注：政黨英文名稱參考來源為日本貿易振興機構アジア経済研究所論文：https://ir.ide.go.jp/?action=pages_view_main&active_action=repository_view_main_item_detail&item_id=46090&item_no=1&page_id=26&block_id=95

圖表3　憲法概要衫軍的對立

	2011年憲法	2016年憲法
席次數	上議院150席（約一半為民選）	上議院250席（非民選：由軍部選任）
	下議院500席（民選）	下議院500席（民選）
下議院選舉制度	小選舉區與比例代表並立制［小選舉區：375人 比例代表制：125人］	小選舉區與比例代表聯立制［依政黨得票比例分配席次（注）］
特徵	・僅由下議院選出總理	・非議員也可以參與推選泰國總理 ・大幅增加修改憲法的難度

（注）這種選舉制度是依政黨得票比例分配席次，再由各政黨將席次優先分給在單一選區中當選的候選人。
（資料）瑞穗綜合研究所參考各媒體報導製成

主題

14 泰國的外交

～在大國間維持平衡外交

與日本建立深厚的友好情誼

對泰國而言，日本是關係最密切的國家。雙方的關係悠久，可回溯至十六世紀初，日本人在大城建立日本人村，也有歷史記載，江戶時代前期，山田長政因與緬甸作戰有功，而受封地方官。

在政府間的正式外交關係方面，自一八八七年簽署「日暹修好通商關聯宣言」，建立邦交至二〇一七年，雙方維持外交長達一百三十年。戰後，日本政府除了以政府開發援助（ODA）等方式，協助泰國建設基礎設施，也在亞洲金融危機發生之際，提供資金援助。正如主題12所述，從民間的貿易來看，日本是泰國最大的投資國，支援泰國汽車產業和機械產業的發展。

另外，泰國王室和日本皇室之間交情深厚，吳郭魚（tilapia）便是一九六〇年代，明仁天皇還是皇太子時，贈送給蒲美蓬泰皇，才開始普及成為泰國的代表性魚類。明仁天皇與美智子皇后即位後，選擇泰國做為第一個出訪的國家，二〇一六年蒲美蓬泰皇辭世後，兩陛下也立刻專程前往泰國哀悼。當時，瓦吉拉隆功首度以泰皇身分，與明仁天皇與美智子皇后會面，進行王室外交。

由於上述的歷史脈絡，泰國國民對日本懷有深刻的情感（圖表1）。

隨泰國軍政問題搖擺不定的對美關係

泰國與美國簽署條約，建立軍事同盟關係，自古以來，美國就將泰國視為在東南亞地區最重要的同盟國。自一九八二年以來，美國與泰國每年舉行一次東南亞地區最大規模的聯合軍演「金色眼鏡蛇」（Cobra Gold）。然而，泰國二〇一四年發生政變時，當時的歐巴馬政權對此表示「失望」，並且宣布將重新檢討對泰國的支援。另外，美國也減少了參加演習的人數，並

圖表1　各國對泰觀感

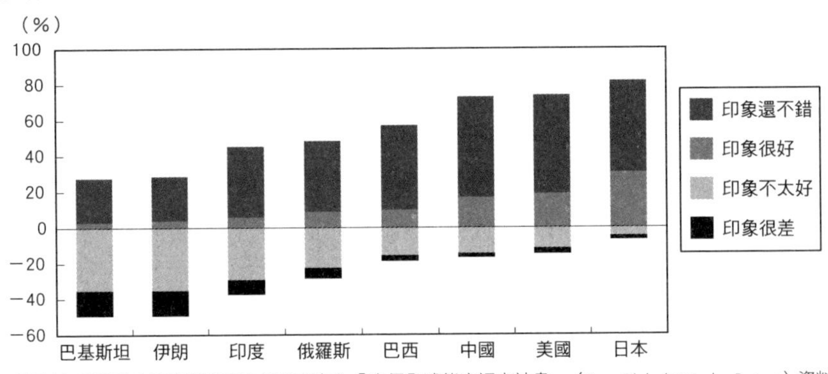

（資料）瑞穗綜合研究所根據皮優研究中心「皮優全球態度調查計畫」（Pew Global Attitudes Project）資料製成

凍結約五億四千萬日圓的軍事援助。自此之後，美國不斷呼籲泰國盡快恢復民主政治。

二〇一七年一月，川普政權誕生之際，美國對泰國的外交立場出現轉機。不僅二〇一七年的金色眼鏡蛇聯合軍演，睽違三年由美軍太平洋司令官參加，更增加演習派員人數。並且，同年八月前國務卿提勒森出訪泰國、十月帕拉育總理首度在國際會議以外的場合訪問美國。帕拉育總理與川普總統在會談中，達成強化兩國關係的共識等，朝修復美泰關係的方向前進。

近來積極靠攏中國

泰國與中國因地理位置相鄰，自古以來交流頻繁。過去，泰國雖然曾經反共產主義，導致雙方關係惡化，不過近年來則維持友好關係。

尤其，泰國實施軍政後與美國關係惡化，之後便逐漸靠攏中國。不僅從中國購買潛水艇和戰車等武器，也向中國委託大型的基礎建設。在連接泰國和中國的高速鐵路工程上，適用泰國新憲法第四十四條，賦予帕拉育總理實質上全權處理相關事務的權力，從僱用的工程師由泰人替換成中國人等事例，可看出軍政府對中國的重視。

在經濟關係方面，中國自二〇一三年起取代日本，成為泰國最大的貿易對象國，且中國遊客占赴泰旅遊人數之冠，對目前的泰國而言，中國已變成必要的存在。

主題

15 泰國的經濟

～推動產業轉型，跳脫中所得陷阱

泰國經濟成長持續停滯

藉由振興資本密集型產業，而晉升為中高所得國家的泰國，近年面臨經濟成長停滯的困境。

二〇一〇年到成長平緩的二〇一六年之間，實質GDP的成長率平均為三・六%，從二〇〇〇年代的四・三%略為減速下挫（圖表1）。泰國與馬來西亞的經濟發展處於相同階段，但馬來西亞的同期成長率達五%左右，相對之下，泰國的成長力道仍算薄弱。而在準備晉升為高所得人口之際，泰國的工作年齡人口將從二〇一九年開始減少（圖表2），因少子高齡化而失去成長活力。

另外，二〇〇六年政變推翻塔克辛政權之後，政治亂象不斷，經濟政策搖擺不定，也是導致經濟停滯的原因之一。

尤其二〇一一年水災後，時任總理的盈拉，祭出景氣刺激政策，過度刺激消費後成為爛攤子，沉重負擔導致景氣至今難以恢復。最具代表性的例子就是「汽車首購計畫」（First Car Scheme）。此為針對汽車首購族，退還物品稅的制度，雖然政策實施期間大幅拉高汽車銷售量，但由於出現誇大需求、大量搶購物品的現象，因此造成消費者購車意願大幅降低。

汽車首購計畫不僅影響家庭支出，也對企業的投資行為帶來重大影響。汽車廠商為了因應因制度而生的汽車需求，擴大設備投資。然而，熱潮過後，汽車需求萎縮，生產設備使用率低落，企業陷入產能過剩的困境。如上所述，產能過剩也降低了目前民間的投資意願。

並且，薪資高於鄰近國家，也是外資企業減少投資的主因之一。相對於此，內資企業由於教育水準低和人才培育不足，因此無法取代外資企業成為帶動經濟成長的主力。泰國經濟無法實現持續成長轉型，導致國民平均所得成長呈現遲緩停滯現象，落入「中所得國家陷阱」。

圖表1 實質GDP成長率

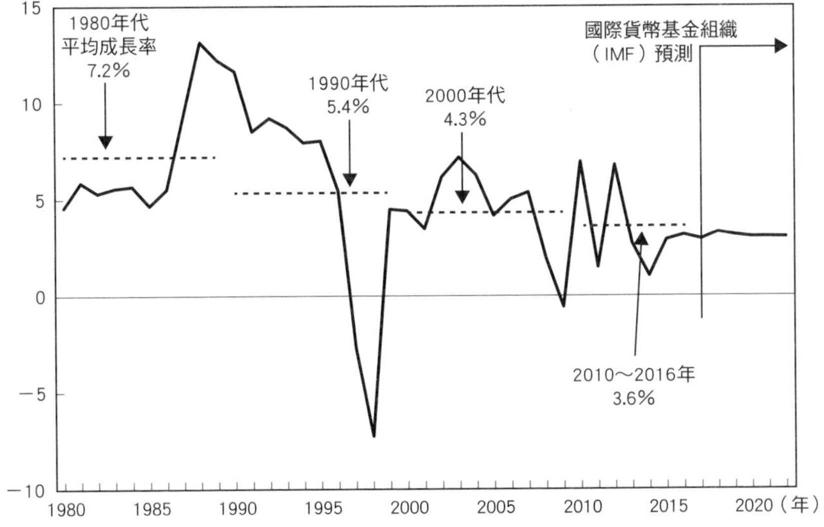

（資料）瑞穗綜合研究所根據國際貨幣基金組織（IMF）資料製成

圖表2 工作年齡人口成長率

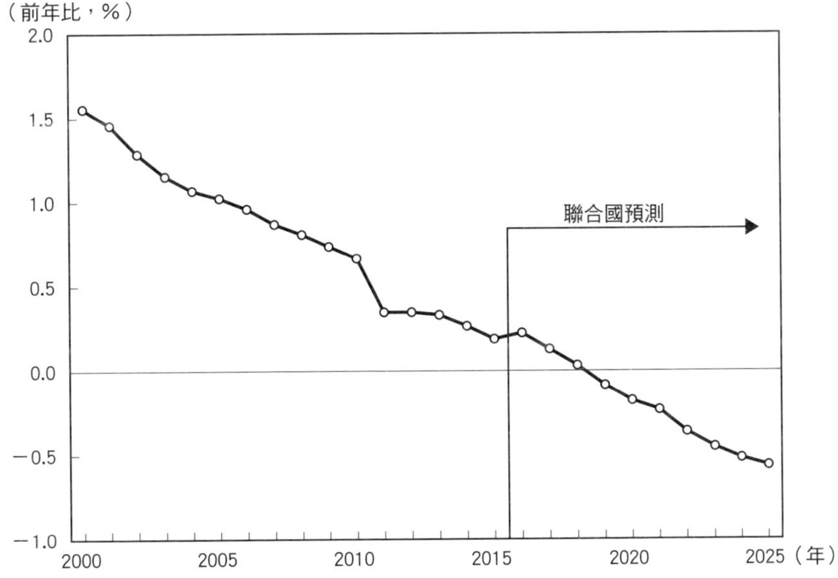

（資料）瑞穗綜合研究所根據聯合國資料製成

擺脫成長停滯的王牌「泰國四・〇」

泰國軍政為了擺脫中所得國家陷阱，開始推動「泰國四・〇」*（Thailand 4.0）經濟藍圖，企圖從以農業、輕工業、重工業為主的經濟結構轉型，透過提升創新和生產力，持續創造高附加價值的財產和服務，邁入第四個發展階段。除了汽車等五種既有的產業之外，也將機器人產業和數位產業等五種知識密集型產業，列為積極發展的重要產業（圖表3）。

此經濟藍圖的重點，即是「東部經濟走廊」（EEC）建設計畫。以首都曼谷近郊的三縣為對象，預計自二〇一七年的五年間投入一・五兆泰銖，建設基礎設施、實施稅制優惠等，建立完善的投資環境，吸引國內外民間企業投資目標產業。（編按：二〇一八年十月泰銖兌新台幣匯率約為〇・九，一泰銖可兌換〇・九新台幣。）

借周邊國家的動能力拚國家產業

泰國政府也希望隨著國家產業的高度化，建設基礎設施強化與周邊國家的連結，以吸收發展成效亮眼的鄰國成長動能。就陸路方面，二〇一五年已經完成東西、南北、南部的三條經濟走廊，連接泰國和CLMV（柬埔寨、寮國、緬甸、越南）；海陸則有屬於EEC開發一環的林查班港（Laem Chabang）擴建計畫。並且，也將運用政府開發援助（ODA）的預算，協助周邊國家建設基礎設施，例如由泰國提供四十五億泰銖借款，建設長達一百三十二公里的南部經濟走廊，從泰國邊境連接至緬甸土瓦（Dawei）經濟特區。

如上所述，在政策推動下，近年泰國擴大對周邊國家的出口和直接投資（圖表4），未來基礎建設的投資也有望跟進。

目前處於朝長期目標邁進的助跑段

軍政府在二〇一八年舉行全國選舉之際，推出橫跨未來二〇年的升級計畫，擬定未來的開發計畫和國家預算藍圖。因此，無論哪個政黨勝選，都不會改變產業結構升級的目標。

然而，軍政府所描繪的願景，多為暫時性的對策，無法解決教育、人才培育等根本的經濟問題。未來勢必得正視這些課題，才能造就長期的經濟成長。

* 譯註：泰國4.0為泰國總理帕拉育於2016年中提出為期20年的國家發展計畫。

圖表3 實現泰國4．0的10大目標產業

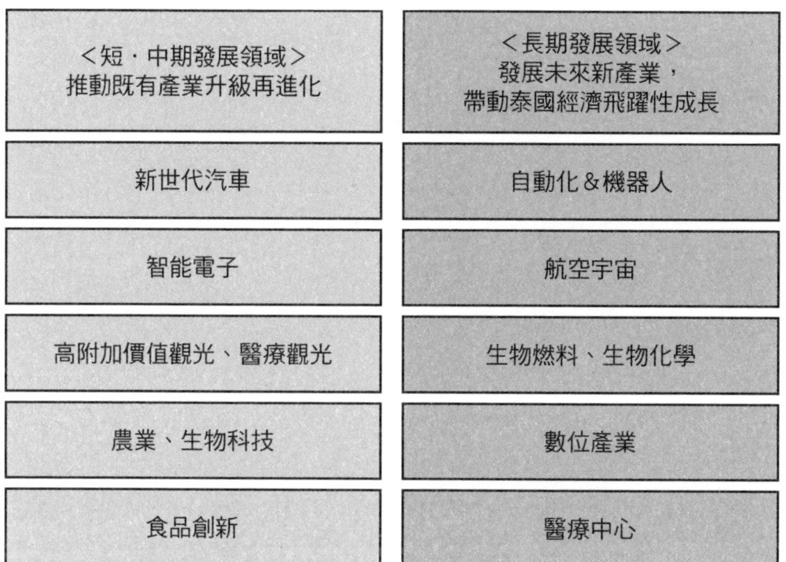

＜短．中期發展領域＞
推動既有產業升級再進化
＜長期發展領域＞
發展未來新產業，
帶動泰國經濟飛躍性成長
新世代汽車
自動化＆機器人
智能電子
航空宇宙
高附加價值觀光、醫療觀光
生物燃料、生物化學
農業、生物科技
數位產業
食品創新
醫療中心

（資料）瑞穗綜合研究所根據泰國投資促進委員會（The Thailand Board of Investment，BOI）資料製成

圖表4 泰國對周邊國家的直接投資額和出口額

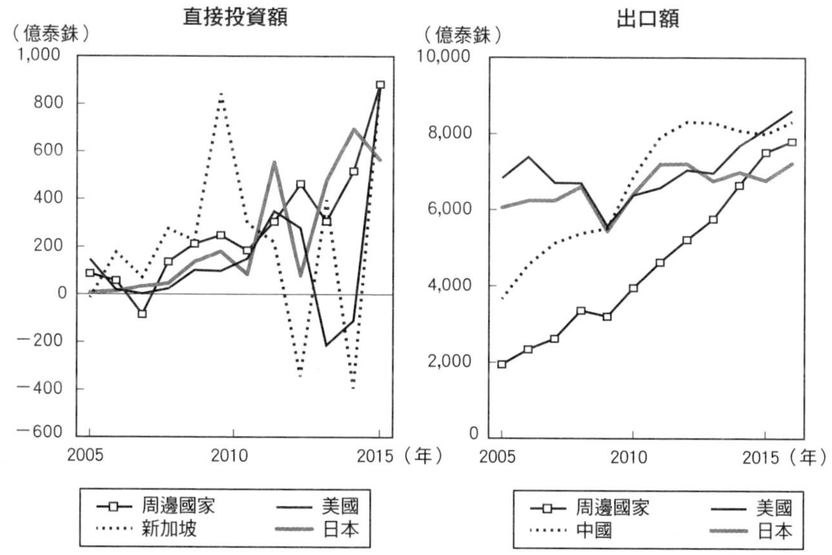

（注）1、直接投資是以在本地成立子公司或收購當地企業為目的的投資。
2、周邊國家指柬埔寨、寮國、緬甸、越南。
（資料）瑞穗綜合研究根據泰國中央銀行資料製成

主題

16 泰國的消費市場

～曼谷首都圈購買力強

消費者購買力強過周邊國家

雖然泰國經濟近來表現不甚突出，但過去以來的經濟發展，使消費力達到高水準，遠超過周邊國家。從泰國的所得階層來看，從二○○○年到二○一三年，每人每日平均消費為十～二十美元的中產階級（中所得階層）比例，從一七．一％攀升至三二．三％。

實際上，所得增加，帶動消費增加。二○○一年與二○一五年家計調查（圖表2）顯示，一個家庭的消費額，從八千七百五十八泰銖倍增至一萬八千四百三十一泰銖。尤其占全國人口一五％的曼谷首都圈，支出額增加至二萬六千七百一十九泰銖，較其他地區突出許多。走在曼谷的街頭，隨處可見販售歐美高級品牌的大型購物中心林立，與先進國家並無太大差別。

所得增加帶動高價產品消費

食品支出比例高，是泰國的消費特徵之一。通常來講，隨著所得水準提升，伙食費的支出應該會下降（恩格爾定律，Engel's Law）。然而，泰國則無論所得高低，食品支出皆占整體開支約四成（圖表2）。這種特色源自泰國飲食生活型態的變化。泰國外食文化盛行，最近不僅曼谷，連地方都市都有日系餐廳陸續進駐。並且，有愈來愈多人即使在家吃飯，也不是自己開伙，而是到超市購買外帶熟食等。這樣的飲食生活變化，也是飲食支出增加的原因。

另外，泰國還有另一個消費特徵，那就是近來在車輛和通訊方面的支出也增加了。隨著所得變高，經濟寬裕，負擔得起汽車等高價品，電腦、手機普及化，則促使通訊設備和通訊費用等的支出增加。泰國手機普及率已超過八○％。

未來，不僅中所得階級，富裕階層的比例也有望增加。在泰國，

圖表1　各所得階層家戶比例變化

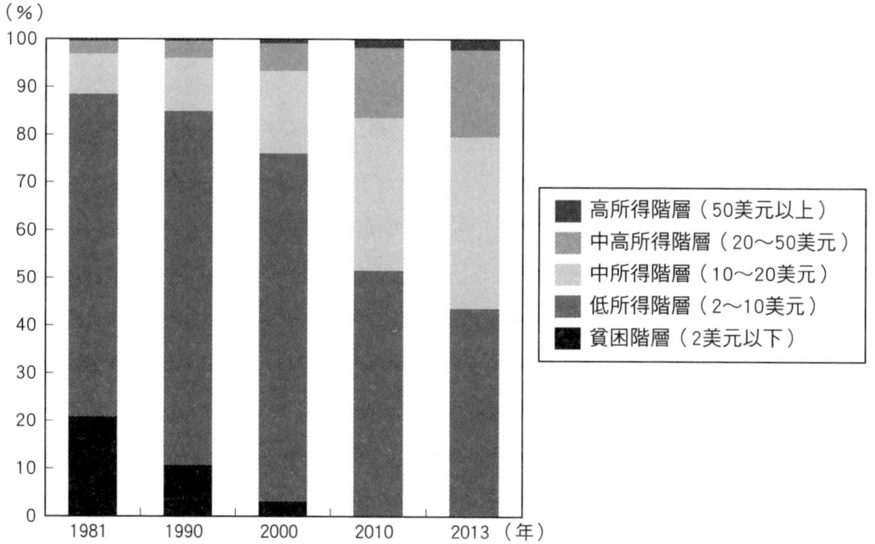

（資料）瑞穗綜合研究所根據世界銀行資料製成

圖表2　消費支出細項（每一家庭）

	金額（單位：泰銖）				比例（%）			
	2001		2015		2001		2015	
	全國	曼谷首都圈	全國	曼谷首都圈	全國	曼谷首都圈	全國	曼谷首都圈
食品	3,261	5,502	6,900	8,477	37.2	33.7	37.4	31.7
酒	185	344	140	173	2.1	2.1	0.8	0.6
菸	110	179	91	97	1.3	1.1	0.5	0.4
房租、家具、水電費	2,249	4,529	4,311	7,281	25.7	27.7	23.4	27.3
服飾	318	495	537	747	3.6	3.0	2.9	2.8
個人化服務	271	472	739	1,119	3.1	2.9	4.0	4.2
醫療費	264	492	296	507	3.0	3.0	1.6	1.9
車、交通、旅行、通訊	1,573	3,170	4,589	6,983	18.0	19.4	24.9	26.1
教育費	248	707	356	823	2.8	4.3	1.9	3.1
娛樂、信仰活動	187	391	332	474	2.1	2.4	1.8	1.8
其他	92	52	140	38	1.1	0.3	0.8	0.1
總計	8,758	16,333	18,431	26,719	—	—	—	—

（注）1、曼谷首都圈是指曼谷、暖武里府（Nonthaburi）、巴吞他尼府（Pathum Thani）、北欖府（Samut Prakan）。
2、灰色網底部分為比例超過10%的部分。
（資料）瑞穗綜合研究所根據泰國國家統計局「家計社會經濟統計」資料製成

高所得階層的住宅支出比重，有大幅高出中所得階層的傾向。目前已經有建商推出都市豪宅，或推出針對富裕階層打造結合購物中心、超市及醫院等設施的高齡者住宅社區（Senior Town）。

近代零售業蓬勃發展

另外，最近零售業也出現業態變化。過去泰國人習慣到當地市場或小商店買東西，但近來則以大型購物商場和超商等業態為主流（圖表3）。這些近代型態的零售商店，在曼谷等大城市每年都如雨後春筍般冒出，遍地開花。伊勢丹、7-11、日本全家等日系零售業者早已搶攻市場，高島屋則預定於二〇一八年開幕。（編按：預定開設於曼谷暹羅地標（ICONSIAM）商業圈，並於十一月開幕。）

家庭負債壓迫消費

家庭負債增加，是消費市場潛在的疑慮。

以家庭債務占ＧＤＰ比率來看，二〇一六年底為七〇．二％，爾後則升到先進國家（七四．六％）的水準（圖表4）。家庭負債衝高的原因，包括主題15中所提到的，由於盈拉政權實施汽車首購補助政策，導致汽車貸款大增；二〇一一年的水災引發大規模災情，使得購屋貸款增加；以及信用卡普及化，讓貸款變得輕而易舉等因素。

就目前而言，由於顯示債權回收難度的不良債權比例還不高，因此清償家庭債務還不至於發生嚴重的困難。然而，目前債務比例已經和先進國家一樣高，如果照這個速度繼續增加，後果恐怕難以想像。並且，泰國中央銀行為了抑制家庭債務，也強化規範，嚴格規定信用卡和個人無擔保貸款的申辦。

也就是說，未來局勢將從增加借貸、進行消費，轉變為減少消費、償還債務。實際上，最近家庭債務的ＧＤＰ占比上升速度已趨緩，作者在泰國實施面訪調查時，也有受訪者表示「開始出現還款延滯率和不良債權比例增加的徵兆」、「最近銀行拒絕房貸放款的比例升高，貸款難度愈來愈高」等意見。

圖表3　各類零售店數量變化

	2012年	2013年	2014年	2015年
大型購物中心／大型超市	297	311	340	376
超市	266	359	432	463
家具店	232	284	318	343
家電行	—	1,358	1,351	1,425
超商	10,601	11,632	12,559	13,322
百貨公司	53	61	69	74
藥妝店	—	980	1,146	1,249

（資料）瑞穗綜合研究所根據泰國零售協會資料製成

圖表4　家庭債務GDP占比變化

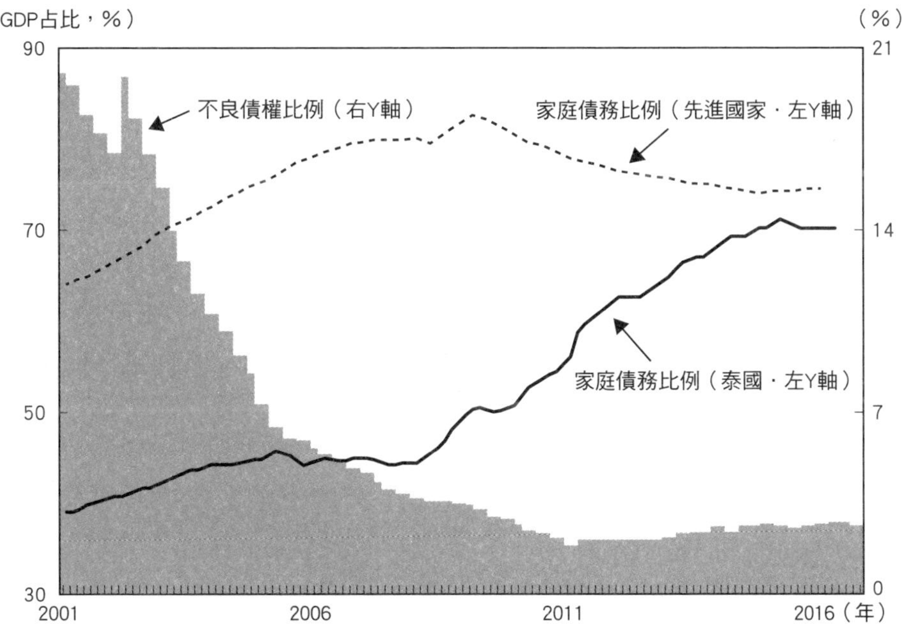

（資料）瑞穗綜合研究所根據國際清算銀行（Bank for International Settlements）和泰國中央銀行資料製成

主題

17

泰國的可期領域與進出案例

～展現國家戰略的新投資領域、功能

搶灘海外的電商市場

在主題16中，我們敘述了近代零售業如何滲透市場。近來網購，即電子商務的使用率，也逐漸增加。

網路使用者當中，有網購經驗的使用者，在二〇一四年為六・四%，到了二〇一六年則攀升至七・九%。必須特別提到的部分，是地方區域使用者的增加。由於近年來物流網絡及設施設備逐漸完善，購物不須特地到都市，因此愈來愈多地方居民透過網路直接訂購。

從電子商務的購物細項來看，民眾以採購服飾、食品及機械等為主（圖表1）。並且，消費金額從一千泰銖上升至三千泰銖。

不僅泰國國內的消費，連跨國購物和企業間的採購，也都開始透過電子商務（EC），據說二〇一六年的市場規模已高達二兆五千二百億泰銖。並且，政府推動國家電商計畫，希望電商市場未來以每年平均二〇%的速度成長，使市場規模倍增到二〇二一年的五兆泰銖。

國家戰略透露可期領域

還有，主題15中，政府在「泰國四・〇」裡揭示的十大目標產業，也是值得期待的領域。政府除了針對投資東部經濟走廊（EEC）的企業，祭出享有十五年免稅期的優惠措施之外，也給予補助金等，提供各項有史以來最大的誘因。

實際上，二〇一五年一月至二〇一七年六月，申請投資目標產業的總額，已經來到七十六・六億美元，其中新世代汽車（約三十億美元）和智能電子（約二十億美元）的申請額所占比例最高。

另外，日本貿易振興機構（JETRO）與日本駐泰大使館，共同針對日本企業實施問卷調查，結果顯示二十八家公司中有十家公司（三六%），預計將擴大對EEC的投資，或者已在研擬是否擴大投資，從此可看出日本企業對EEC的高度重視。

逐漸發展區域統籌功能

泰國是東協國家中，繼新加坡之後，逐漸發展區域統籌功能的國家。豐田汽車（TOYOTA）和電裝（DENSO）等日本製造商，都在泰國設置統籌據點（圖表2）。政府也針對在泰國設立國際地區統籌總部的企業，給予研究開發和訓練所需設備進口免稅的優惠，並且允許外資成立一〇〇%控股的泰國有限責任公司，以及持有土地。近來，廠商傾向於在泰國設置生產、零件調度據點；在新加坡則是具備金融、財務等輔助營運管理的功能，各國各司其職。

未來，國際產業分工和生產網絡，將擴大至鄰近的柬埔寨、寮國、緬甸，從這一點來看，勢必會有更多日本企業會將製造、物流管理的統籌據點，設置或轉移至泰國。

圖表1　電商購物細項

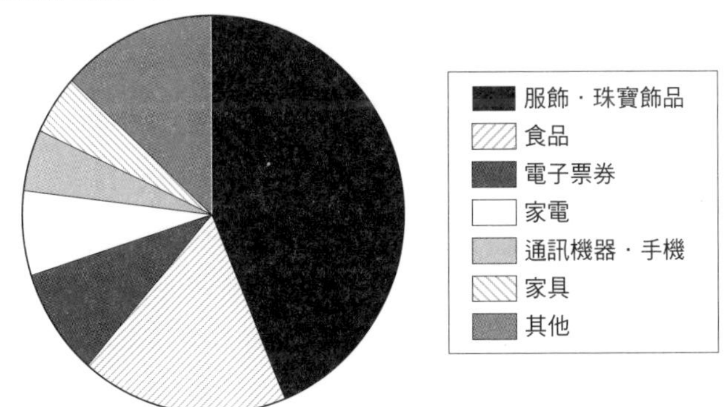

（資料）瑞穗綜合研究所根據泰國國家統計局「網路使用狀況調查」資料製成

圖表2　在泰國設置統籌據點的趨勢

企業名稱	主要動向
豐田汽車（TOYOTA）	2006年，在泰國設置生產、採購、調度、物流領域的總部。 與新加坡的統籌銷售公司合作。
日產汽車（NISSON）	2011年，將東南亞的區域總公司從新加坡移往泰國。
電裝（DENSO）	在泰國設置區域總公司DENSO INTERNATIONAL ASIA。 2013年，將泰國定位為東南亞的生產、開發中心，擴大集中生產體制。
古河電氣工業（Furukawa Electric）	2014年，成立汽車用線組的區域總公司。 統籌區域內6個國家共9間子公司的設計、業務、資材採購。
大同工業	2016年，在泰國設置營業統籌據點。
神戶製鋼所	2017年，在泰國設置東南亞・南亞區域總公司。 強化營運管理和集團內的合作。

（資料）瑞穗綜合研究所參考各媒體報導製成

主題

18 泰國的經濟風險

~經濟風險源自大洪水與民粹主義政策

大洪災再起

流經曼谷和周邊產業群聚地帶的昭披耶河（Chao Phraya River），由於流域地勢低窪，每年七~十一月的雨季都很容易淹水。近年更因全球暖化而出現局部豪雨，造成淹水災情。

二〇一一年秋天的大水災，導致多個位於昭披耶河流域的工業區泡水，眾多進駐其中的日本企業被迫停工，癱瘓零件供應鏈和物流管理，就連未受淹水之害的工廠，生產進度也被拖累。例如，汽車產業因為工廠淹水和零件停止供應，所以造成八家日本製造商停止生產，並連帶導致從泰國獲得零件供應的國外工廠，也不得不減產。除此之外，電機、材料、食品等多種產業的供應鏈也都深受影響。由於各產業深受打擊，導致水災後的工業生產指數，滑落到只有災前的一半。

現在的軍政府為了防洪，已擬定治水基礎設施興建計畫，但卻是超過十年之久的長期計畫。過去這類大型基礎建設計畫，都曾因政權交替而縮小規模，甚至喊停，因此回歸民主政治後，也很難確保新政權會延續計畫。實際上，軍政府就曾在二〇一四年凍結治水計畫。假設治水計畫毫無進展，泰國恐怕會重現二〇一一年秋天的嚴重水災。

民粹主義再掀波瀾

如主題15所述，反對塔克辛政權採取民粹主義政策，是導致泰國經濟停滯的原因之一。

軍政府支持率低迷，因此無法否定目前的政權也可能向民粹主義靠攏。在二〇一七年八月，私立曼谷大學（Bangkok University）實施的民意調查中，對於帕拉育政權上任後三年的滿意度，以十分為滿分的滿意度只有五・二七，相較於上任二年時的成績（六・一九），出現大幅下滑的現象（圖表1）。從詳細項目來看，經濟方面的滿意度明顯較低。而且，對於調查中「您認為現在的政權應該在全國大選之前做些什麼？」的問題，有三二．五％的人表示「改善並穩定經濟」，占全體比例最高，由此可見，泰國國民對現任政權累積了諸多不滿。

從這些面向看來，目前政權為了在全國大選前鎮壓塔克辛派的勢力，很有可能會實施討選民歡心的撒錢政策。一旦誤判，這類政策便會產生副作用，導致經濟低迷。期待泰國政府別再實施出於一時的權宜之計，而是投入發展長久的策略，解決問題。

貨幣危機再起的風險已大幅下降

如主題9所述，泰國是引發一九九七年亞洲金融風暴的震源。泰國有可能再發生相同的危機嗎？

當年，泰國採取固定匯率制，由於經常帳惡化，泰銖賣壓力道強，而外匯儲備不足，泰國中央銀行無法買進泰銖來支撐貨幣，因此爆發金融危機。另一方面，泰國改實施變動匯率制已經過了二十年，泰國穩定的經濟成長、製造業的發展帶動出口增加，都提升了泰銖的國際信賴度。並且，過去二十年來，泰國政府持續累積外匯儲備，目前可說是東協中外匯儲備最雄厚的國家。再者，主題7也提過，金融危機發生後，東協與日中韓簽署「清邁倡議」，相互融通外匯，在制度面上也布下防止危機發生的措施。

綜上措施，大幅降低了泰國再發生貨幣危機的風險。

圖表1　對帕拉育政權的滿意度（滿分10分）

	上任後二年	上任後二年半	上任後三年
安全保障	7.04	6.90	6.38
施政・執法滿意度	6.68	6.33	5.75
社會保障	6.04	5.89	5.30
外交	5.70	5.41	5.09
經濟	5.49	4.63	3.85
平均	6.19	5.83	5.27

（資料）瑞穗綜合研究所根據泰國私立曼谷大學資料製成

主題

19

泰國的政治・治安風險

～當心恐怖攻擊與政治對立

必須留意恐怖攻擊危機

在泰國必須特別注意激進組織的恐怖攻擊。日本外務省針對泰國深南部（包括北大年府、陶公府、惹拉府三府，及宋卡府部分地區）發布不宜前往的旅遊警示（圖表1），主張獨立的伊斯蘭武裝勢力，在這些地區不斷發動恐怖攻擊。該勢力從二〇〇四年到二〇一七年五月，總共發動一萬六千次恐攻，次數相當驚人，死亡人數超過六千七百人。

並且，在東部與柬埔寨的邊境附近，也因領土爭議而持續處於緊張情勢。尤其柬埔寨在二〇〇八年向聯合國教科文組織申請，將柏威夏寺列入「世界文化遺產」名單，導致雙方發生軍事衝突。雖然二〇一三年十一月，國際法庭將柏威夏寺的主權判給柬埔寨，不過雙方至今對此仍未有共識。

恐怖攻擊行為不僅發生在偏鄉，也延伸至都市和渡假村等遊客聚集的地方。二〇一五年，首都曼谷的觀光勝地愛樂威四面佛（Erawan Shrine）發生爆炸案，造成包含日本人在內眾多死傷；二〇一七年大皇宮周邊也發生爆炸攻擊事件。另外，二〇一六年華欣（Hua Hin）和普吉島等觀光勝地，都曾連續發生多起恐攻事件。

在泰國，一般人只要獲得許可，就能合法持有槍枝，並且武器走私猖獗，增加恐攻發生的風險。

政治混亂再起的風險

還有，由於全國大選在即，塔克辛派與軍部或反塔克辛派的對立都可能激化。如主題13所述，全國選舉的法源為新憲法，無論哪個政黨勝選，軍部依舊會保有強大的影響力。目前，軍政府禁止政治活動，將五人以上的集會遊行視為違法活動。因此，雖然無法確切掌握目前塔克辛派的規模和活動狀況，但一般普遍認為，塔克辛的勢力仍然強大，隨著全國大選的到來，塔克辛派或許會以反政府示威遊行的方式，表達對執政者的不滿。

政治動盪會影響經濟活動，回顧二〇一三年秋天的政治亂局，示威遊行的擴大，率先衝擊到零售業和觀光業。曼谷日本商工會議所（JCCI）實施的日本企業問卷調查顯示，有六成的企業認為遊行會影響營業額等業績。一旦發生政變，軍政府為了維持治安，會實施宵禁並封鎖道路，導致工廠作業和物流陷入停頓。

塔克辛派與軍部、反塔克辛派的對立，源自於城鄉所得差距這個陳年問題，因此政治混亂會是個中長期的風險。

圖表1　各地區的危險資訊和警示等級（日本外務省）

警戒等級	地區	恐怖攻擊事件	
第三級（不宜前往）	陶公府	2017年4月	載有6名泰國士兵的軍車，遭到武裝團體襲擊，全員不幸喪生。
		2016年9月	榻拜縣的學校校門遭到炸彈攻擊，造成一對父女死亡，8人輕重傷。
	惹拉府	2017年5月	巡邏中的士兵遭武裝分子以炸彈和槍枝襲擊，造成2名士兵喪生
		2015年5月	惹拉府的商業地區和銀行等14個地方發生爆炸，引爆的嫌犯為武裝集團，造成十幾個人受傷。
	北大年府	2017年5月	超市發生2次爆炸，造成員工和顧客約60人受傷。
		2016年10月	餐廳發生爆炸，1人死亡，18人受傷。
	宋卡府部分地區（乍納縣、提拍縣、沙巴鋭縣）	2016年1月	卡拉OK店發生2起爆炸事件，造成1名工人死亡，6名顧客、員工受傷。
第二級（避免非必要旅行）	宋卡府（上述三縣以外地區）	2013年12月／2014年5月	發生機車和汽車被放置炸彈的連環炸彈攻擊。
	四色菊府與柬埔寨邊境地區東部	2014年10月	報導指出，柬埔寨和泰國邊境，爆發短期間的槍戰。
第一級（提醒注意）	首都曼谷	2015年8月	首都曼谷中心的拉差帕頌十字路口，發生爆炸案，包含外國人在內造成20人死亡，以及包含1名日本人在內等多人受傷。
		2017年4～6月	曼谷勝利紀念碑附近的軍醫院內、民主紀念碑附近、國家戲劇院附近、UNESCO辦公室附近，發生小型炸彈連環攻擊事件。
	素輦府部分地區（泰柬邊境）	2011年4月	泰國和柬埔寨在素林府與柬埔寨的邊境（帕農東拉縣的達格拉貝寺（Ta Krabey）周邊，和鴿沖縣的達莫安寺（Ta Moan），發生軍事衝突，造成死傷。

（注）根據2017年9月的資料製成。
（資料）瑞穗綜合研究所根據日本外務省資料製成

從泰國搶攻柬埔寨、寮國、緬甸、越南（CLMV）的加工食品產業

在東協人口、所得增加，並轉變為都市生活型態等因素加持下，東協的加工食品市場，未來將快速成長，前景備受看好。

然而，由於民族、飲食喜好、習慣多元，因此很難從「面」的角度，去看待東協的加工食品市場。

其中唯一可以從「面」的角度切入的市場，就是以泰國為出發點，將觸角延伸至CLMV（柬埔寨、寮國、緬甸、越南）。東協的大型食品製造商已將眼光放遠至國外，其中成績最亮眼就是搶攻CLMV各國市場。

舉例來講，泰國最大的企業集團卜蜂集團（Charoen Pokphand Group），二〇一四年宣布營運計畫，目標是未來五年CLMV各國的營業額能呈倍數成長。另外，泰國具代表性的釀酒商泰國釀酒（Thai Beverage），也全力擴大在東協的流通網絡，尤其將CLMV各國列為重點國。

實際上，泰國對CLMV各國的食品外銷額不僅大過其他國家，且急速成長中。

當然，這樣的成長趨勢，與泰國和CLMV之間的東西經濟走廊和南北經濟走廊開通，跨境運輸交通的基礎建設日漸完善有關。

不過，更重要的是，在CLMV各國人民眼裡，泰國算是「熟悉的先進國家」，且電視和網路普及化，也讓他們對「泰國食品」的印象極佳。

各地的飲食喜好往往受地域影響很大且較為保守，不過在上述的因素下，泰國與CLMV各國逐漸出現「飲食喜好同質化」的現象。另外，卜蜂集團等企業，也將利用泰國泰國研發的生產技術，在CLMV各國進行生產，達到「生產技術標準化」的目的。

雖然泰國的加工食品市場競爭激烈，但仍然經常舉辦日本食品展，且也有很多日本餐廳插旗泰國，可見泰國人對「日本食品」的評價很好。此外，由於所得較高且健康意識抬頭，因此日本企業進軍海外時，泰國市場也是相對容易進入的「起跑點」。

對於想要搶攻東協市場的日本加工食品商而言，「泰國與CLMV各國」也是未來應該多關心的重要市場。

第3章

認識緬甸

——東協地區經濟起飛的最後疆域

主題

20 緬甸的特徵

～潛力十足的新興國度

重要的地緣政治位置

緬甸領土面積六十八萬平方公里，是日本的一・八倍（編按：約台灣的十九倍）。地理位置介於中國與印度之間，面向印度洋的緬甸地緣政治位置相當重要。

例如，中國於二〇一七年，正式開通連接雲南省和緬甸西部皎漂（Kyaukphyu）經濟特區的原油管道。如此一來，即使麻六甲海峽遭封鎖，仍然可經中緬油管進口原油，因此對中國來說，緬甸是確保能源供給的重要補給站。

人口以緬族和佛教徒為主體

緬甸人口為五千二百二十五萬人（二〇一六年ＩＭＦ統計），在東協中排在約六千九百萬人的泰國之後，位居第五。

人口的七成為緬族，其餘由超過一百三十族的少數民族組成。並且，有九成以上的人民信仰上部座佛教，其他則為基督教、伊斯蘭教等。

人民性情純樸、耿直，聽說在緬甸忘記或遺失物品，都很容易被尋回。根據當地日商的說法，多數人一派悠閒，很少人努力工作。

根據聯合國的統計，緬甸的識字率在二〇一五年為九三・一％，一點都不輸東協五個創始成員國。原因在於寺院教育普及，提供家境貧困而無法就學的孩童足夠完善的學習環境。但是，也因為寺院教育以讀經識字為中心，所以很多緬甸人對數學不在行。

與少數民族長期對立

緬族與少數民族之間，長期以來處於對立狀態。民族對立導致國情動盪不安，致使維持治安的軍部勢力擴張，影響政治局勢至今（請參閱主題21）。

目前，據說緬甸至少有二十個少數民族的武裝勢力，其中八個勢力已經與政府達成停戰協議，但仍然有勢力不放棄武裝對立。其中，信仰伊斯蘭的羅興亞人，也因為與

人口：5225萬人（2016年） 面積：68萬平方公里 首都：奈比多（Naypyidaw） 名目GDP：644億美元（2016年） 人均GDP：1232美元（2016年） 產業結構：（名目GDP占比，2016年） 第一級產業：25.5% 第二級產業：35.0% 第三級產業：39.5%	政體：總統制、共和制 元首：溫敏（Win Myint） （編按：溫敏於2018年3月30日宣誓就職。前總統為廷覺（Htin Kyaw），於3月21日宣布辭去總統職務。） 語言：緬甸語等 民族：緬族等130個以上的民族 宗教：上座部佛教等 會計年度：4月～隔年3月 ※2018年起為10月～隔年9月

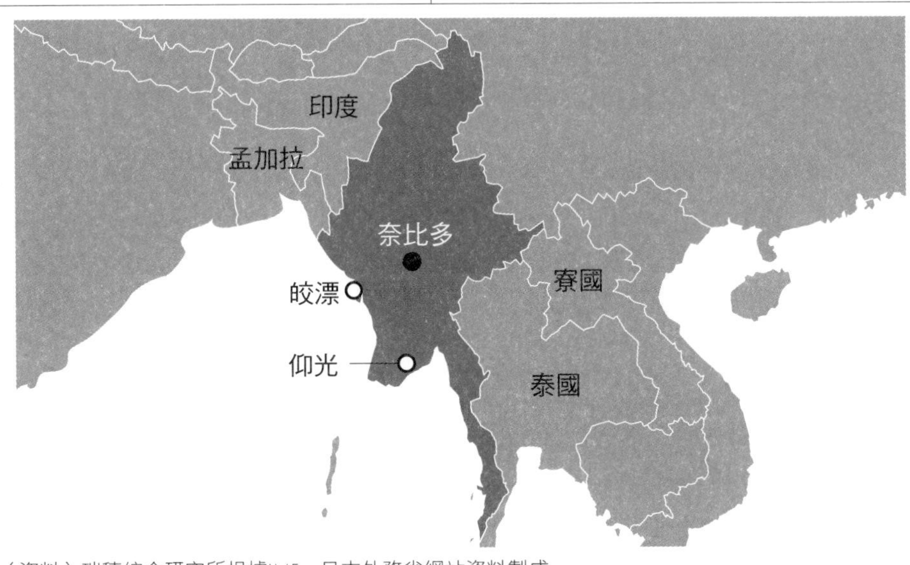

（資料）瑞穗綜合研究所根據IMF、日本外務省網站資料製成

占多數的佛教民族陷入對立，而逃難至國外成為難民，流離失所。

經濟成長深具潛力的新興國度

緬甸的名目人均GDP為一千二百三十二美元，在東協中排名最後，只有日本的三%。照世界銀行的經濟發展階段來看，緬甸才剛於二〇一四年從低所得國晉升為中低所得國。

主要的出口產品為天然氣、農產品及縫製品。天然資源和第一級產業為經濟中心，目前發展至勞動密集型的輕工業階段。

自一九六二年起，長達半世紀之久的封閉軍事獨裁體制，導致緬甸經濟嚴重落後。然而，二〇一一年轉型民主化後，才對全球經濟敞開大門，讓擁有眾多人口的緬甸，因成長潛力無窮，而成為備受關注的新興國度（未開發區）。

主題

21 緬甸的政治

～民主化後，軍政府持續保有影響力

軍部保有影響力的民主體制

緬甸的政治體制，是以總統為元首的多黨民主議會制。但最大特徵是，軍部對政治仍然保有一定的影響力。

國會施行兩院制，議員任期五年。憲法規定，兩院制的席次中，七五％由投票決定，其餘二五％為軍方保障席次。由於修憲須經七五％以上國會議員的同意，因此如果軍人反對，即無法完成修憲。

總統由國會議員投票選出。雖然憲法規定總統具有權力任命閣員，但國防部長、內務部長及邊境事務部長，應由國軍提名人選擔任。也就是說，軍部實質掌握了與安全保障和治安有關的職務之任命權，因此緬甸尚未奠定文人統制（civilian control）的基礎。

舊軍政府提出的民主化架構

回顧緬甸政治體制的歷史，可從一九四八年脫離英國殖民獨立說起。緬甸獨立後曾一度施行民主政治，積極發展經濟，但由於少數火力強大的武裝勢力割據地方，導致政局動盪不安。

軍部藉著與少數民族武裝勢力的衝突，提高存在感之後，便順勢於一九六二年發動政變，推翻民主政權，改行軍事政權。軍政府採取封閉的緬甸式社會主義，造成經濟萎靡不振。

民不聊生的人民批判軍政府，繼而展開民主化運動。翁山蘇姬為一九八八年興起的民主化運動領袖，她建立全國民主聯盟（ＮＬＤ），成為黨主席，但此後三度遭到軍政府軟禁在家。

曾鎮壓民主化運動的軍政府，於二〇〇三年主動擬定民主化進程。軍政府之所以會主導民主化，是因為鎮壓民主化運動遭到國際社會的經濟制裁，加速緬甸經濟惡化，讓軍政府產生危機感。

但軍政府早已為自己鋪好路，以利民主化後能持續干預政治。軍政府照民主化進程所訂，於二〇〇八年制定憲法，並增加讓軍政府保有政治影響力的條文。

由退伍軍人執政的民主政權

雖然緬甸根據二〇〇八年所制定的憲法，於二〇一〇年舉行大選，但翁山蘇姬領導的NLD認為憲法有問題而聯合抵制。最後仍由退役軍人組成的聯邦團結發展黨（USDP）勝選，隔年二〇一一年，緬甸軍政府將政權轉移。

有人認為這只是形式上的民主化，然而在USDP政權的領導下，確實推動了緬甸民主化的進步。世界銀行根據各國法制化程度、防治貪腐等項目，統計出的全球治理指標（Worldwide Governance Indicators，WGI）顯示，緬甸在民主化以前分數尚低於北韓，但在USDP政權下已經有顯著的改善（圖表1）。

翁山蘇姬政權上台

NLD在二〇一五年的選舉中，獲得壓倒性的勝利。雖然USDP對民主化有功，但由於與軍方關係密切，因此選民最後仍選擇了NLD。

只不過由於緬甸憲法規定，配偶、子女為外國國籍者，不得擔任總統，因此翁山蘇姬當時未能獲選為總統。結果由其親信就任總統，翁山蘇姬本身則出任新職位國務顧問，就此成立實質上由翁山蘇姬掌權的政權。

儘管翁山蘇姬政權希望進一步推動民主化，卻對占多數的佛教徒與伊斯蘭教徒羅興亞人之間的激烈衝突束手無策。軍政府與羅興亞人爆發武裝衝突，引發羅興亞人的逃難潮（主題22、27）。

圖表1　全球治理指標

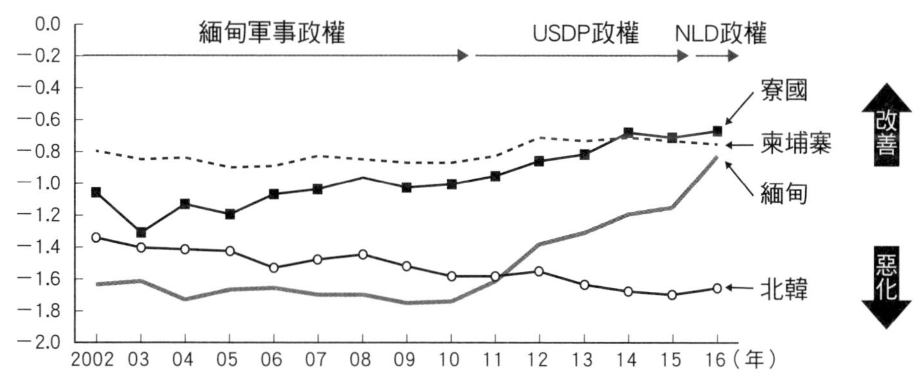

（注）公民表達及問責、政治穩定、政府效能、監管品質、法治程度、反貪汙等6項指標的平均分數。指標範圍最高為2.5，最低為-2.5。
（資料）瑞穗綜合研究所根據世界銀行「全球治理指標」（Worldwide Governance Indicators，WGI）製成

主題 22

緬甸的外交

～翁山蘇姬政權引發國際社會支持與批判聲浪

軍政時期與先進國家關係交惡

一九六二年發動政變而建立的軍事政權，因採取鎖國政策和以武力鎮壓民主化運動，而遭到國際社會譴責，面臨外交孤立的困境。

重視民主化和人權保護的美國，禁止進口緬甸產品，並階段式地強化制裁措施。另外，也將與軍政府關係密切的法人、個人，製成「特別指定國民及阻擋名單」（Specially Designated Nationals and Blocked Persons List, SDN），明令禁止貿易往來。

歐盟也和美國一樣，禁止進口緬甸產品。

日本雖然沒有禁止進口緬甸產品，但凍結了日圓貸款。

援助軍政府的中國

中國則對於遭受經濟制裁而陷入貧困的緬甸，提供經濟支援，並進行投資。例如，在緬甸北部的密松（Myitsone Dam）興建水力發電大壩，此投資計畫預計將電力輸往中國。

然而，軍政府內部開始警覺，認為中國真正的目的在於奪取資源，並透過支援控制緬甸的經濟。因此也有人認為，軍政府主動擬定民主化進程，除了是想藉由改善與歐美各國的關係，擺脫經濟貧困之外，也希望能免於中國的經濟控制。

前政權疏中，靠攏歐美先進國家

二〇一一年改行民主政治而成立的USDP前政權，讓緬甸外交政策急轉彎。

首先，前政權積極改善與歐美先進國家的關係。登盛執政期間，因釋放政治犯等作為，使歐盟原則上解除對緬甸的進口禁令。美國也開放進口翡翠、紅寶石等部分特產，陸續解除經濟制裁。日本則重新開放日圓貸款，與緬甸政府共同開發迪洛瓦經濟特區（SEZ）。

另一方面，登盛政權也逐漸保持與中國的距離。尤其，由於當地居民擔心對環境造成破壞，而反對興建密松大壩，且建成後的電力大部分將輸往中國，因此登盛政權急喊停工，引發全球關注。

翁山蘇姬展開全方位外交

二〇一六年三月，政權轉移，現任執政黨領袖翁山蘇姬隨即出訪各主要國家，展開全方位外交，取得經濟支援。

同年八月，翁山蘇姬選擇中國做為主要國家出訪計畫的第一站。對於中國政府要求重啟密松大壩工程，翁山蘇姬雖保持謹慎態度，但在修復中緬關係與接受經濟支援的考量下，仍強調願意解決密松大壩爭議。相較於前政權，翁山蘇姬更重視獲得中國支援的實質利益，有意拉近兩國距離。

同年九月，翁山蘇姬出訪美國之後，美國政府承諾將全面解除經濟制裁，並於十月正式解除對緬甸經濟制裁，同時也將刪除部分列入「特別指定國民及阻擋名單」的法人和個人。

同年十一月，翁山蘇姬訪問日本，日本政府宣布將提供緬甸包括民間投資等約八千億日圓的經濟援助，協助基礎建設等。

獲得美日的支援，不僅有意牽制中國控制緬甸，也代表諾貝爾和平獎得主翁山蘇姬，期待進一步推動緬甸的民主化。

翁山蘇姬政權也飽受批評

國際社會期待翁山蘇姬能推動緬甸民主化的同時，羅興亞人難民問題（圖表1），讓她飽受將人權視為民主化圭臬的國際社會批判。只要羅興亞人的問題一天沒改善，對於人權問題相當敏感的歐美先進國家，對緬甸的經濟支援就會趨於保守，外資企業也可能停止直接投資。

圖表1　孟加拉的羅興亞難民人數（自2017年8月25日起累計的新難民人數）

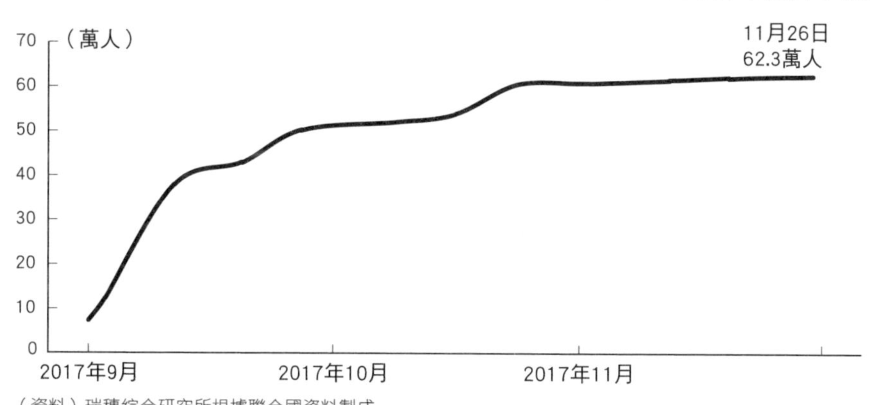

（資料）瑞穗綜合研究所根據聯合國資料製成

主題

23 緬甸的經濟

～對外開放，外資急速增加，投入基礎建設

軍政時期鎖國，經濟疲軟

一九四八年脫離英國獨立的緬甸（當時英文名稱為Burma），曾一度實施民主制度，成為東南亞經濟的希望之星。不但經濟發展優於泰國，連駐曼谷的日商人員，放假都會到仰光（舊名為Rangoon）旅遊。而且，據說新加坡的城市規劃也是參考仰光。

然而，一九六二年經政變由軍人掌權後，經濟發展便陷入停擺。軍政府鎖國，採取緬甸式的社會主義，限制自由經濟活動。

不滿經濟政策的國民，發動民主化運動，卻遭到軍政府以武力鎮壓。先進國家對此實施經濟制裁，讓緬甸經濟更加愁雲慘澹。原為經濟的優等國，最後卻被周邊國家大幅超越，淪落為東南亞最貧窮的國家之一。

改行民主政治後，開放門戶

二〇一一年，改行民主政治而成立的登盛政權，逐步開放經濟。首先，修正了外國投資法、擴增稅制優惠措施，以吸引外資進入緬甸。並且，與日本合作開發位於仰光郊外的迪洛瓦經濟特區，這是緬甸第一個經濟特區（SEZ）。過去，緬甸沒有任何電力、供水等基礎建設完善的近代工業區，因此二〇一五年迪洛瓦經濟特區投入營運後，成為外資製造業的進駐點。

二〇一六年上任的現任執政黨，延續經濟開放的政策。翁山蘇姬政權整併「外人投資法」和「緬甸公民投資法」，成為新的「緬甸投資法」，並於二〇一七年起施行，簡化投資手續、制定明確的規章制度等。

在上述政策下，外資的直接投資強勁成長。如今，緬甸也複製了東協其他國家引進外資來發展經濟的模式。

外資主要瞄準緬甸國內市場

就目前而言，搶灘緬甸的外商中，看好緬甸內需成長並瞄準國

內市場的企業，多過於只想利用廉價勞動人力的出口企業。例如，進駐迪洛瓦經濟特區的八十九家公司（統計至二〇一七年五月）中，出口導向的製造業有三十四家，而國內市場導向的製造業則有五十四家（一家為其他）。

國內市場導向企業為多的主因，在於緬甸的人口高達五千二百二十五萬人，在東協中屬於規模較大的國家。另一方面，出口企業較少的原因，在於緬甸道路、港灣等物流基礎建設落後，導致緬甸沒有良好的條件與國際供應鏈接軌。

柬埔寨和寮國都已經有連接泰國的經濟走廊和經濟特區，並成為泰＋一的供應鏈，反觀緬甸只有開通局部的經濟走廊，而且唯一的迪洛瓦經濟特區距離經濟走廊甚遠（圖表１）。另外，緬甸也沒有可以讓大型貨櫃船停靠的深海港。

依然可期未來成為出口據點

緬甸未來也規劃積極建設物流基礎設施。從曼谷往西，將經濟走廊延伸三百五十公里，連接土瓦（Dawei）。其中，由泰國提供緬甸四十五億泰銖的貸款，援助建設緬甸國內的區段。另外，日本、泰國及緬甸，也將共同在土瓦開發最大規模的經濟特區，興建深海港。不過，由於土瓦經濟特區占地廣大，因此光是小規模工業區的初期開發，預估工程就長達八年之久。

隨著建立起連接泰國的基礎建設，泰＋一的直接投資就能從柬埔寨和寮國擴大至緬甸。展望未來十年的發展，隨著國際供應鏈向外擴大，緬甸或許也能晉升為出口基地。

迪洛瓦經濟特區

日緬合資企業Myanmar Japan Thilawa Development提供（2017年11月）

圖表1　經濟走廊

（資料）瑞穗綜合研究所製成

主題

24 緬甸的消費市場

～都市起飛，人口多，潛力爆發

仰光是消費市場中心

人口達七百三十六萬人（二〇一四年國勢調查）的緬甸最大城市仰光，是緬甸主要的消費市場。二〇一六年，緬甸的名目人均ＧＤＰ為一千二百三十二美元，但當地駐外日本人表示，仰光市中心大概可達三千美元。與菲律賓的所得水準一樣。

消費市場除仰光以外，也逐漸擴大至首都奈比多、古都曼德勒（Mandalay）及地方主要都市。例如，緬甸最大零售公司City mart，除了集中於仰光開設超市之外，也開始擴點至上述城市。

目前，農村的消費市場仍然小於都市。從主要耐久財的普及率（圖表１）和商業設施建設狀況來看，農村還是相當落後。但這也代表農村市場深具潛力。

外資在零售業依然受限

雖然過去緬甸對於外資參與零售業、批發業等流通產業的法律規定不明確，但實際上並不允許外資進入這些產業。然而，二〇一六年日本AEON集團獲得許可，與當地企業合併成立新公司後，一般普遍樂觀看待緬甸政府開放外資。由於AEON長年協助植樹和提供教育支援，積極進行社會貢獻的活動，因此才得以獲得許可。

之後，整併外人投資法和緬甸公民投資法後的新緬甸投資法公布，因為在施行細則草案中，並沒有限制外資投入流通產業，令外商期待能夠進一步開放市場。

但是，二〇一七年四月已通過的施行細則中，則明文規定①零售業和批發業的經營，必須取得商業部核發的許可證、②禁止經營面積低於九百二十九平方公尺的零售店。在當地零售業的反對聲浪下，緬甸政府採取保守立場。當地普遍認為，外資開放的進展等於倒退一步，且實際上很難取得①所規定的商業部許可證。

外資如無法取得緬甸商業部的

許可證，則必須透過授權經營的模式，由當地企業經營。而且，由於批發業也包含貿易業，在拿不到許可證的狀況下，外資企業想要進口商品到緬甸販售，必須與當地企業簽署代理商合約，由當地企業進口販售。

人口紅利，造就無窮潛力

目前，緬甸的核心消費市場，為只有人口為七百三十六萬人的仰光，但加進農村人口後，總人口高達五千二百二十五萬人，比同為東協後進國的寮國（六百五十九萬人）和柬埔寨（一千五百七十八萬人）更多。而且，平均年齡僅二十九歲，未來保有年輕活力的緬甸，經濟發展有望追上較早加入東協的國家，成為具有人口紅利的消費市場。從這些觀點來看，我們更應聚焦農村市場的巨大潛力。

圖表1　主要耐久財・服務的普及率（2014年，都市、農村比較圖）

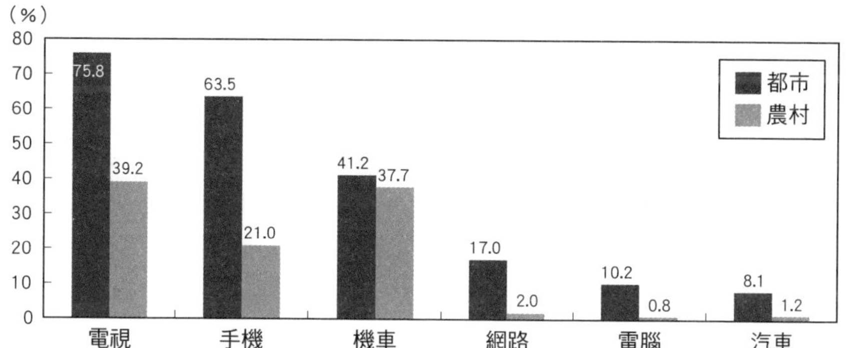

（資料）瑞穗綜合研究所根據緬甸國勢調查資料製成

仰光市區的商業設施
瑞穗綜合研究所拍攝（2017年7月）

仰光郊區的商店
瑞穗綜合研究所拍攝（2017年7月）

主題

25 緬甸的可期領域與進出案例

～基礎建設、國內消費、泰十一帶來希望

旺盛的基礎建設需求

緬甸的基礎建設落後其他東協國家（圖表1），因此對基礎建設有相當大的需求。政府獲得國際協助積極建設，也帶動外商投資基礎建設的熱潮。

最具代表性的基礎建設事業，即為迪洛瓦經濟特區。由日本與緬甸的官方和民間組成開發主體，並由日本公司（住友商事、丸紅、三菱商事）和銀行（瑞穗、三井住友、三菱東京UFJ）出資。

預期未來也將繼續興建基礎建設，另一個大型建設計畫，則為比迪洛瓦經濟特區大八倍的土瓦經濟特區，這在主題23中也曾提及。土瓦經濟特區分為兩期開發，初期開發所需的一千八百億日圓，由緬甸和泰國共同進行。日本則準備在之後投入正式開發。

具有人口紅利的國內消費市場

由於人口眾多，國內市場龐大，因此面向國內市場導向的國外製造業，爭相進軍緬甸。目前已經有Acecook（泡麵）、味之素（調味料）、Yakult（飲料）、東洋製罐（飲料容器）等消費財日商進駐迪洛瓦經濟特區。

在流通產業方面，在舊外人投資法規定模糊的情況下，AEON與當地超市合併成立「AEON orange」超市，不過由於新的緬甸投資法對外資有明確限制，因此未來可能很難打入市場。

儘管緬甸對外資經營流通產業限制多，不過仍然有企業透過代理商進口和特許經營的模式，勇敢搶進市場。例如，日本雙日公司與當地最大的超市City Mart合作，經City Mart輸入食品。更與City Mart合併成立貨運公司，貨車配有冷藏冷凍設備，加入冷鏈物流，將貨品運送至City Mart店面。另外，大創也以特許經營的模式，開設一千八百緬元（Kyat）的均一價商店。

（編按：二〇一八年十月緬元兌新台幣匯率約為〇・一九，一緬元可兌

換〇．一九新台幣。）

有望成為泰＋一的據點

雖然廉價的勞動力是緬甸吸引外資的優勢，但道路和港灣等運輸基礎建設落後，目前出口導向的製造業仍為少數。例如，進駐迪洛瓦經濟特區的出口導向製造業，有ATSUMI FASHION（成衣）、江洋散熱器（汽車零件）、FOSTER電機（音響設備）等，但數量僅占國內市場導向製造業的六成左右。

不過，待未來運輸基礎建設更完善之後，應該會有愈來愈多輸出導向的製造業進入緬甸。尤其連接泰國的道路興建完成後，預期會有更多泰＋一的製造業進入，從泰國進口零件，發展勞動密集型的加工組裝產業，再將產品出口至泰國和第三國。

圖表1　基礎建設品質（2015年）

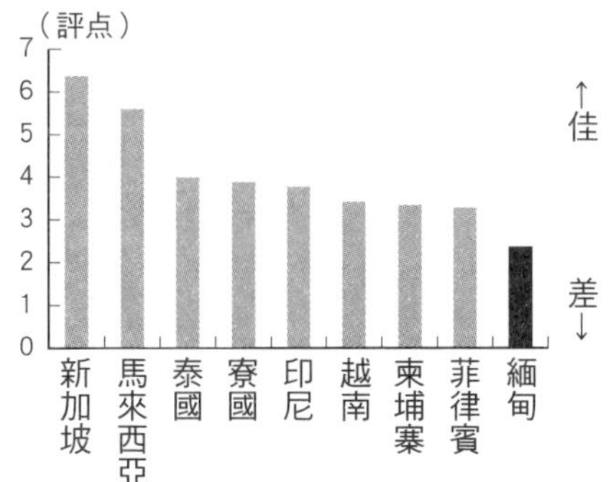

（資料）瑞穗綜合研究所根據世界經濟論壇「全球競爭力指數」製成

仰光的AEON orange
瑞穗綜合研究所拍攝（2017年7月）

迪洛瓦經濟特區和迪洛瓦港口之間的道路塌陷
瑞穗綜合研究所拍攝（2017年7月）

迪洛瓦經濟特區內的ATSUMI FASHION工廠
瑞穗綜合研究所拍攝（2017年7月）

主題

26 緬甸的經濟風險

～當心幣值急跌和通貨膨脹

緬元幣值不穩

緬甸自二〇一一年民主化並對外開放以來，經濟每年都以六～八%的速度成長，在東協中算是相對高的成長率。然而，緬甸經濟卻也潛在著不穩定的因子。

經濟不穩表現在貨幣緬元的貶值上（圖表1）。自從二〇一二年四月起，匯率政策改採管理浮動制之後，美元兌緬元的匯率就反覆暴跌和走穩，二〇一七年初開始走穩。二〇一二年四月到目前的跌幅已達四成，是東協各國貨幣中跌幅最大的國家。

貨幣貶值的原因，在於二〇一六年經常帳赤字的名目GDP占比高達六．五%，而且有擴大的傾向。不僅主要出口產品天然氣的國際價格下跌，導致出口下降，更因為財政赤字膨脹，內需受到刺激而擴大進口，加速經常帳惡化（圖表2）。

緬甸未來經濟發展所需的基礎建設和人才培育費用，勢必會增加政府支出，但必須當心財政制度不周全的弱點。而且，緬甸中央銀行並非獨立於政府的機構，政府常不經審慎思考，就由中央銀行直接購買國債，以融通財政缺口。雖然二〇一五年開始，以競價方式出售短期國庫券，但公債市場制度不完善，因此緬甸政府持續靠中央銀行來彌補財政缺口。

IMF的調查結果顯示，二〇一七年的財政赤字占名目GDP比率升高至四．五%，其中有〇．九%由中央銀行購買國債來填補。在經濟發展階段與緬甸相同的國家中，沒有任何國家像緬甸一般，如此依賴中央銀行來彌補財政缺口。

緬元貶值引發通膨危機

儘管緬元目前匯率穩定，但如果緬甸政府無法控制財政赤字，經常帳赤字持續擴大，恐怕會增加緬元走貶的壓力。

然而，由於國際社會對回歸民政的支持，減免緬甸的外債，所以緬甸尚不會因償還外債而面臨外匯危機。

反而應該擔心緬元貶值，導致進口產品漲價，造成通膨上揚。由於通膨會降低實質購買力，因此會導致內需成長受挫。

熱帶氣旋引發尾端風險

二〇〇八年，納吉斯熱帶氣旋從仰光附近登陸，重創緬甸經濟。熱帶氣旋是指生成於北印度洋、最大風速達每秒十七公尺的熱帶低氣壓，強度相當於颱風。

納吉斯熱帶氣旋為風速每秒四十五～六十七公尺的強烈氣旋，最高可掀起七公尺的大浪，直撲人口密集區。最後釀成十四萬人死亡、失蹤，經濟損失達十三兆緬元（占當年名目GDP的四〇％）。

其實，熱帶氣旋從緬甸登陸的機率並不高。從一八八七年～二〇〇五年間的數據來看，大概每兩年一次。而且，通常都是從仰光以北、人口稀少的地方登陸緬甸，直撲仰光的比例只有二％。

然而，近年來由於氣候異常，熱帶氣旋的登陸路徑南移，因此不能排除從仰光登陸的可能性。納吉斯這種超強熱帶氣旋，如果再從仰光附近登陸，堪稱尾端風險（Tail Risk，發生機率低，不過一旦發生即會造成嚴重的經濟損失）。企業應做好風險管理，因應這樣的狀況。

圖表1　美元兌緬元匯率

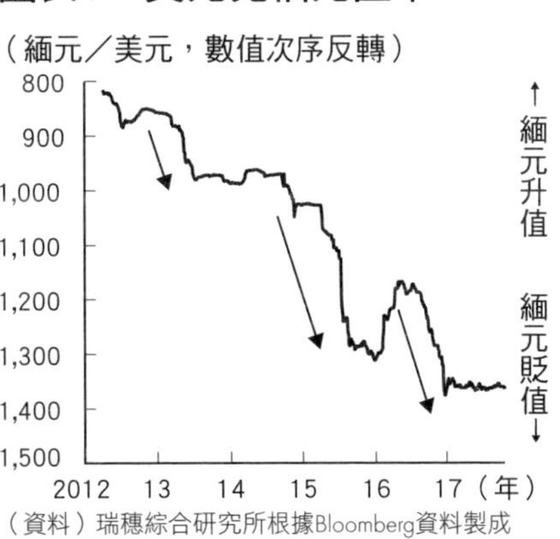

（資料）瑞穗綜合研究所根據Bloomberg資料製成

圖表2　緬甸的經常帳

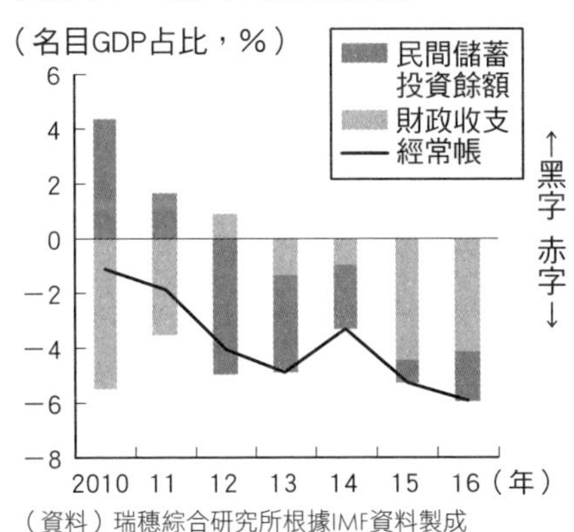

（資料）瑞穗綜合研究所根據IMF資料製成

主題

27 緬甸的政治・治安風險

～與少數民族的對立、軍政府叛變

與少數民族間的武力衝突

日本外務省將緬甸三個地區列入「第三級」警戒區，發布不宜前往的旅遊警示。

其中一個地區，為位於緬甸西部，鄰近孟加拉邊境的若開邦貌奪（Maung District）。居民在這地區的伊斯蘭教徒羅興亞人和佛教徒展開激烈衝突，二〇一七年八月發生自稱「阿拉干羅興亞救世軍」的武裝團體，攻擊當地警察局的暴力事件。此舉引發軍方進入若開邦鎮壓，導致羅興亞人難民向北逃亡到鄰國孟加拉。二〇一七年十一月，難民營已收容逾六十萬羅興亞人。也有人擔心IS（伊斯蘭國）會吸收難民營中的羅興亞人成為恐怖分子。

另外兩個地區為東北部撣邦（Shan States）的果敢地區（Kokang），和克欽邦的拉咱（Laiza）市。這些地方是果敢族和克欽族（Kachin）武裝勢力的據點。據說緬甸境內共有二十個少數民族的武裝勢力，其中八個已於二〇一五年與前政權達成停戰協議，但尚未達成協議的果敢族和克欽族武裝勢力，仍然持續與政府對抗。

經濟政策停擺

前面提過，翁山蘇姬政權因與少數民族達成和平協議而勝選，並於二〇一六年執政。然而，與少數民族之間非但和平無望，甚至衝突愈演愈烈，陷入困境。

翁山蘇姬政權的主事者大多出身民主運動，缺乏經濟專業，加上忙著處理少數民族的問題，導致經濟政策陷入空窗。

雖然政權上任後，實施了新投資法，但新公司法則將延後至二〇一八年中才施行（編按：已於二〇一八年八月一日正式生效）。舊公司法規定，只要有外資即視同外商，不過新公司法則將外資占比調高至三五％，只要不超過這個標準即視為國內企業。由於此修正規定有助改善投資環境，因此值得期待。另外，現任執政黨仍未就基礎建設計畫和產業振興，提出具體的方針。

翁山蘇姬處理境內羅興亞議題的消極態度，備受各方批評，認為她不重視羅興亞人的人權。另外，占全體國民九成的佛教徒，有不少人反對與羅興亞人和解，因此，有人認為防止難民產生和讓羅興亞人回到緬甸，都是主要難題。

未來如果持續因少數民族問題而延宕經濟政策，緬甸經濟發展恐怕不如預期。

與軍政府之間，維持微妙的平衡關係

依據緬甸憲法的規定，國家安全保障和維持治安等相關職務的任命權，實質上掌握在軍方手中。因此，政府對於近來的少數民族問題，並沒有主導權，令人憂心軍方會行使過度的武力進行鎮壓。

並且，由於憲法規定軍方在國會擁有四分之一的保障席次，所以軍人仍具有一定的政治影響力。

當初，翁山蘇姬希望藉修改憲法來削弱軍人的權限。不過，由於修改憲法必須獲得國會四分之三以上同意，因此在占四分之一席次的軍人一致反對下，修憲失敗。

目前，翁山蘇姬政權將修憲案擱置一旁，不再與軍方對立，轉而採取務實路線，與軍方妥協，以穩定政治局勢。軍方也讓翁山蘇姬政權在政治和外交舞台全力表現，只透過國家安全保障和維持治安來發揮影響力。

如上所述，雙方維持著微妙的平衡關係，然而一旦關係失衡，軍方與執政黨的對立將引發政治動盪，嚴重者甚至可能發動政變。

圖表1　被日本外務省列為不宜前往的地區

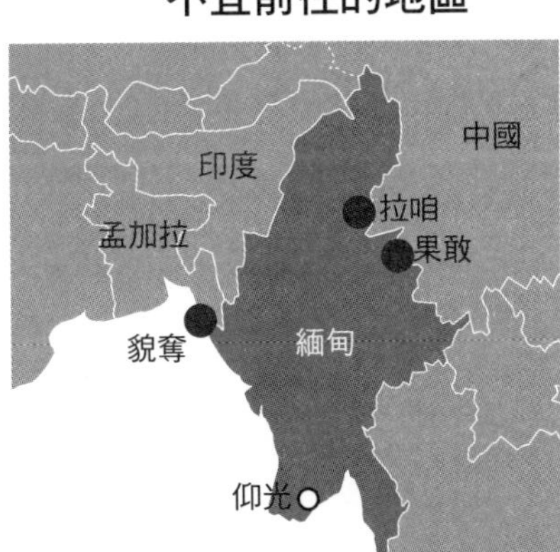

（資料）瑞穗綜合研究所根據日本外務省資料製成

翁山蘇姬位於仰光的宅邸
瑞穗綜合研究所拍攝（2017年7月）

Column 3

民主化的象徵人物翁山蘇姬

翁山蘇姬堪稱緬甸最舉世聞名的人物。回顧翁山蘇姬的一生，等於閱讀緬甸的現代史。

一九四五年，翁山蘇姬出生於仰光。其父親翁山將軍，為帶領緬甸脫離英國獨立的領袖。翁山將軍在翁山蘇姬出世前，曾接受日本援助而前往日本。

翁山蘇姬兩歲時，翁山將軍遭到暗殺。翁山將軍原本與少數民族達成協議，獨立後建立聯邦國家，卻在正式獨立前年一九四七年遭到暗殺，未完成目標。

翁山將軍過世後，翁山蘇姬和翁山家族在緬甸的地位仍然顯赫。一九六〇年，翁山蘇姬隨出任印度大使的母親前往印度，就讀德里大學。

一九六四年前往英國牛津大學留學。一九七二年與牛津大學英國人教授結婚，育有兩名也是英國籍的孩子。

一九八五年起，翁山蘇姬曾於京都大學擔任研究員，旅居日本一年。翁山蘇姬研究父親翁山將軍，探索父親在日本的足跡。

從日本回到英國後，翁山蘇姬回到大學過著平穩的日子，但一九八八年祖國緬甸的民主運動浪潮，為她的人生帶來重大的轉折。翁山蘇姬為了照顧生病的母親回到緬甸，並成為民主運動領袖。

軍政府鎮壓民主運動，在一九八九年將翁山蘇姬軟禁於自家。一九九一年，翁山蘇姬因為「以非暴力抗爭追求民主與人權」，獲得諾貝爾和平獎，但由於被軟禁，無法親自領獎。

翁山蘇姬總共被軟禁三次，時間長達十五年。緬甸國民儘管害怕軍事政權，但仍暱稱翁山蘇姬為「The Lady」，默默給予支持。二〇一〇年，被軟禁多年的翁山蘇姬終於獲得自由。

二〇一六年翁山蘇姬政權上任後，致力於推動國家的和解，超越仇恨，與軟禁她多年的軍政府維持平衡關係。雖然面臨難解的少數民族問題，但從過去翁山將軍曾與少數民族達成協議，以及翁山蘇姬曾身為民主運動領袖的經歷來看，沒有人比她更適合擔任這個議題的問題解決者。

第 4 章

認識柬埔寨、寮國

——「泰＋一」生產模式的強力支援國

主題

28 柬埔寨、寮國的特徵

～東協的後進國

位處交通要衝的柬埔寨

柬埔寨的領土面積為十八萬平方公里，約日本的一半（編按：約為台灣的五倍大）。西邊與泰國為鄰、北方寮國相連、東邊則是越南，地處中南半島中心。柬埔寨的地理位置特色是，與周邊國家有陸路和湄公河航道相通，位於交通要塞上。

人口為一千五百七十八萬人，九成為高棉族。主要語言為柬埔寨語，主要宗教為上座部佛教。高棉族於十二世紀建造吳哥窟（Angkor Wat），鼎盛的文明輝煌一時。

目前駐柬埔寨的日本人表示，柬埔寨人的個性特質認真、純樸，手巧且視力佳，非常適合製造生產。然而，識字率不到八成，是東協中最低的國家。

成衣加工業是柬埔寨的優勢

柬埔寨的名目人均ＧＤＰ為一千二百七十八美元，在東協中排行倒數第二，僅日本的三％。依世界銀行的經濟發展階段等級，柬埔寨在二〇一五年才從低所得國家晉升為中低所得國家，是東協中晉升最慢的一國。

由於反應所得水準的薪資較低，因此在勞動密集型的產業中具有相當的優勢。尤其成衣加工業蓬勃發展，占出口額的七成。

泰語也能通的寮國

寮國為內陸國家，與中國、越南、柬埔寨、泰國、緬甸相鄰。國土南北狹長，面積為二十四萬平方公里（編按：約為台灣的六點七倍大），與日本本州大小差不多。

人口為六百五十九萬人，是東協中僅次於汶萊和新加坡的小國。佬族占民族組成的五五％，其餘為少數民族。寮語和泰語幾乎相同。而少數民族具備母語和寮語的能力，因此在寮國大多地區，說泰語可以相通。人民虔誠信仰上座部佛教，在古都龍坡邦（Luang Prabang），一早就能看到僧侶排隊化緣的景象，非常有名。

（2016年）	柬埔寨	寮國
人口	1578萬人	659萬人
面積	18萬km2	24萬km2
首都	金邊	永珍
名目GDP	202億美元	158億美元
人均GDP	1278美元	2394美元
產業結構（名目GDP占比，四捨五入）	第一級產業：26% 第二級產業：31% 第三級產業：42%	第一級產業：20% 第二級產業：33% 第三級產業：48%
政體	君主立憲制	人民民主共和制
元首（2017年12月底）	諾羅敦·西哈莫尼（Norodom Sihamoni）國王	本揚·沃拉吉（Bounnyang Vorachit）國家主席
語言	柬埔寨語等	寮語等
民族	高棉族等	佬族等
宗教	上座部佛教	上座部佛教
會計年度	1月～12月	10月～隔年9月

（資料）瑞穗綜合研究所根據IMF、ADB、日本外務省網站等資料製成

寮國人民性情溫和、認真。另外，識字率與柬埔寨一樣，屬東協中最低的國家之一。

寮國為礦物和電力出口國

寮國的名目人均GDP為二千三百九十四美元，在東協中超過緬甸、柬埔寨及越南。自二〇一〇年起，經濟發展階段被評估為中低所得國家。

金、銅等礦物占總出口額四成，高居第一。寮國因為盛產貴重金屬，所以有人戲稱「寮國人坐在寶藏上」。

第二大的輸出品為占總額三成的電力。寮國境內有七成都是高山峻嶺，因此可利用水位的高低差和水資源，進行水力發電，並輸往鄰近國家。寮國因此獲得「中南半島電池」的稱號。

主題

29 柬埔寨、寮國的政治

~面臨重要關卡的柬埔寨與一黨獨大的寮國

柬埔寨的長期執政黨面臨空前危機

柬埔寨雖然自第二次世界大戰從法國獨立，但一九七〇起便陷入內戰。一九九一年簽訂巴黎和平協定，而停息內戰。一九九三年制定憲法，重建國家。

政體為君主立憲制，以國王為元首。但憲法規定「國王統治國家，但不執政」。

國會為兩院制，由人民直選的下議院，和由下議院和地方議員進行間接選舉的上議院組成。上議院的功能只有追認下議院的決議，因此實質上可說是一院制。下議院每屆議員任期五年。

一九九八年選舉後，便由人民黨（CPP）黨魁洪森（Hun Sen）擔任總理，長期執政。但在最近一次的二〇一三年選舉中，人民黨贏得相當辛苦。雖然人民黨獲得五五%的席位，保住了洪森政權，不過新崛起的救國黨（CNRP）也獲得四五%的席位，成為柬埔寨首度誕生的強大在野黨（圖表1）。

救國黨崛起的主要原因，一來是基於對人民黨候選人一再當選的反動，二來是救國黨以調高最低工資的民粹主義政見，獲得人民支持。在二〇一三年選舉之際，也有人指控開票作業涉執政黨舞弊，實際上應該由救國黨勝選。

爾後，儘管洪森政權為了與救國黨抗衡，調升了最低工資，但在二〇一七年六月的地方議會選舉中，人民黨的支持率持續下滑。雖然以七〇%的得票率贏得地方選舉，成為第一大黨，但得票率較上一次地方選舉（二〇一二年）的九七%大幅下滑。而選舉當時尚未成立的救國黨，則以三〇%的得票率，在部分地區成為最大黨。

雖然救國黨崛起成為第二大黨，但二〇一七年九月救國黨領袖因涉嫌叛國罪，遭到逮捕。基於柬埔寨法律規定，政黨領袖被判定有罪者應解散政黨，柬埔寨最高法院裁決解散救國黨。一般認為，這是人民黨為了掌控二〇一八年七月的下議院選舉，而採取的強硬手段。*

寮國人民革命黨一黨專政

寮國自脫離法國獨立後經歷內戰，於一九七五年起由人民革命黨擔任執政黨，實施人民民主共和制。

人民革命黨每五年召開一次黨大會，遴選總書記。在最近一次二〇一六年十一月的黨大會上，本揚．沃拉吉當選新任總書記，接替已經領導該國十年之久的卓邁利沙亞松。

由人民選出的國民議會，為國家組織之一，採一院制。然而，因為政黨可干涉候選人的選定過程，因此議會可說是依然受到政黨的影響。

國民議會選舉每五年舉行一次，最近一次大選在二〇一六年三月舉行。在同年四月召開的議會上，本揚與前任總書記一樣，當選國家主席。從黨總書記兼任國家主席的體制，也可看出政黨對國家的領導權力。

外交立場從反中到親中

在外交方面，兩國對中關係的變化備受矚目。

柬埔寨人民黨的前身政黨在越南的庇護下，與波布派展開內戰。因此，與支持波布派的中國為敵對關係。寮國的人民革命黨也在越南的庇護下，在一九七九年的中越戰爭中，與越南站在同一陣線，與中國對立。

但近年來，中國積極對柬埔寨和寮國展開經濟支援，所以兩國成為東協中最靠攏中國的國家。例如，在二〇一六年六月的東協外長會議上，部分會員國要求東協針對與中國的南海主權爭議表明立場，但柬埔寨與寮國堅持，東協外長共同聲明中，不可提到任何有關南海國際仲裁結果。由於東協採共識決原則，只要一個國家反對，各國代表即無法達成共識，導致外長共同聲明一度難產。

圖表1　柬埔寨國會選舉結果（獲得席位的比例）

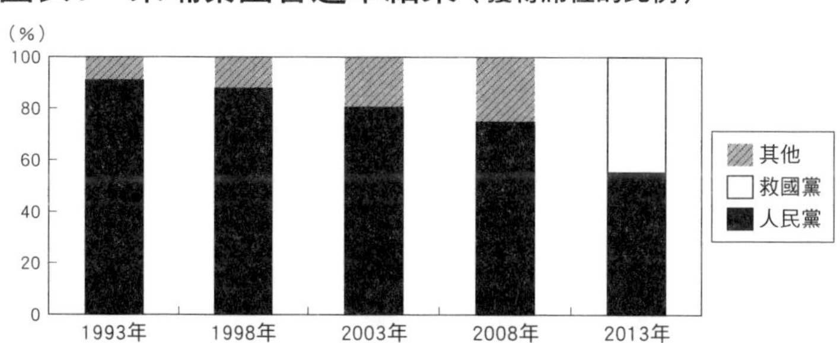

（注）1993年為制憲議會選舉。1993年～2008年的人民黨席次，也包括聯合政黨的席次。
（資料）瑞穗綜合研究所根據山田裕史（2013）「面臨轉變的人民黨一黨專政」（革を迫られる人民党の一党支配体制）製成

* 編按：柬埔寨2018年7月29日舉行大選，仍由人民黨勝選並贏得國會絕大多數席次，洪森一如預期續掌政權。

主題

30 柬埔寨、寮國的經濟

～與鄰國合作，獲得成長動力

製造業進軍泰＋一

東協中經濟發展落後的柬埔寨和寮國，在各國對泰＋一的直接投資下，也開始邁入工業化。

泰＋一（Thai plus one）是指，因應產業聚集的泰國人工不足和薪資調漲的問題，而將泰國工廠遷移至勞力廉價的周邊國家，或設置支援的製造據點。

雖然緬甸勞力廉價，足以成為支援泰＋一的地區，但目前大部分泰＋一的投資，都流向投資環境較完善的柬埔寨和寮國。首先，柬埔寨和寮國都有經濟走廊與泰國連接，交通便捷（圖表1）。並且，沿著經濟走廊和泰國邊境，還有多個經濟特區，工業區和基礎建設完善，且政府也提供優惠的投資稅制。另一方面，緬甸則僅開通部分經濟走廊，唯一的經濟特區距離經濟走廊和泰國也較遠。

透過泰＋一進駐柬埔寨和寮國的工廠，皆看中低廉的勞動成本，進行勞動密集型的生產作業。具體而言，包括汽車和電器產品的線束組裝和汽車坐墊縫製等。由工人加工、組裝進口的原材料和零件，再將產品出口至泰國或日本的工廠，進行後續工程。

實際上，寮國與柬埔寨的出口比例，仍是以第一級產業的礦物、纖維製品等低附加價值的產品為大宗，但電氣和搬運設備的占比，也逐漸增加（圖表2）。我們可看到，兩國已在亞洲的電機和搬運設備供應鏈中，擔任勞動密集型作業的要角之一。

逐漸成形的消費市場

柬埔寨和寮國不僅是各國的製造基地，也逐漸展現消費市場的潛力。

柬埔寨的消費中心，為占GDP六成的首都金邊。人口約一百九十萬人，據說三十幾歲的公司職員平均月薪為一千五百～二千美元，這些消費族群具有一定的購買力。

圖表1　經濟走廊與經濟特區

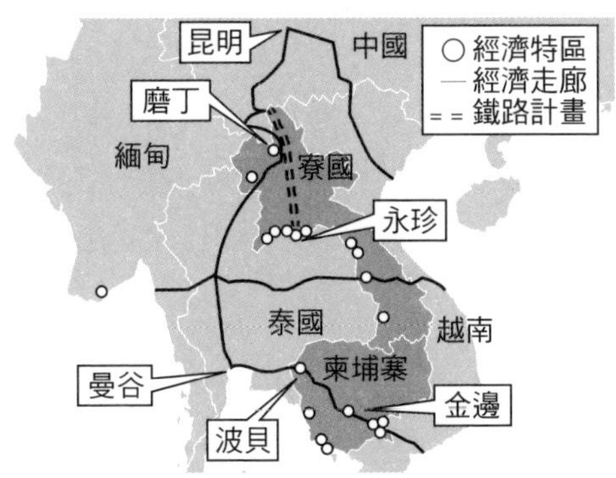

（資料）瑞穗綜合研究所製成

柬埔寨波貝近郊的經濟走廊
瑞穗綜合研究所拍攝（2017年7月）

圖表2　柬埔寨與寮國出口額結構（占比較高項目，2010年和2016年）

柬埔寨				寮國			
2010年		2016年		2010年		2016年	
纖維、鞋類	58.0	纖維、鞋類	75.8	礦物	31.7	礦物	31.7
木材、紙漿造紙	32.5	電氣機械	4.8	金屬	29.9	農產品、食品	25.4
電氣機械	2.7	農產品、食品	4.7	農產品、食品	12.8	金屬	11.8
搬運機械	2.1	搬運機械	3.5	纖維、鞋類	11.6	電氣機械	11.3
塑膠製品	1.7	皮革	3.3	窯業、土石	7.8	纖維、鞋類	5.9
農產品、食品	1.6	塑膠製品	2.9	木材、紙漿造紙	2.5	化學	4.6
其他	0.7	窯業、土石	2.1	電氣機械	1.4	窯業、土石	4.3

（資料）瑞穗綜合研究所根據聯合國商品貿易統計數據庫（UN Comtrade）製成

金邊最熱門的消費地點，是二○一四年在市區中心開幕的金邊永旺商場（AEON Mall）。這是柬埔寨第一座商場型商業設施，進駐綜合超市AEON以及約二百家店鋪。第二家永旺商場預計二○一八年於新興住宅區開幕，可見該公司經營得相當成功。（編按：於二○一八年五月三十日於新金邊分區的奔白衛星城〔Pong Peay city〕盛大開幕。據述在得知永旺二〔AEON 2〕開業的消息後，許多民眾乘車前往，使得該地區出現嚴重的塞車現象。）

積極引進外資以發展經濟的柬埔寨，允許外資產業在零售業的出資達一○○％。雖然投資容易，但也意味著競爭相當激烈。

寮國的消費中心為首都永珍。名目人均GDP為五千零五十二美元，為全國平均的二・五倍。

二○一五年，寮國經工商部

長決議，放寬外資投資零售業的限制。例如資本額逾二百億基普（KIP）＊的大型企業可完全獨資等，放寬大規模外商的出資比例。另一方面，禁止資本額未滿四十億基普的外商投資零售業。

（＊編按：二〇一八年十月基普兌新台幣匯率約為〇．〇〇〇三六，一基普可兌換〇．〇〇〇三六新台幣。）

實際上，首都永珍已經有幾個由中國和泰國等外資主導的現代大型購物中心。但人口八十三萬人（二〇一五年）的永珍，商場已呈現飽和狀態，常見招商不足，櫃位空蕩蕩的景象。

另外，永珍郊外、湄公河沿岸設置的國境出入口，一到週末，便經常可見排隊要出境去對岸泰國採買商品的人龍。雖然永珍市區有很多購物中心，但由於販售日常生活消費財的零售業尚不發達，因此有大批買客會特地到泰國採購。

柬埔寨強化與泰國的合作關係

就中長期發展來看，由於柬埔寨薪資急漲，依此會削弱目前主力產業成衣加工業的優勢。

這是因為二〇一三年大選中，被在野黨奪去優勢的洪森政權，為了挽回支持率而採取民粹主義政策，調升最低工資（請參閱主題29）。將最低薪資由二〇一二年的六十一美元，調高至二〇一七年的一百五十三美元，漲幅高達二．八倍（圖表3）。對於薪資占生產成本特別高，且為典型勞動密集產業的成衣加工業而言，柬埔寨做為生產基地的優勢，不復以往。

而鄰國泰國的薪資仍高於柬埔寨的最低工資，未來也將因少子高齡化帶來勞動力短缺的問題，並因此調高薪資。

所以，和泰國比起來，柬埔寨的薪資還算低，而且柬埔寨與泰國之間的交通建設完善，也能流入泰＋一的直接投資。除了成衣加工業，也能繼而發展汽車、電氣機械等更高階的勞動密集型產業，推動柬埔寨的經濟成長。

位於柬埔寨與泰國邊境的波貝（Poipet），發展尤其值得期待。由於靠近泰國，因此泰語人才濟濟，且經濟走廊開通後，開車到曼谷只要三～四小時，非常適合做為進入泰＋一的據點。波貝經濟特區已經有十幾間日商進駐，估計數目還會再成長。

寮國是中國的物流據點

寮國也是備受矚目的泰＋一製造據點，但未來的發展模式，則不同於柬埔寨。寮國的人口只有六百五十九萬人，連柬埔寨的一半都不到，發展勞動密集型產業，遲早會面連勞動力短缺的困境。

對於人口較少的寮國而言，中長期的成長動能，來自於大部分出資自中國的鐵路建設。二〇一六年底中寮鐵路全線開工，從位於中國與寮國交界處的北部小鎮磨丁（Boten）通到永珍，全線長達四百公里，預計二〇二一年完工。

鐵路造價約六十億美元，占寮國二〇一六年名目GDP的四〇％左右。簡單估計，五年的工期每年將對寮國的GDP貢獻八％。然而，全線的工程由中國企業得標，資材也大多使用中國製產品，因此，大部分的經濟效益仍是由中國受惠。目前也有當地的經濟學者提出保守的看法，認為每年的經濟效益大概僅〇・六～〇・八％。

雖然五年的鐵路興建工程無法帶來巨大的經濟效益，但完工後帶來的長久性經濟效益，仍值得期待。因為從磨丁可通往中國，永珍則銜接泰國。寮國具備很大的潛力，發展為連接中國、泰國及東協的物流據點。

圖表3　最低工資（月薪，美元）

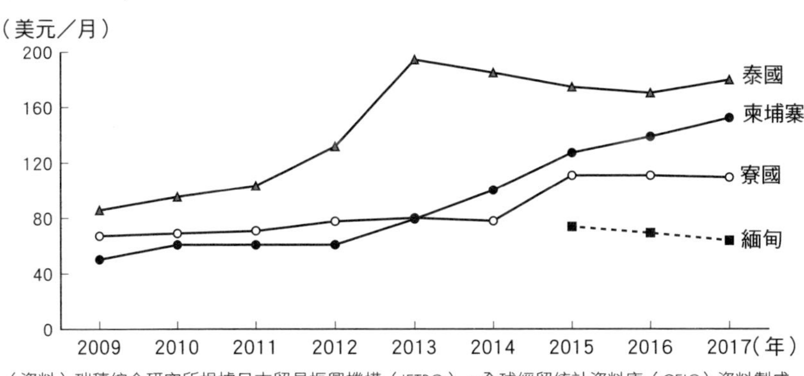

（資料）瑞穗綜合研究所根據日本貿易振興機構（JETRO）、全球經貿統計資料庫（CEIC）資料製成

從戰場到工廠，柬埔寨泰國邊境幻化新風貌

吳哥窟是柬埔寨引以為傲的世界文化遺產。從暹粒吳哥國際機場（Siem Reap International Airport）往西開車約二小時，即可抵達位於泰國邊境的波貝鎮。

直至近年為止，柬埔寨西部與泰國的邊境都還是戰場。一九九一年巴黎和平協定，終止了柬埔寨的內戰，但波布派持續鬥爭，在泰柬邊境埋下無數地雷，做為藏匿的據點。波布派直到一九九九年，才徹底被擒獲殲滅。

內戰當時，有許多柬埔寨人逃至位於交通要塞的波貝，希望逃難至泰國。設置於國境另一側的難民營，在一九八〇年代初，收容了四萬～五萬的柬埔寨難民。

二〇一〇年，由當地的開發者於距離國境十公里處，設置了經濟特區。接著，二〇一三年由日本開發者於距離國境八公里處，建立另一經濟特區。由日本人營運的該經濟特區原本是針對大型企業開發的工業區，但二〇一六年起，也開始興建以中小企業為對象的小型租借工廠。而鄰近日系經濟特區的區域，目前也有其他日本人正在開發新的經濟特區。

如同主題30所述，之所以會選擇在波貝建立經濟特區、設置工廠，是為了因應泰國工資調漲，因此將生產據點遷移至鄰近國家，擴大泰＋一的範圍。尤其波貝位於泰柬邊界，距離泰國相當近，也有接通經濟走廊，地理位置絕佳（請參閱主題30、圖表1），因此是熱門的泰＋一地區。除此之外，由於國境二十公里內允許泰國車輛通行，所以更成了泰＋一供應鏈的絕佳選擇。

運用波貝經濟特區的地利之便，進駐此區的工廠幾乎都是從泰國進口原料，進行勞動密集型的加工組裝，再將成品出口至泰國。載滿商品的貨車，來來往往行駛於當年難民逃難的路線。

波貝地區電力等基礎建設不足、關稅手續不透明等，仍是日商投資的隱憂。然而，二〇一七年夏天已有日本人打出「國境食堂」的稱號，在此經營餐廳，供應五～七美元的日式定食。這也可說是改善駐柬埔寨日本員工和出差人員生活環境的起步。

第5章

認識菲律賓
——豐富人才促進經濟成長

主題

31 菲律賓的特徵

~優異英語能力，為產業發展加分

人口規模排行東協第二

菲律賓是由約七千一百個島嶼所組成群島國家，面積約三十萬平方公里（編按：約台灣八倍大），是日本的八成大小。

人口規模約一億四百一十八萬人（二〇一六年），在東協中僅次於印尼，排名第二，也恰好約是日本人口的八成（編按：約台灣的六倍多）。

就民族而言，絕大部分為馬來系民族，其他還有華人、西班牙人、上述民族的混血以及少數民族。

東協國家中，地理位置與日本最近的就是菲律賓，成田到菲律賓的飛行時間約五小時。

與前殖民宗主國有許多共通文化

菲律賓在十六世紀到十九世紀期間為西班牙的殖民地。由於殖民的影響，菲律賓人基本上都擁有西班牙姓氏。由於國民生性樂天，所以菲律賓也被稱為亞洲的拉丁美洲。

此外，由於二十世紀初期菲律賓受到美國殖民，因此在文化、社會上與美國有許多共通點，例如菲律賓人大多英語流暢、人民可合法持有槍枝等。

菲律賓語在一九三〇年代被定為菲律賓國語，以首都馬尼拉中使用人口最多的他加祿語為基礎。

除了菲律賓語，英語也是官方語言，廣泛使用於貿易、教育、司法等領域。據說，菲律賓的英語使用人口占總人口的六~七成以上。

從宗教特徵來看，信仰西班牙天主教的人數占總人口約八成，為絕大多數。不過，民答那峨島穆斯林自治區，伊斯蘭教徒則高達九成。

天主教會對菲律賓的政治具有強大的影響力，法律甚至曾因此禁止人工避孕，直到二〇一二年才通過生育健康法案（Reproductive Health Act）。雖然這項法案曾因天主教勢力向最高法院申訴違憲，而一度暫緩施行，但二〇一四年終於被判定合憲，於二〇一七年一月由杜特蒂總統簽屬總統令，使法案生效。

人口：1億418萬人（2016年） 面積：約29萬9404平方公里 首都：馬尼拉 名目GDP：3049億美元（2016年） 人均GDP：2927美元（2016年） 產業結構：（名目GDP占比，2016年） 第一級產業：9.7% 第二級產業：30.9% 第三級產業：59.5%	政體：共和立憲制 元首：羅德里戈·杜特蒂（Rodrigo Roa Duterte）總統 （編按：時點為2018年10月） 語言：國語為菲律賓語，官方語言為菲律賓語和英語 民族：馬來系民族為主。其他還有華人、西班牙人、上述民族的混血及少數民族 宗教：天主教83%、其他分別為基督教10%、伊斯蘭教5% 會計年度：1月～12月

（資料）瑞穗綜合研究所根據菲律賓統計機構資料、日本外務省網站資料等製成

華人財閥主控菲律賓經濟

財閥具有舉足輕重的影響力，是菲律賓經濟的特徵。三十家構成菲律賓綜合股價指數的公司中，除了連鎖速食店快樂蜂（Jollibee）、能源相關的馬尼拉電力公司之外，幾乎所有上市公司都和財閥有關聯。此外，總資產排行前十名的企業中，除了國有銀行以外，幾乎都是財閥經營的銀行。且主要財閥的經營者都是華人。華人占總人口比例非常小，但卻是主導菲律賓經濟的要角。例如，以啤酒聞名的生力集團（San Miguel corporation）所隸屬的許寰哥（cojuangco）財閥、拓展大型超市的施至成（Henry sy）財閥等，都是華人財閥。反觀過去曾風光一時的西班牙財閥，如今除了以開發不動產聞名的Ayala 財閥之外，其餘勢力都已然消退。

國民英語能力深具經濟優勢

菲律賓目前的人均GDP約三千美元，被世界銀行歸類在中低所得國家。自一九八七年起被認定為中低所得國之後，就再也沒有變動過。

經濟發展遲緩的原因，在於政局動盪、治安敗壞及貪汙腐敗的積弊，以及缺乏基礎建設等投資環境的劣勢，這些問題堆積如山，導致菲律賓的命運不同於其他同期加入東協的國家，並沒有發展出由外資主導的經濟發展模式，邁入工業化。

儘管工業化發展落後，但菲律賓在能發揮國民英語能力的領域中，還是具有經濟優勢。

首先，菲律賓是由服務業帶動經濟成長（圖表1）。這是因為自二〇〇〇年起，許多先進國家的企業為了降低成本，開始將部分服務業務外包給勞動力較廉價的國家，而英語人才充裕的菲律賓便因此備受青睞。這種業務外包被稱做企業流程委外（Business Process Outsourcing，BPO）。具體而言，客服中心、軟體開發、醫療資訊管理等都是常見的委外業務。其中以客服中心的外包最為興盛，在菲律賓客服中心的僱用人數、總營業額約占整體BPO的六成（圖表2），營業額更高居全球第一。

其次，由於菲律賓國內缺乏就業機會，因此人民便以英語能力為優勢赴海外求職，其海外工作者（Overseas Filipino Workers，OFW）總數已超過一千萬人（占總人口約一〇%），他們將薪資匯給國內的家人，帶動個人消費的成長。海外工作者主要從事家事勞動、醫療產業、船員等職業。而二〇一六年的海外工作者向菲律賓國內匯款的總額，已高達同年名目GDP的約九%。

圖表1　產業結構（2016年）

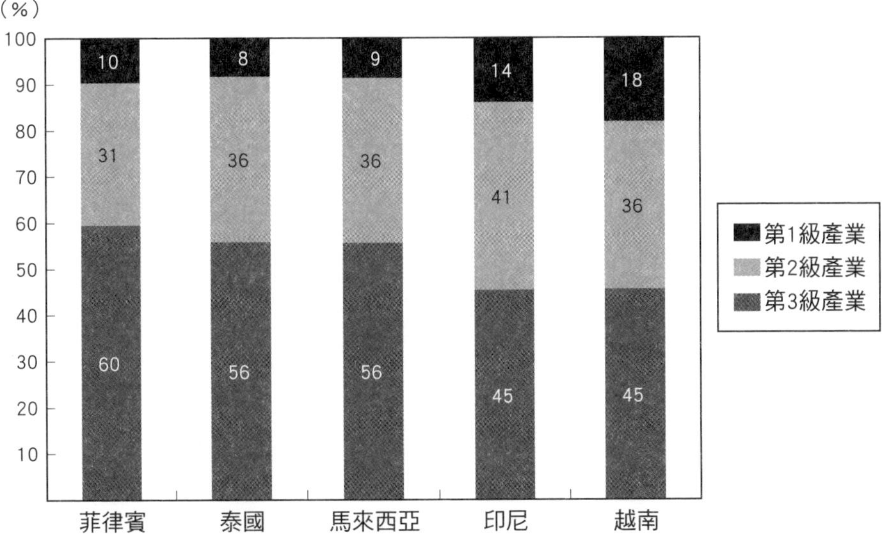

（資料）瑞穗綜合研究所根據世界銀行「世界發展指標」（World Development Indicators）製成

圖表2　企業流程委外（BPO）細項

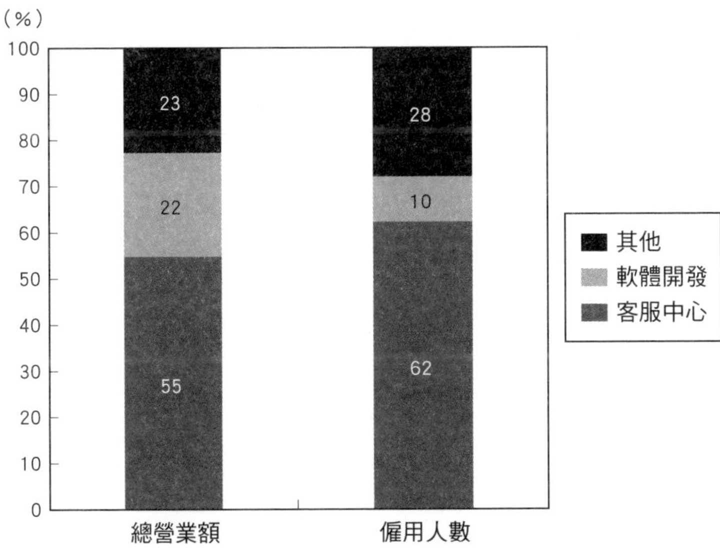

（注）其他項目中包含醫療資訊管理等資料抄寫、動畫製作、靜態影像拍攝等。
（資料）瑞穗綜合研究中心根據菲律賓中央銀行資料製成

主題

32 菲律賓的政治

～致力於憲法改革、整肅貪汙的杜特蒂總統

以總統為元首的共和立憲制

菲律賓是以總統為元首的共和立憲制國家。總統具有行政、外交、軍事、閣員任命等職權。現任總統為二〇一六年上任的杜特蒂總統。

歷任總統中，以一九六五年至一九八六年期間，實行獨裁統治長達二十年的前總統馬可仕（Ferdinand Marcos）最為惡名昭彰，在他垮台後的一九八七年，經全民投票制定了現行憲法，限定總統任期六年，不得連選連任。現行憲法同時規定，行政、立法、司法三權分立，以杜絕總統獨裁（圖表1）。

機會主義，見風轉舵的議員

菲律賓的立法院是由上議院、下議院組成。上議院只有二十四席，任期六年（每三年改選半數議員），得連選連任兩次。由於上議院議員是從全國選區選出，所以當選人通常在全國擁有高知名度。也因此，上議院如同總統大位的跳板，在馬可仕政權垮台後的歷任五名總統中，便有三人曾任上議院議員。另外，下議院有二百九十二席，任期三年，得連選連任三次。全國選舉分為上、下兩議院同時舉行的期中選舉，和與總統選舉同步舉行的總選舉。兩者每三年交替舉行。

菲律賓各政黨的政策綱領和思想，基本上沒有太大差異，所有議員基於利害關係而遊走於各政黨間。實際上，二〇一六年杜特蒂總統當選後，就有很多議員從前任總統艾奎諾三世領導的「自由黨」脫黨，加入杜特蒂總統的「菲律賓人民主奮鬥黨」（PDP-Laban）。

當總統的民調高，加入執政黨的議員就會增加，國會與總統之間也傾向保持友好關係。但一旦總統支持續低落，就會像二〇〇一年前總統艾斯特拉達（Joseph Estrada）一樣，遭到國會彈劾（圖表2），受到國會的嚴苛對待。

圖表1　菲律賓行政、立法、司法的結構與職責

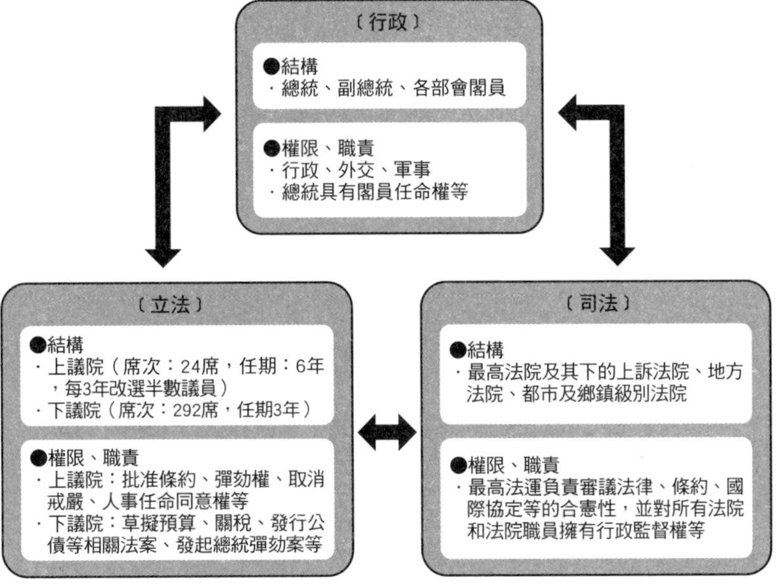

〔行政〕
●結構
・總統、副總統、各部會閣員
●權限、職責
・行政、外交、軍事
・總統具有閣員任命權等
〔立法〕
●結構
・上議院（席次：24席，任期：6年，每3年改選半數議員）
・下議院（席次：292席，任期3年）
●權限、職責
・上議院：批准條約、彈劾權、取消戒嚴、人事任命同意權等
・下議院：草擬預算、關稅、發行公債等相關法案、發起總統彈劾案等
〔司法〕
●結構
・最高法院及其下的上訴法院、地方法院、都市及鄉鎮級別法院
●權限、職責
・最高法運負責審議法律、條約、國際協定等的合憲性，並對所有法院和法院職員擁有行政監督權等

（資料）瑞穗綜合研究所根據日本國際協力銀行（JBIC）「菲律賓投資環境」、亞洲經濟研究所「亞洲的司法化與法官的職責」製成

圖表2　歷任總統的支持率

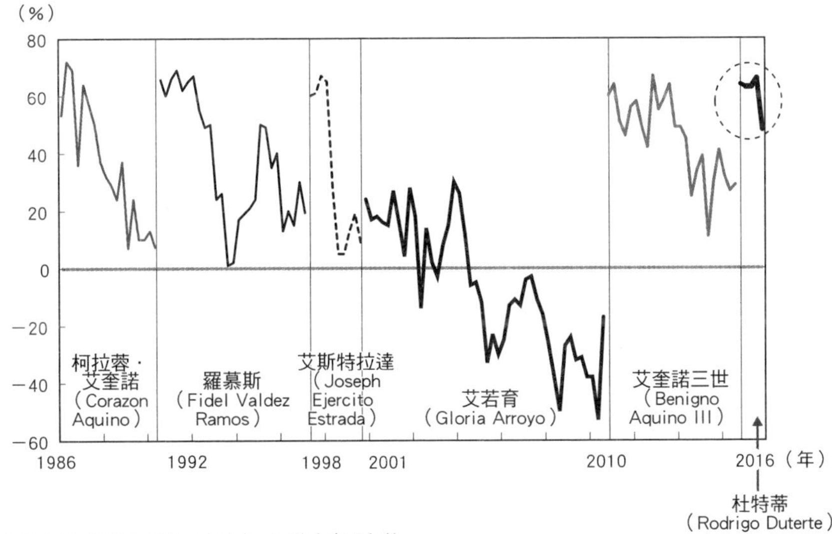

（註）此數據以支持率減去不支持率，因此會出現負數。
（資料）瑞穗綜合研究所根據社會氣象站（Social Weather Stations，SWS）資料製成

菲律賓的司法院，由最高法院及其下的上訴法院、地方法院、都市及鄉鎮級別法院等，共四個階級的法院組成。此外，也有設置公務員特別法院，專門審判公務員貪污等罪刑，以及專門處理租稅徵收相關訴訟的稅務法院。

硬派作風的杜特蒂總統

杜特蒂過去擔任菲律賓南部民答那峨島納卯市的市長，長達二十年以上，鐵腕的領導作風，大幅改善了當地治安和經商環境。

就任總統後的杜特蒂，維持與市長時代一貫的強硬領袖風格。具體而言，他頒布總統令，實現自己承諾的政見。並且，如下所述，他也有意透過修改憲法，進行經濟和政治改革。

修憲政策①外資限制和緩

菲律賓憲法中與經濟相關的條文規定，農地以外的土地、能源資源、木材、動植物等天然資源，全部歸屬國家管理。因此，天然資源的探勘、開發及利用，僅限於①國家直接推動的計畫、②國家與菲律賓國民的共同計畫、③國家與菲律賓國民出資達六〇％以上的公司等的共同計畫，禁止外資參與。

因為菲律賓憲法對外資參與有所限制，因此一九九〇年代在羅慕斯政權下，雖然政府和議會曾推動放寬石油產業的限制，但最後仍被最高法院裁定違憲。杜特蒂總統上任後，便積極修改憲法中與經濟有關的條文，希望放寬外資的出資比例。

修憲政策②導入聯邦制

菲律賓大致可劃分為馬尼拉首都圈、民答那峨穆斯林自治區，以及其他十四個地區。地方自治的最小單位稱為巴朗蓋（barangay），是由五十～一百戶人家所組成的村里。菲律賓全國共有四萬個以上的巴朗蓋。

一九九一年，菲律賓制定了新地方自治法，強化地方自治。而菲律賓也因此被視為東協中地方自治最進步的國家。連最小的自治單位巴朗蓋，也都具備議會、稅務徵收等行政功能。

杜特蒂總統有意透過修憲導入聯邦制，增加地方自治的權限。

然而，就修憲程序來看，不但要花時間審議修憲內容，且最後還必須交付全民公投，有效同意票必須超過選舉人總額半數，由此可知，修憲時間相當冗長。

肅貪政策時好時壞

貪汙是菲律賓的宿疾。雖然在前任總統艾奎諾三世加強取締下，提升了二〇一四年的清廉印象指數（Corruption Perceptions Index，CPI），但自從眾多上議院議員被媒體揭發流用預算後，指數又持續惡化（圖表3）。

杜特蒂總統也實施了各種政策，加強取締貪汙腐敗。

首先，是建立透明化政府的政策。杜特蒂總統上任後，立即於二〇一六年七月頒布總統令，施行政府資訊公開法，促進政府機關公開業務內容。並且，架設網站和專線，讓人民可以要求政府機關公開資訊。

再來，是簡化許可證手續。在杜特蒂總統的主導下，菲律賓議會開始審議反貪汙法案，希望盡早通過該法案。一旦該法案通過，就能縮短政府機關或地方自治團體審查、核發事業許可證的天數。如果政府機關或地方自治團體未在法定期間內審查完畢，即會被課予罰款。如此一來，便可減少為了索賄而刻意拖延審查手續的行為。

從菲律賓過去的貪汙情況來看，貪汙絕非一朝一夕就能解決的問題，但杜特蒂總統上任後一年以來，已實施各種肅貪政策，或許能逐漸改善菲律賓的貪汙風氣。

圖表3　清廉印象指數（全球排名）

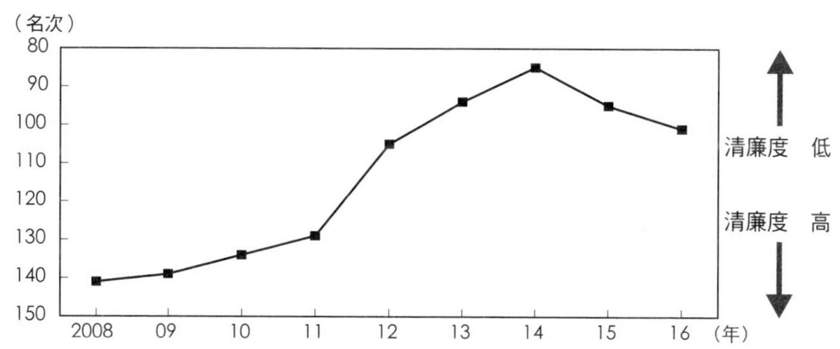

（注）清廉度印象指數是國際透明組織（Transparency International）根據獨立調查及世界銀行的資料等做出評分。
（資料）瑞穗綜合研究所根據國際透明組織資料製成

主題

33 菲律賓的外交

～親美、疏美循環的對美關係

冷戰後與美國保持距離

雖然菲律賓在一九四六年脫離美國殖民獨立，但基於一九四七年與美國簽署的「租借軍事基地協定」，因此仍保留了美軍基地（圖表1）。同時，也與美國簽署軍事援助協定，由美軍協助菲律賓訓練和教育軍隊等，菲律賓在安全保障上相當依賴美國。並且，對於冷戰時期的美國而言，同盟國菲律賓也是重要的中繼站和後勤補給基地。

然而，隨著一九九一年冷戰結束，菲律賓對美國的重要性不復以往。同年，皮納圖博火山（Pinatubo）爆發，火山灰摧毀了克拉克空軍基地的滑行道和設備，導致美國面臨巨額的重建費用。同時，菲律賓也出現反美聲浪，菲律賓國會決議，美菲軍事基地協議不再續約。種種因素下，使美軍於一九九二年完全撤離菲律賓。

主權爭議導致與中國對立升溫

美軍撤離菲律賓的同時，中國也積極擴大海洋權益和勢力，南海主權爭議，更加劇了中國與部分東協國家之間的緊張局勢。

中國與各當事國也曾彼此釋出善意，試圖改善關係，例如，二〇〇二年簽署「南海各方行為宣言」；二〇〇五年中國、菲律賓、越南，開始合作調查南海的海底資源。

儘管如此，二〇一二年，中國海巡船與菲律賓軍方在黃岩島海域對峙，兩國再度爆發主權爭議。受此事件影響，二〇一三年，菲律賓政府為了和平解決爭端，便根據聯合國海洋法公約（UNCLOS），把與中國的南海紛爭提交海牙國際法庭常設仲裁法院。二〇一六年國際法庭判定，中國在南海主張的九段線內歷史權利沒有國際法律基礎。判決結果顯示菲律賓大獲全勝。

對中關係惡化，再度靠攏美國

與中國對立深化的同時，菲律賓國內的伊斯蘭激進組織的反政府活動，也愈來愈頻繁，再度強化了菲律賓與美國的軍事合作關係。一九九八年兩國簽署軍隊互訪協定，允許美軍停靠或短暫停留菲律賓港口；二〇〇〇年起恢復美菲聯合軍演和反恐作戰；並於二〇一四年簽訂加強防務合作協議，允許美軍使用菲律賓軍事基地。

杜特蒂總統的務實外交

上述親美反中的外交立場，在杜特蒂政權執政後大幅轉彎。

杜特蒂對美國，尤其是歐巴馬前政權，展現出反美的立場。原因在於，杜特蒂政權為解決毒品問題，在掃毒行動中槍殺了許多涉毒嫌犯。杜特蒂政權的掃毒政策引發美國等歐美國家抨擊，而認為各國干涉內政的杜特蒂總統，不僅下令取消美菲聯合軍演，更咒罵前總統歐巴馬，反美態度表露無遺。然而，二〇一七年川普政權上任後，對杜特蒂的掃毒行動表示支持，因此杜特蒂總統不再批評美國，也收斂了對美的強硬態度。

另一方面，杜特蒂總統也逐漸靠攏與菲律賓之間有南海主權爭議的中國。杜特蒂政權走務實路線，以獲得中國經濟援助為優先，並將南海仲裁案的結果束之高閣。中國也回應將提供約二百四十億美元援助金，協助菲律賓建設基礎設施。

圖表1　美菲、中菲的主要外交事件

美菲關係	中菲關係
1946年　脫離美國獨立	1995年　中國宣布在美濟礁興建建築物
1947年　簽署美菲租借軍事基地協定	2002年　簽署南海各方行為宣言
1951年　簽署美菲共同防禦條約	2003年　簽署和平與繁榮的戰略夥伴關係聯合宣言
1966年　修訂美菲租借軍事基地協定	2005年　共同於南海進行勘探工作
1991年　簽署美菲安保條約	2012年　爆發黃岩島對峙事件
1992年　返還美軍基地	2013年　菲律賓將中國告上向國際法庭
1998年　簽署軍隊互訪協定	2016年　國際法庭判決結果出爐（菲律賓勝訴）
2014年　簽署加強防務合作協議	2016年　杜特蒂總統擱置上述裁判結果
2016年　杜特蒂總統粗口咒罵前總統歐巴馬	

（資料）瑞穗綜合研究所根據美國務省、日本外務省網站資料、日本防衛省「防衛報告書」資料製成

主題

34 菲律賓的經濟

～加速經濟改革的杜特蒂政權

從亞洲病夫躍身為希望之星

二〇〇〇年以前，菲律賓並不足以吸引外資企業進行積極投資，因此無法像泰國、馬來西亞一樣，引進外資做為主導經濟發展的動能，成長率在東協中墊底（圖表1），所以被揶揄是「亞洲病夫」。

然而，艾奎諾三世前政權領導下的菲律賓，二〇一〇年代的平均年成長率達六%以上，有超越其他東協主要國家，並趕上中國的氣勢，因此菲律賓被重新讚譽為「亞洲希望之星」。

艾奎諾三世前政權加速經濟成長

從大幅提升的經濟成長率來分析，可以看出歷代政權下，菲律賓的成長模式，都具備兩個共同特徵（圖表2）。

第一個特徵是，個人消費成長穩定，支撐著菲律賓的經濟成長率。在主題31中，我們已經提過菲律賓的海外工作者（ＯＦＷ）占總人口約一成，其海外匯款流入金額占菲律賓ＧＤＰ約九%，因而使ＧＤＰ中約占七成的個人消費得以穩定成長。

第二個特徵是，在艾奎諾三世前政權的領導下，屬於「投資」的固定資本形成總額，也擴大了對ＧＤＰ成長率的貢獻度。既有的個人消費，加上投資擴大，促使經濟成長率快速擴張。

投資擴大，可說是艾奎諾三世前政權力行改革後的具體成果。

艾奎諾三世落實改革，成為帶動高成長的動能

艾奎諾三世前政權力行改革的第一步，即為擴大公共投資。艾奎諾三世在二〇一三年一月調高菸酒稅，增加政府稅收，以促進財政健全運作。此政策使得菲律賓政府稅收大增，得以擴增基礎建設經費。基礎建設經費從二〇一一年占ＧＤＰ二・六%，提高至二〇一六年的

圖表1　各國實質GDP成長率

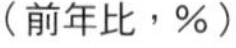

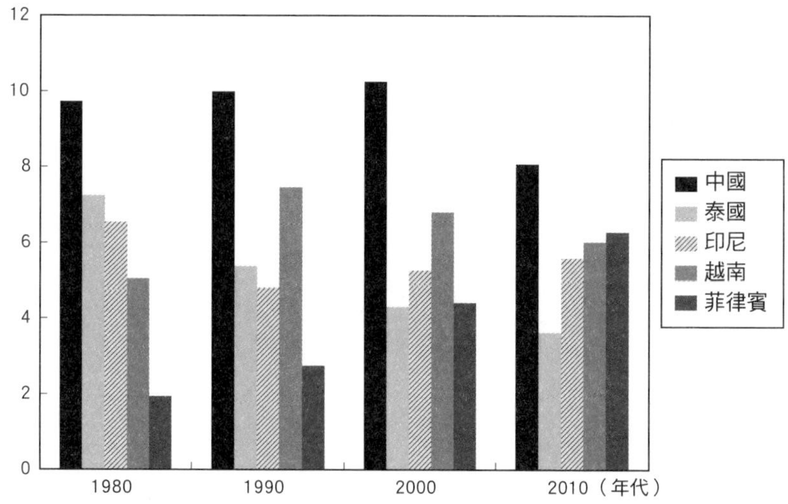

（注）每年度的實質GDP成長率為各年代的平均值。
（資料）瑞穗綜合研究所根據IMF「世界經濟展望報告」（World Economic Outlook）製成

圖表2　實質GDP成長率（統計所需項目的貢獻度）

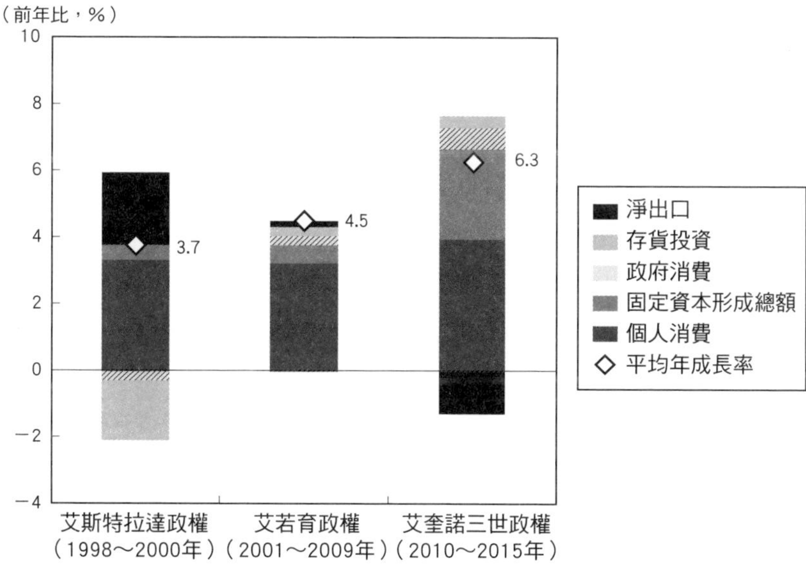

（注）圖中數據為平均年成長率。
（資料）瑞穗綜合研究所根據菲律賓統計機構資料製成

四・二%。另外，前總統艾奎諾三世也活用民間資金和技術，積極推動公共私營合作計畫（PPP），並透過招標方式，選定十二個PPP計畫的承包商，讓部分計畫進入建設、營運階段。

除了藉財政改革擴充基礎建設，艾奎諾三世打擊貪污等政策，也改善了投資環境，促使民間投資擴大。菲律賓的對內直接投資，從二〇一一年的二十億美元，增加至二〇一六年的八十億美元，多年來落後於泰國和馬來西亞的外資投資額，終於有了進展。

中國十一的最佳選擇

另外，二〇一〇年代，由於中國薪資變高、成長速度減緩，加上日中關係惡化等變化，讓原本進入中國的外資企業，紛紛尋找可以取代中國的國家，希望轉移陣地。菲律賓因地理位置接近中國，因此順勢成為「中國十一」的最佳選擇，這也是對內直接投資增加的主因之一。

問題仍然堆積如山

雖然在艾奎諾三世政權下，菲律賓的經濟開始成長，但菲律賓的經濟仍潛藏著許多問題。

最大的問題，就是基礎濟建設品質低落。根據瑞士非營利組織世界經濟論壇的評估，菲律賓是東協主要六國中（譯注：指新加坡、馬來西亞、泰國、菲律賓、印尼、越南），基礎建設品質最差的國家。儘管前政權整頓了基礎建設，但還是不夠完善。

另外，菲律賓憲法限制外資的出資比例（主題32）、陳腐的貪汙問題等，都是有待解決的大問題。

杜特蒂總統延續艾奎諾三世的改革政策

基於上述脈絡，杜特蒂總統延續前總統艾奎諾三世的經濟改革路線，祭出各種解決上述問題的政策。

杜特蒂總統最積極推動的經濟政策，當屬基礎建設。杜特蒂政權在計畫中揭示目標，欲將基礎建設費用的GDP占比，從二〇一七年的五・四%，擴大至二〇二二年的七・三%（圖表3）。此外，不僅喊出具體的數據目標，更核准首都圈地下鐵計畫等，落實眾多大規模的建設計畫。

杜特蒂總統除了確保基礎建設經費來源之外，也積極推動稅制改革，希望透過簡化稅制等政策，提供友善的投資環境。

具體而言，檢討的內容包括：減免法人稅、所得稅、擴大附加價值稅稅基，並提高對汽機車、石油產品的課稅，相關法案皆已進入議會審議階段。

十年內晉升中高所得國

未來十年內，如果菲律賓沒有爆發主題37、38所提及的風險，經濟成長率將有望達到六％的高度成長。理由包括兩個，第一，杜特蒂總統延續前政權的改革路線，落實經濟政策，擴大投資力道。

第二，勞動力的優勢，也有助實現高度成長。未來十年內，在東協主要國中，菲律賓的工作年齡人口成長最為顯著（圖表4），且由於英語為官方語言，人才方面也具有一定的優勢。

圖表3 菲律賓的基礎建設計畫

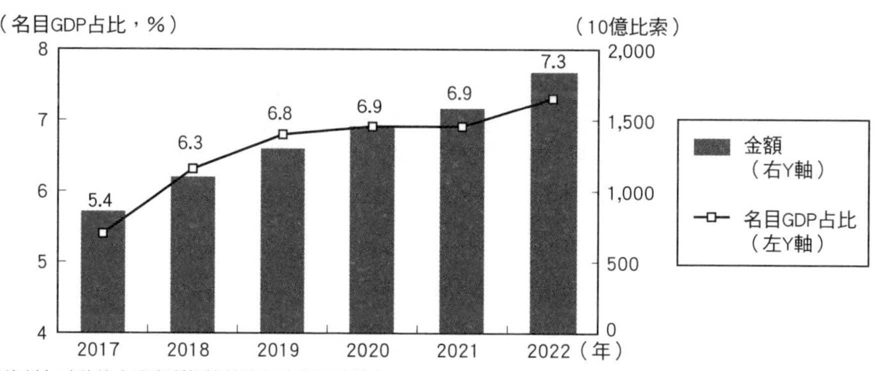

（資料）瑞穗綜合研究所根據菲律賓政府資料製成

圖表4 東協主要國的工作年齡（15～64歲）人口成長率

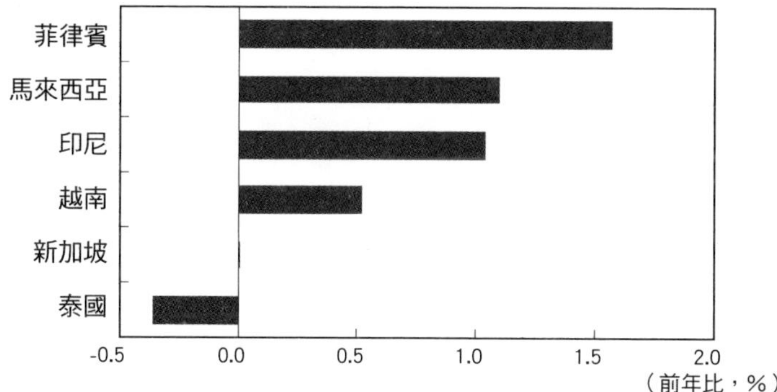

（注）2018年～2027年成長率的平均值。
（資料）瑞穗綜合研究所根據聯合國人口部門（United Nations Population Division）資料製成

主題

35 菲律賓的消費市場

～一億人口的市場潛力

中所得階層成長遲緩

從菲律賓各所得階層的比例來分析，一九八〇～一九九〇年代受債務危機和亞洲金融危機影響，導致經濟停滯，且政局動盪和治安敗壞，三成人口長期停留於貧困階層（圖表1）。

二〇〇〇年起，貧困階層的比例開始減少，準備從低所得階層晉升至中所得階層的比例逐漸增加，但中所得以上階層的比例，到了二〇〇九年依然只有一成。

之後，隨著菲律賓的經濟成長率在二〇一〇年代逐漸攀升，目前中所得以上階層的比例，也終於開始增加。

未來中所得階層將全面擴大

以其他國家的經驗來推測，通常人均GDP升高，中所得階層以上的人口比例也會跟著增加。杜特蒂政權加速基礎建設、改善投資環境等，有助經濟持續高度成長，並提升人均GDP，因此未來菲律賓中所得階層以上的人口，將有望全面擴增。

中所得階層以上人口增加，也會加速耐久財的普及。依每人每日所得將消費階層分為①最下層、②低層、③中層、④高層等四級，從消費支出的項目來看，中層消費階層在食物、飲料等必需品的支出，比例少於低層消費階層，增加了居住、家具、水電等與住宅相關的支出（圖表2）。

高層消費階層對食物、飲料的支出大幅減少，衣服、鞋子等半耐久財的支出比例也降低。另外，除了住宅相關花費，購車的比例也有增加趨勢。

我們已經看得出菲律賓的汽車市場正逐步擴大。從經驗來看，通常當人均GDP逼近三千美元，就會出現汽車普及化的現象。菲律賓也是自二〇一四年人均GDP接近三千美元後，汽車銷售量便急速成長（圖表3）。

雖然汽車市場規模遠不及二

圖表1　各所得階層人口比例變化

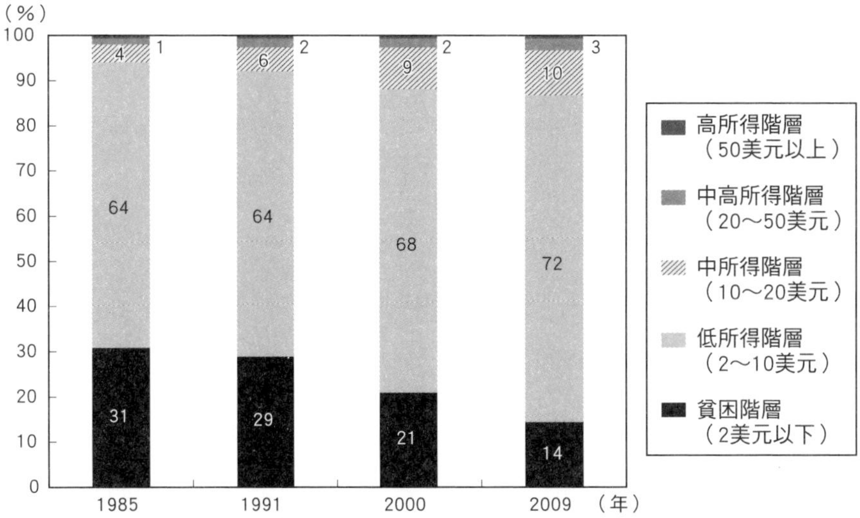

（注）1、依據每人每日消費支出和所得資料，將各國的所得階層分為貧窮、低所得層、中所得層、中高所得層及高所得層。

2、根據皮優研究中心「A Global Middle Class Is More Promise than Reality」為所得階層分級。

3、以美元做為購買力平價（PPP）的計算基準。

（資料）瑞穗綜合研究所根據世界銀行PovcalNet資料庫製成

圖表2　各消費階層的支出比例差距

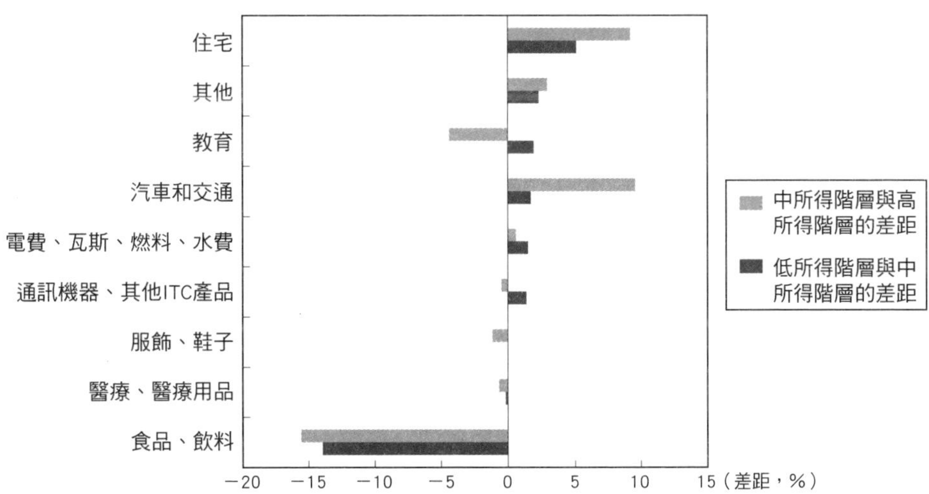

（注）1、低所得階層每人每日平均所得為2.97～8.44美元、中所得為8.44～23.30、高所得為23.30以上。

2、以美元做為購買力平價（PPP）的計算基準。

（資料）瑞穗綜合研究所根據世界銀行Global Consumption Database資料製成

○一六年印尼的一百萬台、泰國的八十萬台，但銷量也已經接近四十萬台。

一億人口的市場潛力

目前，菲律賓全國中所得階層以上的比例雖不多，但馬尼拉首都圈二○一六年的人均GRP（地區生產總值），已經超過九千美元，高出全國平均三倍之多；推估首都圈的中所得階層，也例外地比其他地區來得多。如上述，消費市場以中所得階層多的首都圈為中心，開始擴大。

並且，曾任地方自治團體首長（譯注：民答那峨島納卯市的市長）且政績卓著的杜特蒂總統，也有意振興地方發展。杜特蒂總統提出的基礎建設計畫中，包含多項以民答那峨島為中心，加速地方基礎建設的計畫。此外，他也希望藉由修憲導入聯邦制，將營利事業許可證法規和徵稅等權限下放給地方，由地方依實際情況調整經濟政策。

杜特蒂總統的改革，有望促進地方開發，擴大全國的中所得階層，使消費市場不再侷限於擁有一千二百八十八萬人口的馬尼拉首都圈，而是擴及至一億人的全國消費市場。

吸引外資進入消費相關產業的政策

所得水準提升有助擴大消費市場，因此菲律賓政府持續吸引外資進入消費相關產業。

例如，艾奎諾三世前政權於二○一五年針對汽車產業祭出補助政策（圖表4），使部分日本汽車廠商藉此增強了在菲律賓的生產能力。另外，二○一六年，則針對提供消費者汽車貸款等服務的非銀行金融機構，取消外資出資比例。

放寬既有的零售業限制

杜特蒂政權更進一步放寬外資限制，尤其重視放寬零售業的外資比例規定。

外資想要以獨資的方式進入菲律賓的零售業，至少需要二百五十萬美元的資本額，門檻高得驚人。

而且，財閥企業掌控了大部分的零售業。施至成財閥經營的SM購物中心、吳奕輝（John Gokongwei）財閥的Robinsons購物中心等，都是當地強勁的零售業者。因此，即使外商以獨資方式進入零售業，也可能因為在原料採購和進貨方面缺乏充分的競爭力，無法降低成本而處於劣勢。因此，外商想要投資當地的零售業，必須與當地的大財閥打好關係。

在這樣的情況下，杜特蒂政權

宣布，除了兩年來第一次調整外資出資比例，也將外資獨資進入零售業的最低資本額門檻調降至二十萬美元等政策方針。對外資大開門戶的目的在於，以更便宜的價格提供消費者高品質的商品。由於外商進入菲律賓零售業的壁壘，不只存在於明文規範中，因此僅放寬外資准入的限制，或許還不夠，但已稱得上是開放外資進入零售業的一大進展。

圖表3　汽車銷售量

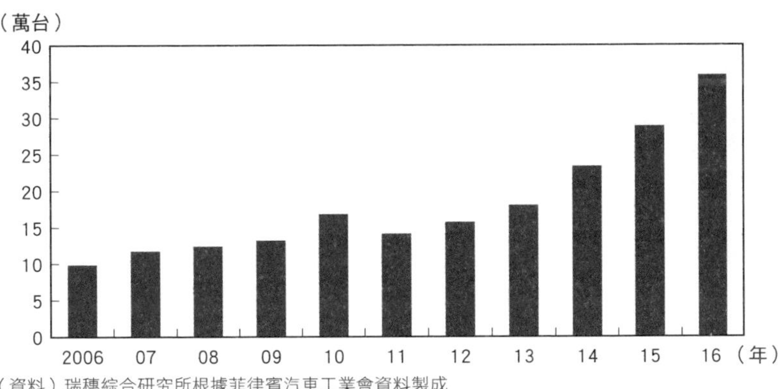

（資料）瑞穗綜合研究所根據菲律賓汽車工業會資料製成

圖表4　汽車產業全面復甦計畫

（Comprehensive Automotive Resurgence Strategy Program＝CARS Program）

對象範圍	·組裝三款車型
目標事業活動	·汽車車體組裝 ·大型汽車零件之組裝與生產 ·生產菲律賓沒有製造的的零件 ·投資車輛、零件檢查設備
優惠實施期間	·2016～2022年的6年間
補助金額上限	·1款車型最高補助90億比索，3款車型總計最高補助270億比索*
補助內容概要	·補助固定投資 －購入生產設備、教育經費 ·依生產台數補助 －依生產台數、進口零件的使用比例等給予補助

（資料）瑞穗綜合研究所根據菲律賓政府資料製成

*編按：2018年10月比索兑新台幣匯率約為0.576，1比索可兑換0.576新台幣。

主題
36 菲律賓的可期領域與進出案例
～消費市場受肯定，日商陸續搶進

看準高額消費擴大，搶攻市場

如主題35所述，隨著菲律賓中所得基層的人口將全面擴增，汽車等高價耐久財和購屋的支出也會增加。日本企業也看準成長中的消費市場，陸續搶進。

在汽車產業方面，三菱汽車的Mirage和豐田的Vios，都在菲律賓政府的補助下，增強了自家工廠的生產能力。並且，三菱汽車也擬定新方針，與菲律賓環境及自然資源部（Department of Environment and Natural Resources）共同運用電動技術研發降低環境負荷的車款，展開新的技術事業。

日本企業也積極投入不動產領域。三井不動產與當地財閥經營的不動產開發公司合作，在首都圈馬尼拉興建住宅大樓。三菱商事、阪急不動產也個別與當地企業合作，在馬尼拉郊區興建獨棟住宅社區。

大型商業設施投資案例

由於菲律賓對外資投資零售業的限制頗為嚴格，因此，也有外商開發大型商業設施，以不動產業形式或合併、授權經營的模式，進軍菲律賓市場。

大型商業設施開發方面，二〇一七年三菱商事與當地大型財閥合作，於格洛瑞塔購物中心（Glorietta Mall）的屋頂開設複合型商業設施，進駐日本料理餐廳、零售店及娛樂設施等。另外，同年三越伊勢丹、野村不動產及當地大型不動產企業，三家公司聯手打造商業設施結合住宅的複合型高樓住宅。

日本服飾企業也積極與當地企業合併，搶攻大型購物中心。二〇一二年迅銷（Fast Retailing）與當地企業成立合併公司，開始進駐購物商場。二〇一七年十月止，已經展店四十三家。

良品計畫公司則以授權當地企業的方式，於購物中心開了七家店；並於二〇一七年與當地企業成立合併公司，以期擴大展店。

很多日本的餐飲集團也以合併或授權經營的方式，進駐人潮眾多的購物中心。近年，引發熱潮的當屬拉麵業者，一風堂、山頭火、拉麵凪Nagi等，都進駐各購物中心，大受歡迎。另外，以讚岐烏龍麵聞名的丸龜製麵，二〇一七年也在馬尼拉開了第一家菲律賓分店，預計二〇二〇年以前將展店十家。

陸續投入金融業

由於菲律賓政府逐步取消對於支撐高額消費的金融領域之限制，因此日本企業也將版圖擴展到該產業。不僅包括一般的零售銀行業務和消費者貸款業務等，也提供菲律賓獨有的金融服務。

二〇一七年，永旺金融服務公司（AEON Financial Service）便開始提供電動三輪車的貸款服務。並且，同年Seven銀行與菲律賓當地最大的銀行合作，推出手機匯款服務，讓在日本工作的菲律賓人，隨時隨地都能匯錢回家，相當便捷。

期待政府祭出更多誘因吸引外資

二〇一七年，菲律賓政府公布二〇二二年以前的中期計畫。其中列舉出住宅、都市開發、金融服務等優先開發的產業。未來，菲律賓政府應該會祭出更多吸引外資的誘因，擴大上述產業的發展。

進駐大型購物中心的無印良品
瑞穗綜合研究所拍攝（2014年10月）

高樓林立的馬尼拉首都圈
瑞穗綜合研究所拍攝（2017年7月）

主題

37 菲律賓的經濟風險

～比索貶值與天災

高成長的背後潛藏著對外貿易逆差惡化的問題

比索貶值是菲律賓的經濟風險之一。比索兌美元的匯率自二○一七年初開始走貶，八月下滑至約十一年來的低點。

比索疲弱的原因，在於對外貿易逆差惡化。菲律賓的經常帳收支在二○一○年代，一直維持名目GDP占比逾二%的黑字，但二○一五年、二○一六年經常帳黑字開始縮小（圖表1）。二○一七年則轉為赤字。

對外貿易逆差惡化，反映出消費、投資等以內需為主的景氣過熱。內需成長率，從二○一四年的五%，飆高至二○一六年的十一%。由於國內需求大於國內供給，資本財和消費財的進口增加，導致經常收支惡化。

未來，菲律賓恐怕會持續面臨景氣過熱，和對外貿易逆差擴大的問題。這是因為杜特蒂政權在二○一七年五月公布的中期計畫中，提出於二○二二年以前擴大政府支出的方針，以刺激內需。

另外，在先進國家的金融寬鬆政策退場、中國經濟成長減速、北韓地緣政治風險升溫等因素下，資金恐怕會流出新興國家。屆時恐怕會加劇對外貿易逆差，增加比索貶值的壓力。

貨幣貶值會導致通膨率和利率走高，經濟成長停滯。採取宏觀經濟政策，將政府支出投資在基礎建設，強化國內供給能力，避免內需過熱，才是維持供給平衡、促進經濟持續成長的有效方法。

川普美國優先主義的隱憂

川普總統的政策，也是比索走貶的壓力之一。

來自海外工作者（OFW）的匯款，和企業流程委外（BPO）服務的輸出，都是菲律賓主要的外國收入來源。

二○一六年OFW匯款中，有三成來自美國（圖表2），與BP

O相關的收入，則高達七成以上來自美國，顯示出美國對菲律賓經濟的影響力。

然而，川普總統重視僱用美國人力。一旦嚴格執行移民和業務委外政策，將減少菲律賓來自美國的OFW匯款和BPO收入，外匯不再流入後，便會增加比索貶值的壓力。

全球天然災害最頻發的國家

菲律賓是全球天災風險最高的國家之一。世界銀行等機構的調查顯示，無論地震、颱風、水災、火山爆發等天災，菲律賓都被歸類在高風險地區。而且，天災每年都對菲律賓造成約六十五億美元（二〇一六年名目GDP占比為二％）的經濟損失。企業必須擬定危機管理計畫，做好防災準備。

圖表1　經常帳

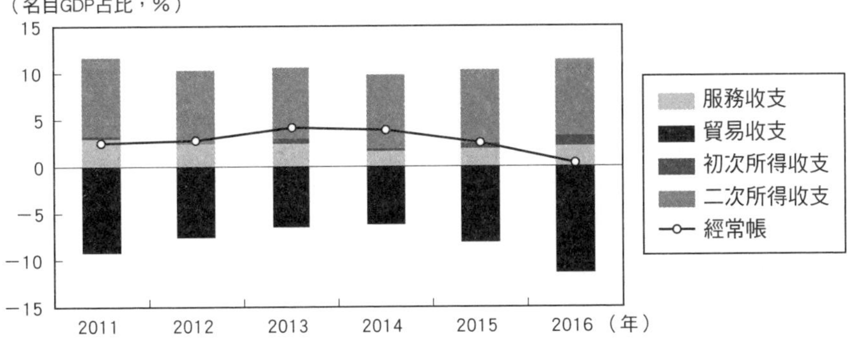

（資料）瑞穗綜合研究所根據菲律賓統計機構、菲律賓中央銀行資料製成

圖表2　2016年海外工作者（OFW）匯款來源國家比例

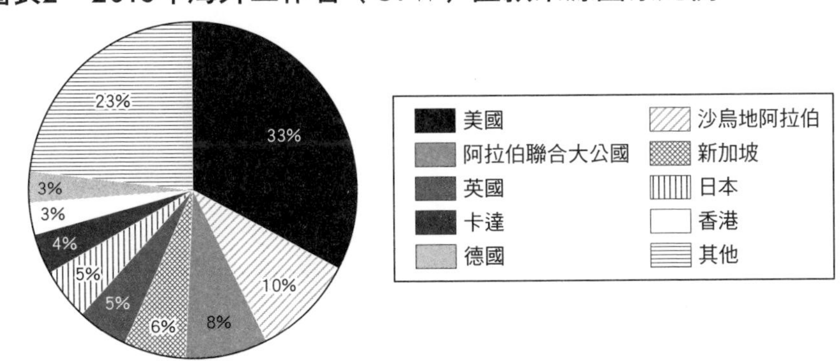

（資料）瑞穗綜合研究所根據菲律賓中央銀行資料製成

主題 38

菲律賓的政治．治安風險

～治安、反恐鐵腕政策，導致杜特蒂支持率下滑的兩刃劍

治安相對危險的國家

日本外務省在「海外安全資訊」中，將屬於馬尼拉首都圈的呂宋島、宿霧市等中部未獅耶島地區，列為第一級警戒區，提醒前往當地的民眾，要特別注意自己的安全（危險程度愈高，數字愈大）。另外，實施戒嚴的南部民答那峨島（譯注：南部戒嚴令將延長一年至二〇一八年十二月三十一日，以利掃蕩恐怖分子與叛亂組織），其東部被列入第二級警戒，西部列為不宜前往的第三級警戒。

日本外務省對越南、泰國、馬來西亞、新加坡等國家，只有依危險程度對部分地區發出旅遊警示。雖然印尼幾乎全國都被列入第一級警戒區，但危險程度不及菲律賓，菲律賓算是東協主要國家中相對危險的地方。

大刀闊斧整頓菲國治安

菲律賓雖然是東協主要國家中相對危險的地方，但日本駐菲人員表示，外派人員居住的區域治安並不差。作者也到當地出差過五次，從不曾感到人身安全受威脅。然而，貧民窟等外國人鮮少踏足的區域，事實上治安真的不好。

杜特蒂政權自二〇一六年六月上任以來，就致力於整頓治安。尤其實施鐵腕掃毒政策，甚至有許多涉毒嫌犯，未經適當法律程序就遭到處決（法外處決）。據當地媒體報導，截至二〇一七年九月底為止，已有逾六千名以上的毒品嫌犯遭到殺害。

鐵腕作風的確讓毒品、竊盜、強姦等犯罪率明顯下降。甚至也改善了貧民窟的治安。

然而，鐵血政策也引發了批評聲浪。如同主題33所述，美國為主的歐美國家，強烈抨擊杜特蒂強硬的手腕，導致美菲關係惡化。

宣布戒嚴令，加強反恐措施

杜特蒂政權不僅進行掃毒戰爭，與伊斯蘭反政府恐怖組織、共

產黨軍事組織新人民軍之間的軍事衝突也不斷加劇。

該政權於二〇一七年五月宣布，民答那峨島全島戒嚴。進入戒嚴後，在民答那峨島的馬拉威市，效忠IS（伊斯蘭國）的恐怖組織與菲律賓軍隊爆發槍戰。根據報導表示，自宣布戒嚴令起至二〇一七年十月的五個月期間，共有將近八千名恐怖分子，和超過一百五十名菲律賓政府相關人士，喪生在這場武裝衝突中。

菲律賓政府與共產黨的關係也繼續惡化，各地恐怖攻擊事件和恐攻未遂事件頻傳。杜特蒂政權剛上任時，曾致力於與共產黨進行和平交涉以改善關係，共產黨也有意維持和平，但最終仍因杜特蒂拒絕釋放菲共三百名以上的政治犯而和談破裂，加劇了菲律賓共產黨軍事組織新人民軍與國軍之間的武裝衝突。

長期實施鐵腕治理政策，支持率滑落

二〇一七年九月，適逢前總統馬可仕宣布戒嚴、實施獨裁統治四十五週年，反對組織發動數千人規模的示威遊行，抗議杜特蒂總統的戒嚴令和鐵血政策。

另外，雖然杜特蒂總統的支持率仍高，但二〇一七年第三季略有下滑。在長期的鐵腕政策下，發生無辜青少年遭警方誤殺的事件，是導致杜特蒂支持率滑落的原因之一。

最近的民意調查顯示，有九成的民眾認為應該活捉涉毒嫌犯、有六成的人認為政府沒有積極取締涉毒的有錢人，窮人成為最大的受害者（圖表1）。未來，杜特蒂總統如果持續以鐵腕作風治理國家，恐怕支持率會再下探。

圖表1　掃毒行動民意調查結果

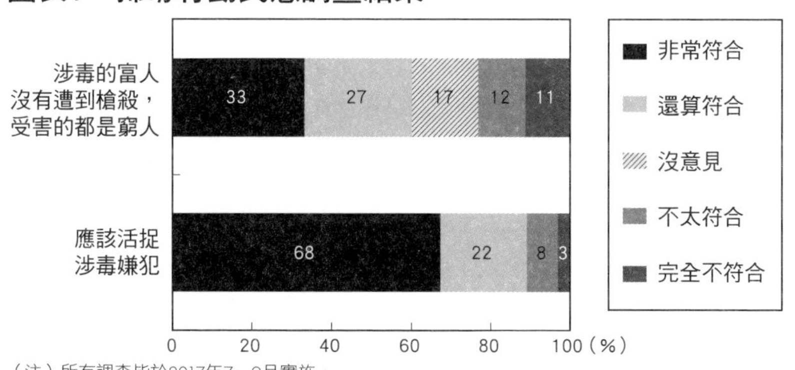

（注）所有調查皆於2017年7～9月實施。
（資料）瑞穗綜合研究所根據社會氣象站（Social Weather Stations，SWS）資料製成

菲律賓是最夯的留遊學市場

近年來，菲律賓成了日本人學英文的熱門留遊學地點。從個人留遊學的國家排行榜來看，菲律賓的名次一年比一年挪前，赴菲律賓留遊學的人數也激增。二〇一五年最新調查顯示，菲律賓的留遊學人數已超越中國，居全球第五（圖表1）。根據統計，菲律賓的語言學校多達幾百間，其中最受歡迎的宿霧島，語言學校濫設超過一百間。

一般人選擇菲律賓留遊學的原因，大致可分為三個。

第一，費用便宜。由於薪資水準低於先進國家，一對一教學等內容充實的課程，費用相對經濟廉價。並且，食宿、生活費也較低。

第二，和日本地理位置相近。從東京到菲律賓首都馬尼拉，飛行時間只需五小時（編按：台灣至馬尼拉約二小時）。比起日本飛紐約或倫敦等動輒約十三小時，航線短了不少。因此，也剛好符合社會人士等利用有限假期短期進修，提升英語能力的需求。

第三，除了進修英語能力，也能順便觀光和參加水上活動。宿霧島本身就是全球知名的海島渡假村，擁有豐富的觀光資源，而且，從宿霧島搭船幾個小時，就能走訪周邊其他小島。其中，巴拉望（Palawan Island）在二〇一五年，榮獲美國旅遊雜誌評選為「全球最佳島嶼」，在這裡可享受清澈透明的蔚藍海水和白色沙灘。

不過，也別忘了菲律賓的治安風險，還是高過先進國家。出發前可查詢日本外務省公布的「海外旅遊安全資訊」，避免夜間外出、出入危險場所，並隨身攜帶貴重物品，保護自身安全。

圖表1　留遊學國家統計

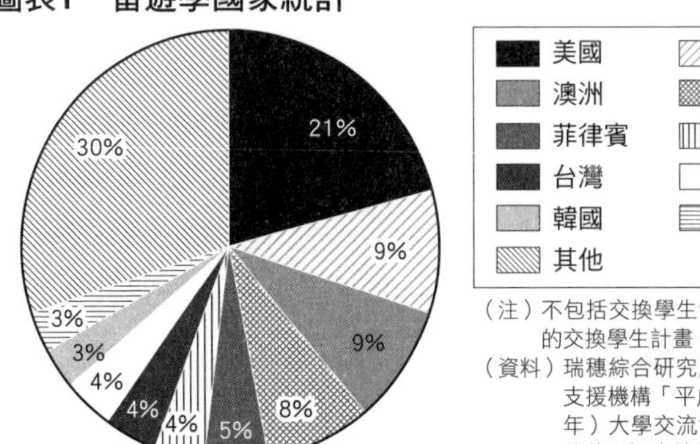

（注）不包括交換學生制度等大學簽訂的交換學生計畫。
（資料）瑞穗綜合研究所根據日本學生支援機構「平成27年度（2015年）大學交流協定日本學生留學狀況調查結果」製成

＊編按：台灣可參考外交部領事事務局網站，首頁／旅外安全／國外旅遊警示分級表：https://www.boca.gov.tw/sp-trwa-list-1.html

第6章

認識越南
——後起黑馬

主題

39 越南的特徵

～信仰大乘佛教的親日國家

總人口高居東協第三的人口大國

越南約有九千三百萬人口，儘管二〇〇二年被菲律賓超越，但仍是東協中排名第三的人口大國。

由於一九八〇年代後半開始施行革新（Doi Moi，刷新政策），加上勞動力充足，越南的經濟自一九九〇年代起便急速成長。過去雖是貧窮的農業國家，但如今已是東協的主要工業國之一。

雖然經濟發展從沉睡中覺醒，但二〇一六年的人均GDP只有二千一百七十二美元。由此看來，越南的經濟仍有很大的成長空間。

從越南的主要出口產品來看，農產品方面最有名的是胡椒、咖啡、稻米及腰果，且這四種農產品的出口量在全球也名列前茅。另外，自二〇〇〇年代開始，佳能（Canon）的印表機、三星（Samsung）手機等電子產品的出口量，也急速增加。

南北狹長的國土

越南的國土南北長約一千六百公里，相當於日本北海道至九州的距離。面積約三十三萬平方公里，幾乎等同於北海道、本州及四國相加的面積（編按：約為台灣四倍長、九倍大）。主要代表都市，包括北部的首都河內（Hanoi）、中部峴港（Da Nang）及南部的胡志明（Ho Chi Minh）。

就像日本九州和北海道在風土民情、生活習慣上互異，越南南部和北部在各方面也有諸多差異。

例如，南部胡志明終年氣候都相當炎熱。根據世界氣象組織（World Meteorological Organization，WMO）公布的平均氣溫，當地全年最低氣溫在二十度以上，最高氣溫則超過三十度。

而北部的河內則並非全年炎熱，雖然四季不如日本鮮明，但仍有四季之分。平均氣溫以七月最高，最低氣溫二十六．一度，最高氣溫也可達三十二．九度。相反的，最冷的一月最低氣溫為十三．

人口：9269萬人（2016年） 面積：32萬9241平方公里 首都：河內 名目GDP：2013億美元（2016年） 人均GDP：2172億美元（2016年） 產業結構：（名目GDP占比，2016年） 第一級產業：18.1% 第二級產業：36.4% 第三級產業：45.5%	政體：社會主義共和國 元首：阮富仲國家主席 （編按：陳大光2018年9月21日突然病逝，阮富仲於10月23日繼任。） 語言：越南語 民族：越族約86%，其他還有53族的少數民族 宗教：佛教、天主教、高台教、和好教等 會計年度：1月～12月

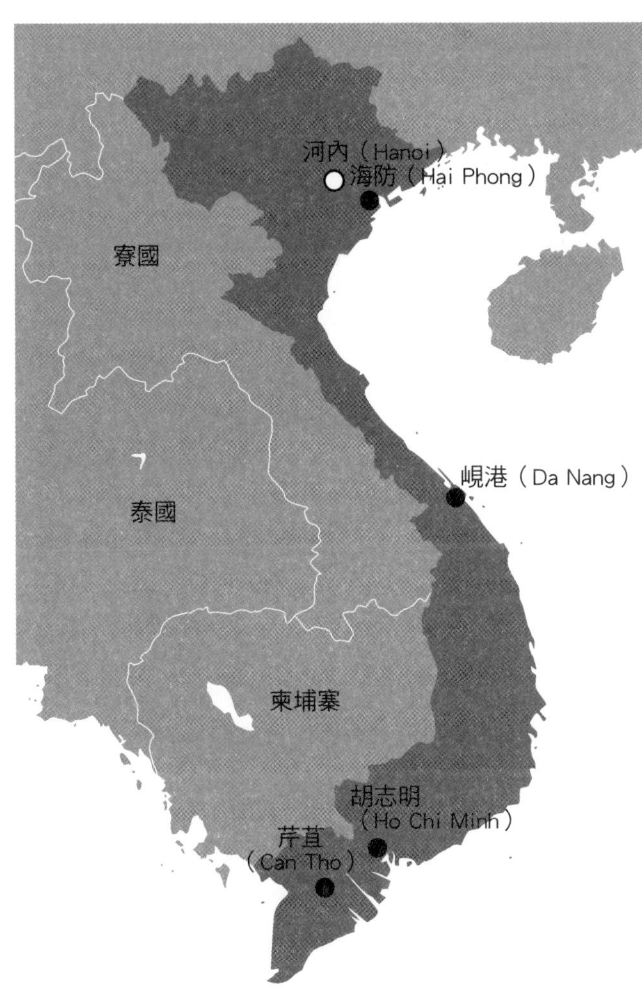

（資料）瑞穗綜合研究所根據越南統計總局資料、日本外務省網頁等資料製成

七度，最高氣溫則降到十九・三度。由於越南室內少有暖氣設備，因此會明顯感受到寒意。

除了氣溫上的差異，南北方的人性格特點也不同，相對於胡志明市民自由豁達、喜歡新鮮事物，河內人的個性則較顯保守、猜疑心重。這種南北差異也造就了不同的市場消費特徵。

和日本一樣以大乘佛教為主流

越南雖然是多民族國家，但越族占總人口約八六%，為絕大多數，其他還有華人、占族、高棉族等。其中占族為馬來系民族，是曾在越南中部建立長期繁盛、屬馬來系民族的占婆王國（Champa）的後裔。至於包括胡志明在內的越南南部，以前曾經是柬埔寨的領土。

勢力最大的越族，所使用的語言為越南語，與柬埔寨語同屬於南亞語系。不過因為越南在文化上與中國關係深厚，所以發音和語彙都深受中國影響。例如，越南語的結構中也有「聲調」。

文字方面，越南過去原本使用漢字，和從漢字衍生出來的喃字（Chu Nom）。不過，自從十九世紀後半越南成為法國殖民地之後，法國人引進的「國語字」（Ch Qu c Ng ）字母表記法便開始普及，並沿用至今。

在宗教上，越南以佛教徒居多。在東協的佛教國家中，泰國、緬甸、寮國及柬埔寨等，多以上部座佛教為主流，但越南和日本一樣，以大乘佛教為大宗。除此之外，越南還有融合天主教、伊斯蘭教等各宗教教義的新興宗教高台教（Cao Dai），以及佛教新興宗教和好教（Hoa Hao）等。

如上所述，越南雖是多民族和多元宗教的國家，但各民族、宗教間少有對立，鮮少演變為嚴重的問題。

對日關係極佳

日本和越南兩國的關係十分友好，雙方皆將彼此視為重要的夥伴。一如主題41所述，越南自一九七〇年代後半開始遭到國際社會孤立，但在越南於一九九一年重新融入國際社會的隔年起，日本便開始提供諸多援助。直到現在，以全球對越南提供的政府開發援助（ODA）來看，日本仍是最大的援助國（圖表1）。

另外，在越南啟動經濟改革、改善投資環境後，日本企業也紛紛前往投資，增加當地的就業機會。

從各國獲得越南政府許可的直接投資餘額來看，日本位居第二，

圖表1　各國透過ODA模式向越南提供的貸款金額

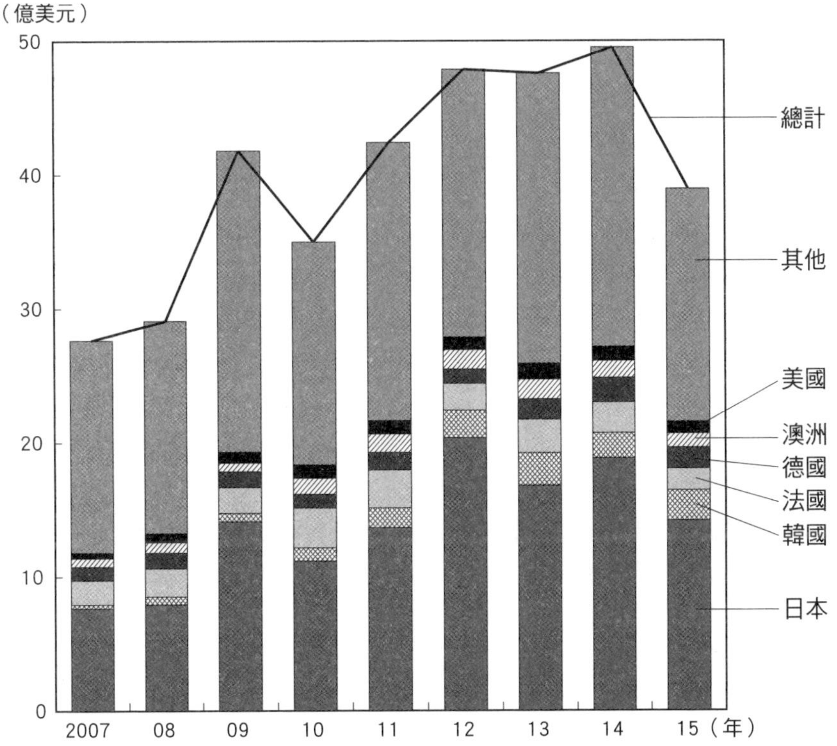

（資料）瑞穗綜合研究所根據經濟合作暨發展組織（OECD）／發展援助委員會（DAC）資料製成

僅次於擴大手機相關投資的三星電子。日本在資源相關領域和電子產業的投資額，仍占有相當大的比例。

基於這樣深厚的經濟關係，越南人普遍對日本抱有期待。例如，二〇一六年日本外務省所實施的對日觀感調查結果顯示，就「您認為哪一個國家是越南未來的重要夥伴」的問題，有五九％的越南受訪者回答日本。比例在受訪的東協十國中居冠。

親日且宗教相近的越南，未來也必定是日本在國際上的重要夥伴。

主題

40 越南的政治

～相對透明化的共產黨

由共產黨領導國家

越南和前蘇聯、中國、北韓等國家一樣，採行共產黨一黨專政體制，由共產黨領導國家。

共產黨內的最高決策機關，是每五年召開一次的黨大會（圖表1）。會中除了擬定黨的基本路線方針，還會投票選出黨的最高領導機關「中央委員會」的委員。基本上，中央委員會每年召開二次，是共產黨大會以外決定黨政策方針的會議，另外，還會選出黨的最高指導部門「政治局」的局員。

共產黨的理念反映在國會上

具體而言，共產黨的理念如何反映在政策上？

基本上，越南的法律由人民代表機關國會制定。國會採一院制，固定為五百席次，並採取中選舉區制。年滿十八歲的公民可行使投票權，年滿二十一歲者有依法被選舉之權。

要成為國會選舉的候選人，必須獲得由共產黨主導的大眾動員組織（越南祖國戰線等）的推薦。共產黨便是透過這樣的方式，介入立法機關國會的議員選舉，影響政策立法。

此外，共產黨的理念也強烈反映在重要職位的人事任命上。做為行政首長的總理、可任命司法首長的的國家主席，在制度上雖規定由國會投票選出，但實際上卻是早在投票前，就由共產黨的政治局內定人選。

黨內、國會風氣意外開放自由

不過，越南的政事並非由黨內少數高階領導人獨斷決定。黨內和國內的議論風氣相對開放。例如，二〇一三年五月共產黨政治局局員增額時，由總書記和國家主席推薦的候選人，就因為未獲得黨內支持而落選。黨內高階幹部所決定的黨內人事案遭否決，這是其他共產主義國家很難想像的情況。

國會也不會對黨領導階層的意

圖表1　越南的政治結構

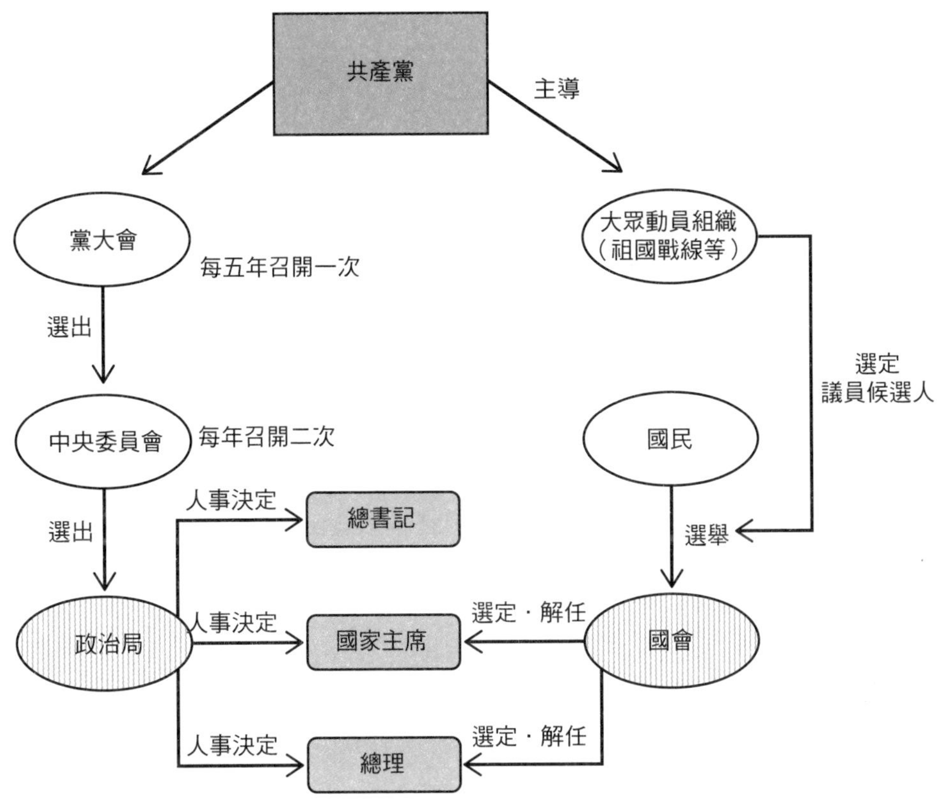

（資料）瑞穗綜合研究所參考各媒體報導製成

思唯命是從。例如，二〇一〇年由總理主導的新幹線建設計畫，便遭到國會否決。自二〇一三年起，每年還會針對黨領導階層國家主席、總理等所有經國會選出、派任的政府官員，進行信任投票。投票選項分為「高度信任」、「信任」及「低度信任」三級，若獲得三分之二以上議員投票「低度信任」，或連續二年過半數議員投票「低度信任」，便會進行解任投票。

如上所述，由共產黨領導階層決定國家的整體路線，而黨內人員和國內也能將想法，表現在具體的人事案和政策內容中。越南的政治透明度之高，打破一般人對越南的印象，這也是政局相對穩定的原因之一。在共產黨專政的體制下，雖然人民的言論和結社自由仍受到限制，但越南並沒有嚴格限制社群網路（SNS）的使用。

目標是打造清廉、強韌的共產黨政府

越南共產黨在二〇一六年召開的第十二屆共產黨大會中，選出二〇一六～二〇二〇年間的政治局委員，並擬定了政策方向。

此次黨大會的焦點之一，是免去了最高行政領導人阮晉勇的總理職務，他向來被視為越南的改革派。最後，由於黨內保守派反對前總理阮晉勇的激進改革，因此投票使他下台，由重視共識的阮春福接任總理位置（圖表2）。另外，國家最高領導者中央委員會總書記，由保守派的阮富仲留任，並選出陳大光擔任國家主席、阮氏金銀擔任越南首位國會主席。整體來講，此次人事布局算是穩健妥善。

越南當局在闡述政治、經濟發展方針的「總體目標」中，強調打擊貪污腐敗，建立「清廉且強韌的黨政府」。為了杜絕貪污，過去已立法約束並設立防制委員會等。在越南，貪汙最重可處以死刑。然而，根據國際透明組織二〇一六年的評比，在不包括柬埔寨、寮國及緬甸的東協各國中，越南是貪汙最嚴重的國家。貪汙和腐敗降低了國民對共產黨的信賴。由於政府採購、通關、徵稅等，所有行政機關的貪汙風氣盛行，因此行政程序透明化是當務之急。

除此之外，總體目標也公布「Doi Moi」（越南語，意為「刷新」）和「三大戰略突破口」，做為經濟政策方針，希望從勞動密集型社會，轉型為以高度專業人才和高科技產業為主的社會。這裡所謂的「三大戰略突破口」，指的是①建立完善的市場經濟體制、②發展人力資本、③基礎建設，目的是透過三大突破口，避免落入中所得國家陷阱。

另外，也為這些定性目標訂定了定量的目標數據。就經濟指標而言，將二〇一六～二〇二〇年的平均ＧＤＰ成長率設定在上看六・五％，人均ＧＤＰ超過中所得國家標準三千二百美元。但ＩＭＦ預測越南在這段期間內的平均ＧＤＰ成長率約在六・二％，人均ＧＤＰ為二千九百美元，可見越南共產黨擬定了相當有野心的目標。

圖表2　第十二屆共產黨黨大會人事變動

職務	姓名	前職務	前任人員
黨總書記	阮富仲	黨總書記	－
國家主席	陳大光*	公安部部長	張晉創
總理	阮春福	副總理	阮晉勇
國會主席	阮氏金銀	國會副主席	阮生雄

（資料）瑞穗綜合研究所參考各媒體報導製成

*編按：陳大光2018年9月21日突然病逝，經10月23日國會代表投票決定，阮富仲正式成為越南新國家主席。

圖表3　2016～2020年的數據目標

項目	2011～2015的實際數據	2016～2020的目標
1、經濟指標		
GDP成長率（5年平均）	5.9%	6.5～7%
人均GDP	2109美元	3200～3500美元
工業、服務業的GDP占比	82.6%	85%
投資總額的GDP占比（5年平均）	32.6%	32～34%
財政赤字的GDP占比	－	4%
總要素生產力（TFP）對GDP成長率的貢獻度	29%	30～35%
勞動生產力成長率（5年平均）	4.2%	5%
能源消耗量的GDP占比（5年平均）	－	1～1.5%
都市化比例	－	38～40%
2、社會指標		
農民比例	44.3%	40%
受過培訓的勞工比例	51.6%	65～70%
都市失業率	2.3%	4%以下
每一萬人可分配到的醫師人數	－	9～10人
每一萬人可分配到的病床數	－	26.5床
加入醫療保險比例	75%	80%
貧窮家庭比例	4.5%	1～1.5%
3、環境指標		
能使用乾淨水質的比例	82%	都市區：95% 鄉村區：90%
有害廢棄物的處理比例	－	95～100%
森林覆蓋率	40.7%	42%

（資料）瑞穗綜合研究所參考各媒體報導製成

主題

41 越南的外交

～以全方位外交為基本方針的外交立場

以全方位外交為基本原則

回顧越南的外交，越南在越戰結束不久後的一九七八年，因入侵鄰國柬埔寨而遭到國際社會孤立。

爾後，越南自一九八六年開始實施「Doi Moi」革新政策（請參閱主題42），重新調整鎖國式的社會主義政策，並順勢改變外交政策，採行與國際社會合作的路線。一九九一年，越南與柬埔寨簽訂和平協定，改善與各國的關係，一九九五年更加入了東協。

實施「Doi Moi」革新政策後，全方位外交，是越南外交的基本原則，與所有國家協調合作。

越南與日本的關係十分良好。如主題39所述，一九九二年重新提供日圓貸款等，日本是越南最大的援助國。近年來，除了經濟方面，雙方在安全保障上也展開合作，以牽制中國在南海的勢力。

越南與美國自一九九五年恢復正常外交關係後，逐漸深化在經濟和軍事上的合作關係。兩國在南海舉行聯合軍演，與日本一樣合作牽制中國的勢力。過去，曾在越戰中對抗的兩國，今昔關係有了全新的面貌。

越南與俄羅斯在歷史上，一直保持著友好關係。越南不僅在越戰中獲得前蘇聯的支持，在越南入侵柬埔寨後，前蘇聯更可說是越南僅存的盟友國家。隨著Doi Moi革新政策和前蘇聯瓦解（一九九一年），越南和俄羅斯的關係雖然不如前蘇聯時代密切，但兩國依然在各領域上保有合作關係。例如，越南有一大半的武器仍是向俄羅斯購買，俄羅斯在石油開發、核能技術等能源領域，也給予越南諸多協助。另外，越南也與由俄羅斯主導的歐亞關稅同盟，簽訂FTA，發展出密切的經濟關係。

與中國若即若離

越南與中國的關係非常複雜。越南人對中國向來沒有好感。這是因為在九三九年越南吳朝獨立

圖表1　越南的外交關係

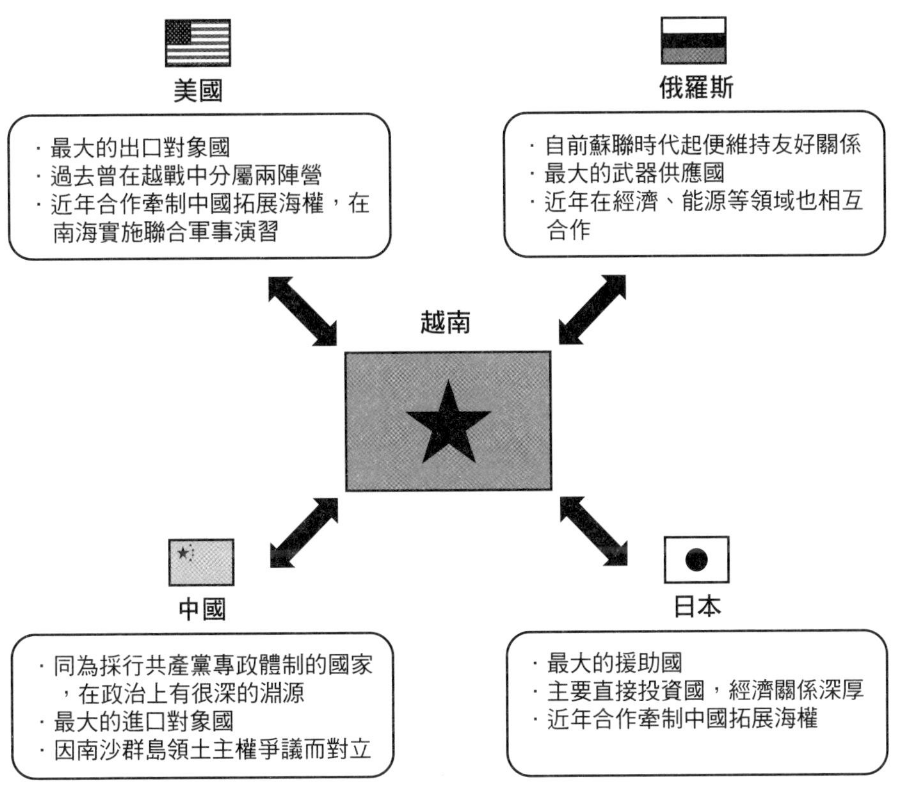

美國
・最大的出口對象國
・過去曾在越戰中分屬兩陣營
・近年合作牽制中國拓展海權，在南海實施聯合軍事演習
俄羅斯
・自前蘇聯時代起便維持友好關係
・最大的武器供應國
・近年在經濟、能源等領域也相互合作
越南
中國
・同為採行共產黨專政體制的國家，在政治上有很深的淵源
・最大的進口對象國
・因南沙群島領土主權爭議而對立
日本
・最大的援助國
・主要直接投資國，經濟關係深厚
・近年合作牽制中國拓展海權

（資料）瑞穗綜合研究所參考各媒體報導製成

以前，越南一直都是受到中國的控制，後來與宋、元、明、清等中國歷代王朝也都發生過戰爭。

一九七九年，因越南入侵柬埔寨而爆發中越戰爭。Doi Moi革新政策後，兩國關係雖然有所改善，但目前仍存在著南海主權爭議。二〇一四年，中國在越南宣稱擁有主權的西沙群島（帕拉塞爾群島，Paracel Islands）近海設置鑽油平台，使越南國內發生大規模的反中示威遊行。

不過，維持中越友好關係對越南至關重要，也是事實。中國是越南最大的進口國，彼此在經濟上相互依存，關係深厚。其次，兩國同樣採行共產黨專政體制，意識形態相近，因此政治家等地交流也較為頻繁。由於越南和美國在人權等問題上的看法對立，因此就保持美越關係平衡的立場看來，維持中越關係也十分重要。

主題

42 越南的經濟

～翻轉中長期以來由外資主導的成長模式

Doi Moi革新政策帶來大躍進

越南自一九八六年開始實施Doi Moi開放革新政策，調整封閉式的社會主義經濟，轉而引入市場經濟。越南之所以有此轉變，除了有鑑於同為社會主義國家的中國因實施改革開放政策、引入市場經濟，而成功振興經濟之外，前蘇聯經濟明顯衰退也是原因之一。

越南在一九八七年制定外國投資法，做好接受直接投資的準備。另外，由於越南軍隊入侵柬埔寨，是導致越南與美國等主要國家關係惡化的主因，越南政府於是在一九八九年從柬埔寨撤軍。不僅如此，越南也藉由加入東協和世界貿易組織（WTO）等，推動貿易自由化。

經由以上這些努力，越南成功吸引外資的直接投資，並擴大由外資主導的出口產業（圖表1）。目前，外資企業為越南的GDP貢獻了約二成。

透過由外資主導的經濟模式，越南近年來經濟突飛猛進。二〇一〇～二〇一五年的平均實質GDP成長率為六．〇%，比其他周邊國家高出許多（圖表2）。

近來，以三星電子為主的韓國企業，對電子產業的直接投資逐漸興盛。二〇一六年，越南生產的手機已超過二億台，使越南無疑成為手機的全球出口基地。

優勢在於稅制優惠和便宜又優秀的人才

外資企業增加投資，成為經濟發展原動力的原因，據此採取貿易自由化等開放經濟的政策，並訂定足以吸引外資的優惠稅制。越南的標準法人稅稅率為二〇%，比經濟發展階段相同的菲律賓（三〇%）和印尼（二五%）等周邊國家還低。再者，越南針對IT和高科技產業等廣泛領域，祭出法人稅優惠和免稅措施，據說很多企業正是看中這些利多政策，才選擇投資越南。

此外，人才方面也具備足以吸

圖表1　出口變化

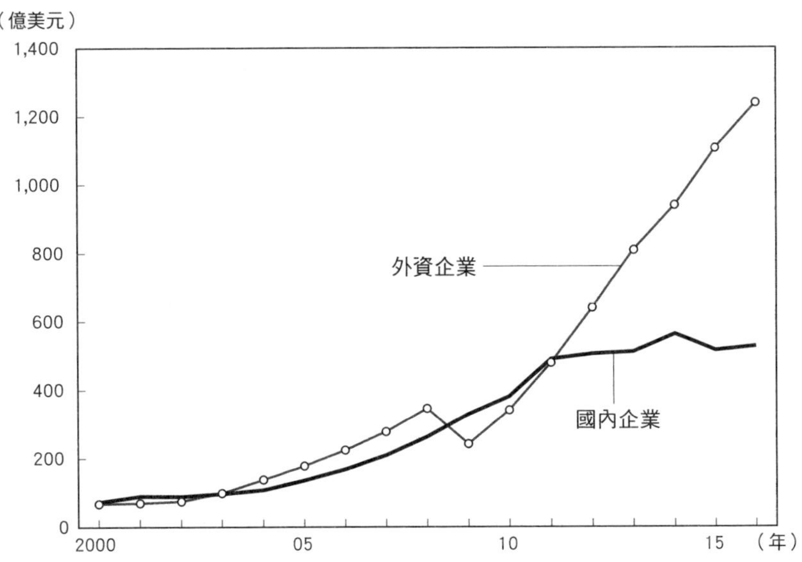

（資料）瑞穗綜合研究所根據越南統計總局資料製成

圖表2　實質GDP成長率變化

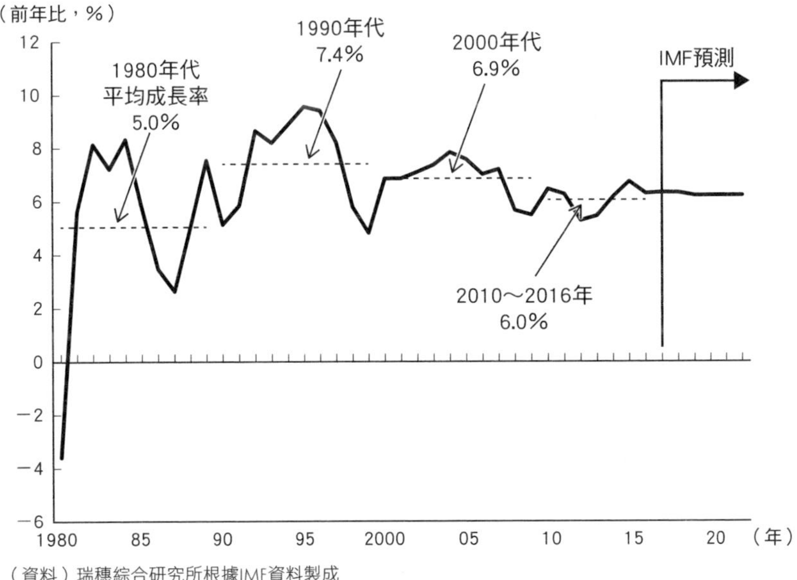

（資料）瑞穗綜合研究所根據IMF資料製成

引外資的優勢。日本國際協力銀行（JBIC）針對日本企業實施的問卷調查顯示，在「廉價勞動力」和「優秀人才」兩項投資越南市場的理由中，越南的分數比其他國家高。分析實際的資料，也能發現越南勞工的月薪比其他周邊國家低（圖表3）。另外，二〇一五年由經濟合作暨發展組織（OECD）實施的國際學生學力評量計畫（the Programme for International Student Assessment，PISA）中，越南在「數學」、「閱讀」及「科學」項目中，都位居第二名，僅次於新加坡，學力程度在東協國家中算是相當高。由於人才並非短期內會消失的優勢，因此可說是目前越南經濟發展的強項。

近來，韓國企業和日本企業陸續公布越南投資計畫，因此未來應該還是會由外資主導經濟發展。

中長期成長的隱憂

另一方面，就中長期發展來看，緬甸等薪資更低的國家，有可能取代越南成為外資直接投資的對象。因此，越南恐怕難以維持外資主導的經濟發展模式，所以必須提高內資企業的競爭力和生產力。然而，就現階段而言，內資企業的勞動生產力不僅低於外資企業，改善的速度也相當緩慢（圖表4）。

生產力提升速度緩慢的原因，與外資企業遲遲沒有將技術移轉給內資企業有關。根據二〇一七年世界經濟論壇公布的報告，越南外資企業技術移轉的速度，是東協中最慢的國家。越南提供了充足的勞動力，可進行組裝等單純作業，但卻缺乏管理階層和專家等高度人才，妨礙了技術移轉。

效率不彰的國營企業，也是降低生產力的主因之一。二〇〇〇年後半開始，國營造船集團 Vinashin 等企業，利用國營企業的信用度，將觸角延伸至融資、房地產等展開多元經營，卻慘遭滑鐵盧。最後造成房地產泡沫化，並引發金融機關的不良債權問題。目前，越南政府正推動民營化力圖改革國營企業，但由於競標方式和出售價格不夠公開透明，導致投資者在出資上有所遲疑，因此越南國營企業的改革之路，似乎也很難一帆風順。

高階專業人才培育和國營企業改革，皆非短期內可達成的目標。越南想確保經濟永續發展，政府和企業就必須忍受改革必經的陣痛期，下定決心進行結構和體制的改革。

圖表1　各國的月薪（勞工階級）

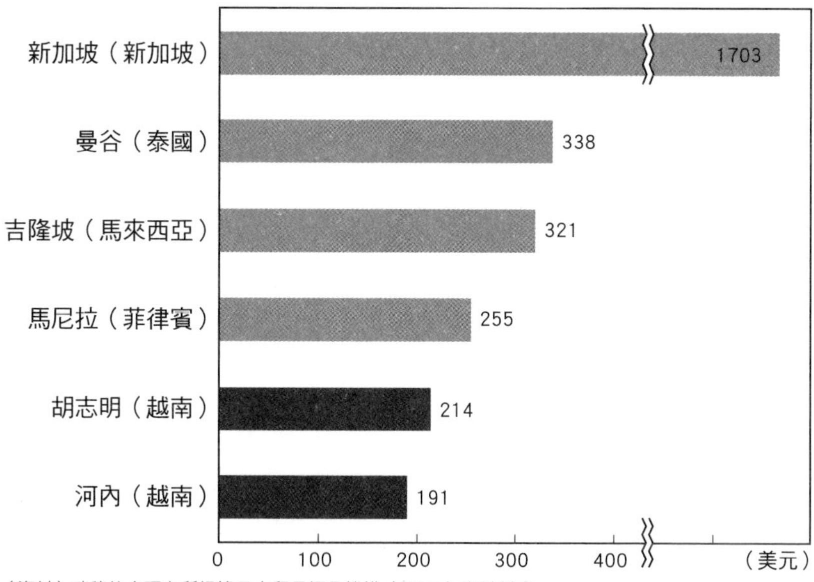

（資料）瑞穗綜合研究所根據日本貿易振興機構（JETRO）資料製成

圖表2 越南企業的勞動生產力

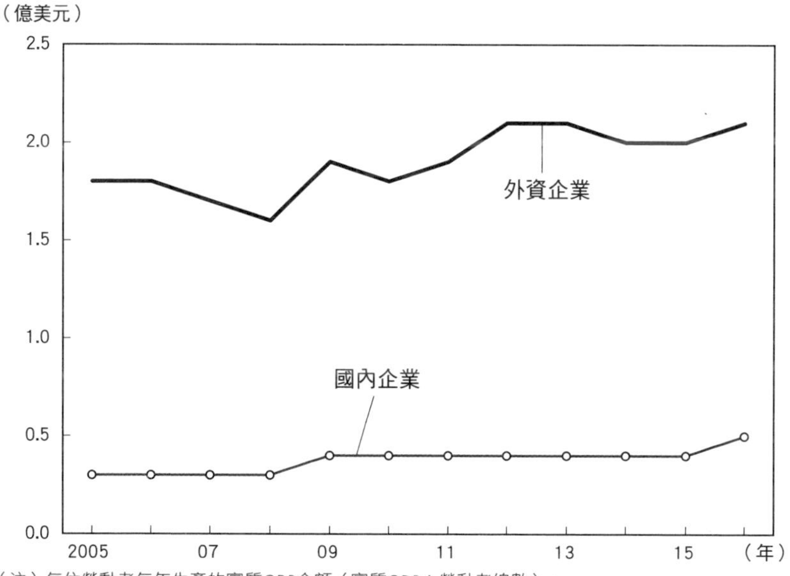

（注）每位勞動者每年生產的實質GDP金額（實質GDP÷勞動者總數）。
（資料）瑞穗綜合研究所根據越南統計總局資料製成

主題

43 越南的消費市場

～中產階級增加，奢侈品消費擴大

中產階級逐漸擴張

越南二〇一六年的人均ＧＤＰ，僅二千一百七十二美元，在東協十國中排名第七。但是，從所得階層的人口結構來看，「中所得階層」和「中高所得階層」家庭的比例正逐漸擴張（圖表1）。過去，飲食等必需品的占比較大，但近來隨著中產階級增加，外食、旅行、通訊費等奢侈財和服務的消費也逐漸成長。未來，隨著經濟日益壯大，這類高價商品的支出，想必也會持續增加。

低通訊費帶動手機購買熱潮

分析越南每一百戶家庭的耐久財持有率，可發現近年來電話快速普及（圖表2）。尤其是愈來愈多人擁有智慧型手機。

通訊費便宜，是促使電話普及的原因之一。國際電信聯合會（International Telecommunication Union，ＩＴＵ）的調查顯示，二〇一五年越南的手機通訊費在東協各國中，便宜程度僅次於柬埔寨和新加坡（圖表3）。

低廉的通訊費，帶動智慧型手機的購買潮。雖然蘋果iPhone非常受歡迎，但一般越南人負擔不起昂貴的新機。所以，除了低價手機熱賣之外，近來中國、台灣及越南當地手機製造商所推出的便宜智慧型手機，市占率也逐漸增加。另外，由於還是有想購買iPhone的消費族群，因此二手市場也非常興盛。

滿街亂竄的機車潮

在越南，雖然電視普及率高，幾乎家家戶戶都有，但汽車擁有率不高，僅少數家庭擁有。

儘管汽車普及率低，不過機車普及率相當高，從持有率來看，每個家庭都擁有一台以上。應該有很多人透過新聞等媒體報導，看過機車在越南馬路上亂竄的景象。

目前，除了逐漸增加公車路線之外，河內和胡志明都已經興建地下鐵。一旦有了完善的公共交通，

圖表1　各所得階層家戶比例變化

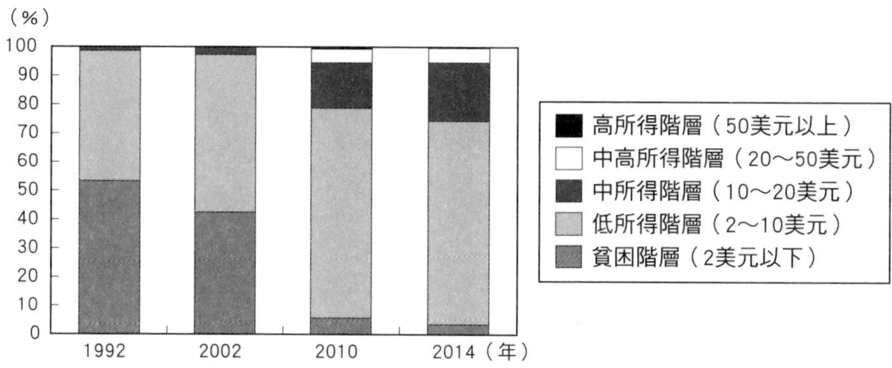

（資料）瑞穗綜合研究所根據世界銀行資料製成

圖表2　耐久財持有率

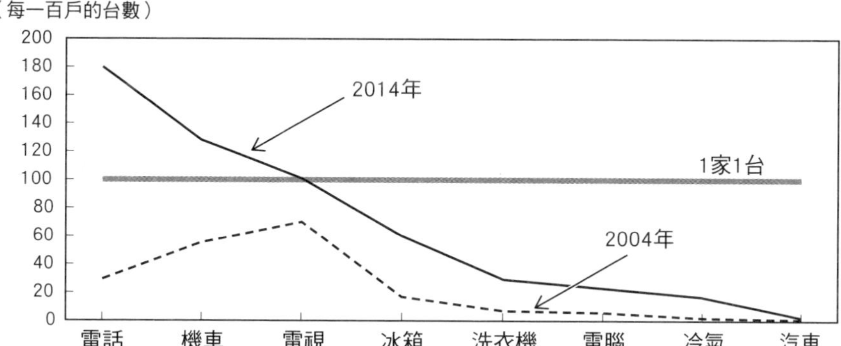

（資料）瑞穗綜合研究所根據越南統計總局資料製成

圖表3　手機通訊費（每500MB）

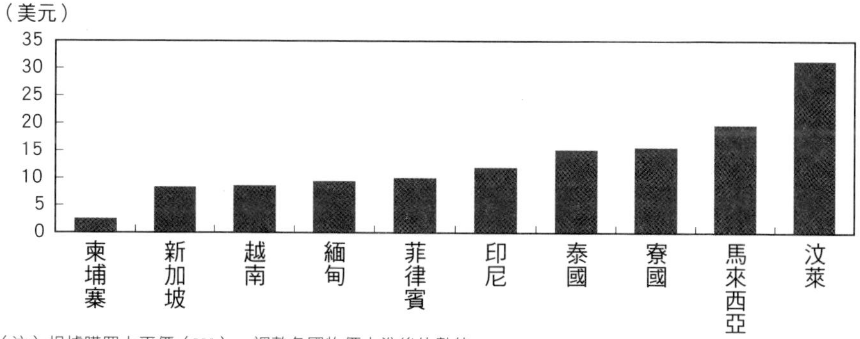

（注）根據購買力平價（PPP），調整各國物價水準後的數值。
（資料）瑞穗綜合研究所根據國際電信聯合會（ITU）資料製成

或許就能緩解壅塞的機車潮。

汽車普及化的隱憂

目前占比偏重於電視和機車的耐久消費財，未來隨著經濟發展，在其他商品的支出也可望增加。馬來西亞、泰國等國家，冰箱、洗衣機等耐久財，隨著經濟日益發展而普及，預估越南對這類耐久財的需求，也會逐漸攀升。

此外，雖然二〇一四年時，汽車的普及率還很低，但二〇一四年～二〇一六年間，汽車的銷售量連續三年都比前年增加了三〇%以上，普及率持續成長中（圖表4）。一般而言，當一國的名目人均GDP達到三千美元，汽車就會開始普及，而越南現在還差八百美元。根據IMF的預估，越南大概二〇二一年就會達到該水準。可以說，越南已經逐漸具備汽車普及化的條件（圖表5）。

另一方面，越南汽車普及化之前，必須先解決兩個抑制需求的因素。

第一個抑制需求的因素，是國內稅制。在越南，購買汽車必須繳納汽車持有稅、登記費等多項稅金，這是抑制汽車需求的主因。近來，如主題3所述，東協將於二〇一八年廢除域內的汽車進口關稅，而越南為了保護國內的產業，對進口車徵收高額的特別關稅。

想要振興國內汽車產業的越南工業貿易部（Ministry of Industry and Trade，MOIT），要求重新調整稅制，但希望確保稅收的財政部，對此持反對意見，因此遲遲不見調降稅率。

第二個抑制因素，是基礎建設落後。由於越南的道路和停車場等設備不足，所以汽車普及勢必會加劇交通壅塞的程度。越南政府對此心知肚明，因此對於加速汽車普及採取保守態度。

推動汽車普及化之前，必須先興建、維護道路。就停車場問題來看，胡志明等部分地區的停車場設有廉價的公定價格，不符成本效益，幾乎沒有利潤，因此車位仍然供給不足。所以，未來必須提高公定價格，或由業者自由定價。未來越南政府將視基礎建設的興建進度，放寬稅制並調整汽車的普及速度。

圖表4　汽車銷售台數的變化

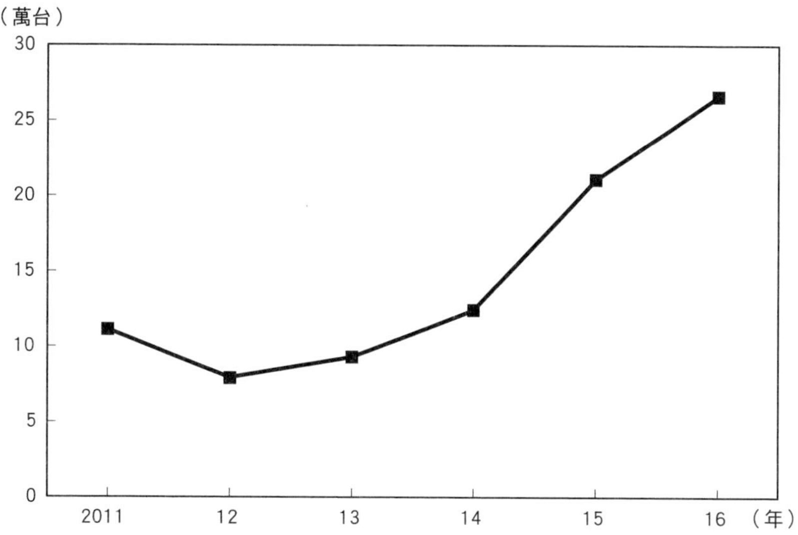

（資料）瑞穗綜合研究所根據越南汽車製造商協會（Vietnam Automobile Manufacturers Association，VAMA）資料製成

圖表5　IMF預測越南名目人均GDP的變化

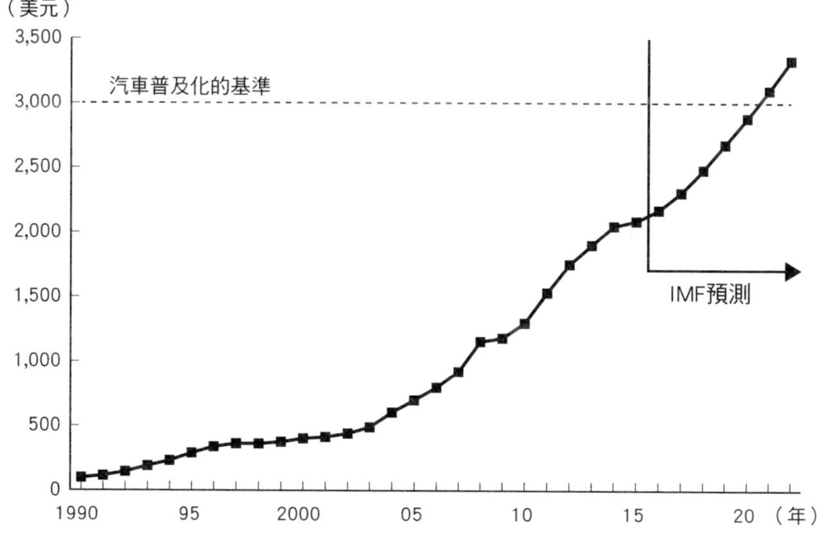

（資料）瑞穗綜合研究所根據IMF資料製成

主題 44

越南的可期領域與進出案例

～現代零售業和電商雙雙成長

耐久消費財的普及值得期待

由於越南國民所得水準尚低，且對服務業設有開店限制，因此日商要在越南開拓內銷市場並不容易。但還是有不少日商在這樣的環境下闖出一番成績。

其中最受注目的日商成功案例，莫過於機車製造商。越南擁有全球數一數二的大規模機車市場，具有相當大的吸引力。龍頭機車製造廠本田（Honda）在越南，儼然已成為機車的代名詞。除此之外，市占率第二的山葉（YAMAHA）、鈴木（SUZUKI）也都在當地興蓋工廠。儘管近來機車銷售量趨於停滯，但正如主題43所述，汽車仍需一段時間才會真正普及，所以目前機車還是越南人主要的交通工具。

其次是家電領域，由於越南人對日商的信譽很有信心，因此日本家電早已滲透越南市場。尤其三洋（SANYO）電機，是很早就打入越南市場的知名廠商。雖然該公司於二〇一一年被中國海爾集團（Haier）收購，但除此之外，松下（Panasonic）在越南設有數間洗衣機等家電工廠，夏普（SHARP）和三菱電機等公司也都成立了銷售公司。未來，越南的家電可望隨著所得增加而真正邁入普及化，家電市場也將愈來愈重要。

此外，在價格較低的非耐久消費財方面，日本企業也有很多成功搶入越南市場的案例。例如，久光製藥（貼布）、樂敦製藥（Rohto）（眼藥水等）、Acecook（泡麵）、味之素（調味料）、大正製藥（營養飲品）等，這些日系大企業的產品，已深深融入越南人的日常生活。隨著所得提升，未來稍微高價的產品是否也能賣出佳績，值得關注。

現代零售業也在成長中

另外，零售業的業態也開始出現變化。傳統的個體商戶，雖然仍是越南零售業的主流，但是近來，市區已經有愈來愈多超市和大型購物中心等現代零售業者進駐。例如，日系企業有AEON和高島屋。作者在當地進行面訪時，也有受訪者表示「都市人的可使用所得和人口逐漸增加，現代零售業的未來成長，相當值得期待」。

再者，正如主題43所述，越南手機快速普及，有愈來愈多業者以網路購物取代實體店鋪，帶動網購消費額。除了中國最大電商業者阿里巴巴旗下的Lazada已進入越南市場，也有業者利用Facebook等社群網路來進行銷售。根據越南工業貿易部的統計，二〇一六年網購消費總額約五十億美元，占整體零售業約三%。而且，越南有部分機關估計，二〇二〇年以前電商的規模將成長至目前的二倍，也就是約一百億美元。

教育相關領域前景可期

據說越南人很捨得花錢在孩子身上。實際上，越南的教育費占消費支出五%，在亞洲國家中也算相當多。未來，隨著所得提升，教育領域的需求應該也會擴大。

對日本企業而言，教育和才藝課程或許潛藏著很大的商機。例如公文教育研究會補習班、Renaissance游泳教室、山葉音樂教室等，都已經進軍越南。除此之外，外語學校、遠距教學等，都是很有潛力的市場。

住過日本的越南人在受訪時表示，日本的幼兒教材十分優良，且日式的幼稚園教育也做得很好。

永旺商場（AEON Mall）
瑞穗綜合研究所拍攝（2017年7月）

主題

45 越南的經濟風險

～財政問題成為基礎建設投資的絆腳石

公債舉債規模擴大疑慮

越南經濟目前最大的風險，就是公債累積速度太快。過高的公債，可能成為基礎建設投資的障礙，影響越南發展為出口據點。

越南財務省表示，二〇一六年公債的名目GDP占比為六三．七％，已經相當接近政府訂定的六五％上限（圖表1）。越南政府為了抑制公債，將重點放在占公債約二成的政府擔保債務上，不再由政府擔保國營企業的新貸款。所謂政府擔保債務，是指國營企業等組織所發行的債券，由政府擔保支付其本金和利息。大型基礎建設計畫因故暫停時，可能使企業蒙受相當大的損害。政府擔保為了避免此類風險阻礙工程進行，在必要時由政府承擔部分損失。由於越南多數基礎建設投資皆附有政府擔保，因此一旦政府停止提供擔保，可能會導致基礎建設工程立刻陷入停頓。實際上，已經有部分基礎建設工程延遲或停工。而公債擴大的原因在於，吸引外資企業而祭出的稅制優惠、東協經濟共同體（AEC）推動的關稅減免，以及占歲入比例高的資源價格滑落等，都導致政府歲入短收。

越南政府持續提供誘因、吸引外資，而原油價格也不太有機會大幅上漲。在財政受到限制的狀況下，為了避免拖累基礎建設，未來越南政府應該思考如何調整稅制、增加歲入，並且藉由刪減經費以減少歲出，財政重建顯得相當重要。

川普政權的保護主義令人堪憂

越南一直以來都是依靠外資驅動經濟成長，因此全球保護主義的動向，可說是一大隱憂。尤其必須注意美國提倡矯正貿易失衡的未來政策。

例如，越南曾經是跨太平洋夥伴協定（TPP）的最大受惠國，但自從美國宣布退出後，大幅降低了越南的經濟利多。二〇一七年

圖表1　公部門的債務變化

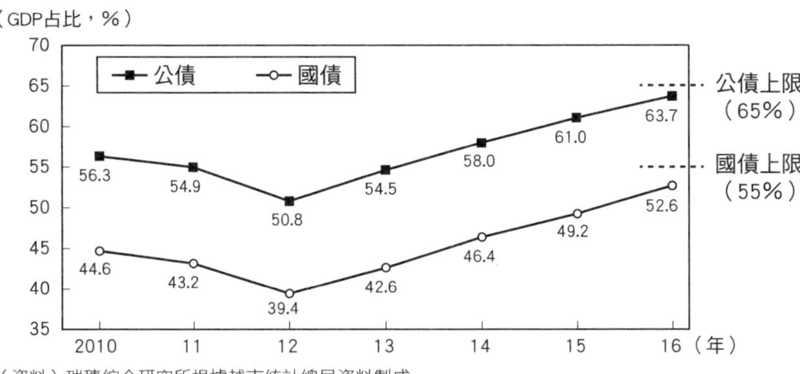

（資料）瑞穗綜合研究所根據越南統計總局資料製成

三月，川普總統簽署行政命令，點名包含越南在內的十六個貿易逆差國，要求美國相關單位調查貿易逆差的原因。越南是美國的重大貿易逆差國，排名全球第六，逆差規模也是東協中最大的國家。另外，厭惡政府介入匯率市場買賣的美國，也可能對疑似操縱匯率的越南施加壓力。目前，雖然美國與越南有意簽署自由貿易協定（FTA），但兩國間的外交問題，也可能促使美國對越南採取強硬態度，恐怕沒那麼容易談妥。

風災水災風險

天災發生頻率高也是風險之一。越南每年都有颱風和水災。農人占勞動人數約四成，比例相當高，並且大部分人口居住於河川流域，因此容易遭受嚴重的風災和水災損害。

根據越南統計總局公布的最新數據，二〇一六年的天災總共造成二百六十四人死亡、四百三十一人受傷。損害金額約四十兆美元，約占GDP一%，影響相當嚴重。

另外，二〇一七年十月，越南北部和中部各地發生豪雨，造成水災和土石流，釀成五十四人罹難。如上所述，天災為越南帶來嚴重災情，必須做好萬全的防災措施。

（編按：二〇一八年六至七月越南北部山區暴雨成災，引發洪水和土石流，造成數十人員傷亡、失蹤和嚴重經濟損害。）

主題 46

越南的政治・治安風險

～內政穩定，但對中關係一觸即發

國內政治、治安風險低

正如主題40所述，越南政局穩定。沒有民主化示威遊行或民族、宗教對立等問題，也很少像周邊國家一樣，發生嚴重的政治風暴攻占媒體版面。

治安方面也鮮少發生兇惡犯罪。雖然日本外務省會在必要時對遊客發出「旅遊警示」，但目前（二〇一七年十月）並未對越南、新加坡、汶萊發出危險警示。另外，二〇一七年日本經濟平和研究所公布的全球和平指數報告中，越南在「社會治安與安全」項目的分數，也領先其他東協國家，算是治安風險相對低的國家（圖表1）。國內環境穩定，也是促使直接投資增加的原因之一。

對中關係惡化的風險

另一方面，如主題41所述，與中國在南海的主權爭議，可能加速經濟惡化。目前，越南與中國因南海西沙群島（帕拉塞爾群島）和南沙群島（斯普拉特利群島，Spratly Islands）的主權爭議而對立（圖表2）。二〇一四年，中國在帕拉塞爾群島近海強行鑽探石油，導致越南爆發大規模的反中示威遊行，衝擊經濟發展。風險升溫下，造成資金流出、增加貨幣貶值的壓力，導致越南盾走弱。此外，越南的中國遊客也比前年減少約一〇%。

兩國的緊張關係持續至二〇一七年。七月，越南不顧中國反對，在帕拉塞爾群島強行開採石油；八月，越南的漁船遭受中國衝撞，造成其中一艘漁船沉沒。難解的領土爭議問題，估計會持續成為越南經濟風險之一。

圖表1　東協的社會治安與安全

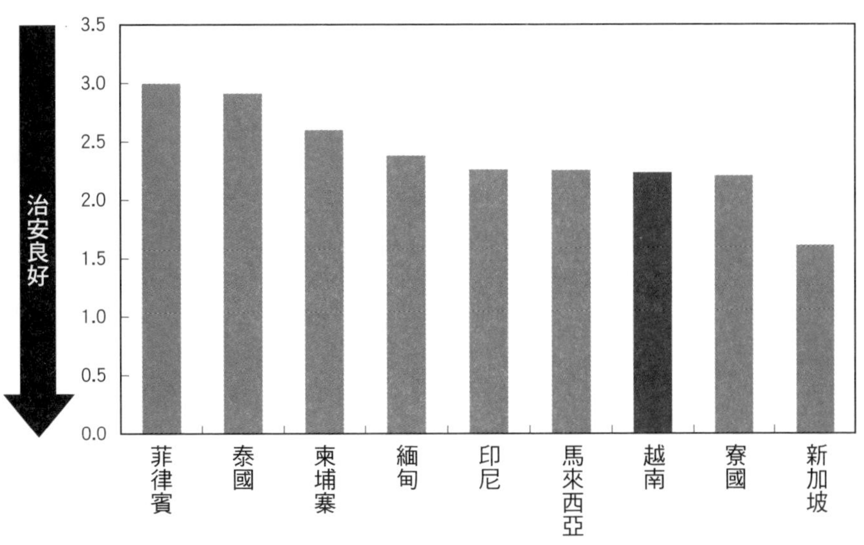

（資料）瑞穗綜合研究所根據日本經濟平和研究所「全球和平指數」（Global Peace Index）資料製成

圖表2　與中國的領土問題

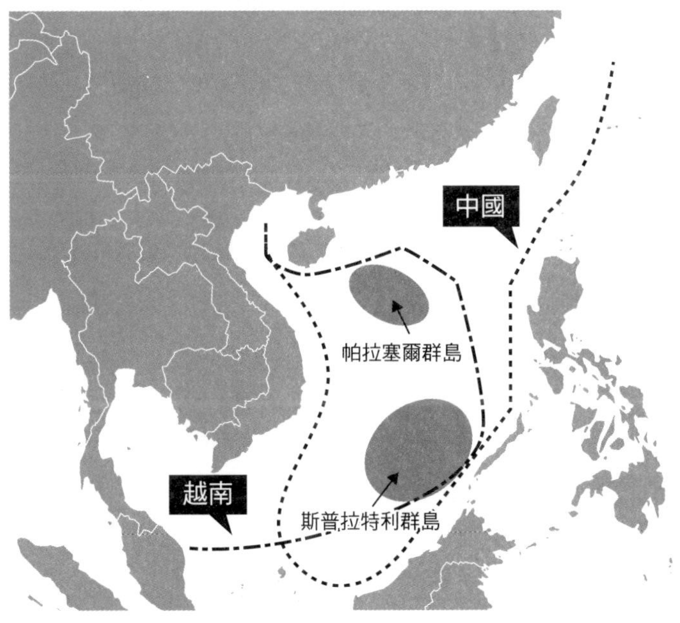

（資料）瑞穗綜合研究所參考各媒體報導製成

Column 6

急速發展的越南觀光產業

近年來，越南的旅客人數急速增加。根據越南統計總局的統計，二〇一六年的訪越的旅客人數，比前年增加二六%，首度突破一千萬人大關。觀光收入占名目GDP的四%，相當於八十三億美元，因此觀光業可說是越南現在不可或缺的重要產業。

而越南旅客人數急增的原因，包括越南放寬部分歐洲國家的簽證限制，和所得增加的中國旅客湧入。從訪越旅客的國籍來看，中國和歐洲都名列前幾名（圖表1）。

觀光景點多，是越南吸引旅客的魅力之一。越南境內有下龍灣和會安古城等八處世界遺產，數目之多，不僅在東協中與印尼並列前茅（圖表2），還有峴港、芽莊（Nha Trang）等多處渡假勝地。而且，治安良好、物價比鄰國便宜，都是越南發展觀光的優勢。

未來，觀光產業前景仍然一片光明。越南政府揭示目標，希望在二〇二〇年以前，讓外國旅客人數增加至一千七百萬～二千萬人，觀光收入提升至二百億美元。為達成這個目標，越南政府除了祭出新誘因，以吸引觀光開發投資之外，也設置相關單位，致力於培育觀光人才和宣傳。

同樣是東協國家的泰國和馬來西亞，旅客人數隨著經濟發展而增加，如今旅客人數皆已超過二千五百萬人。未來，在都市開發和基礎建設的加持下，越南觀光業可說潛力十足。

圖表1　訪越南旅客國籍

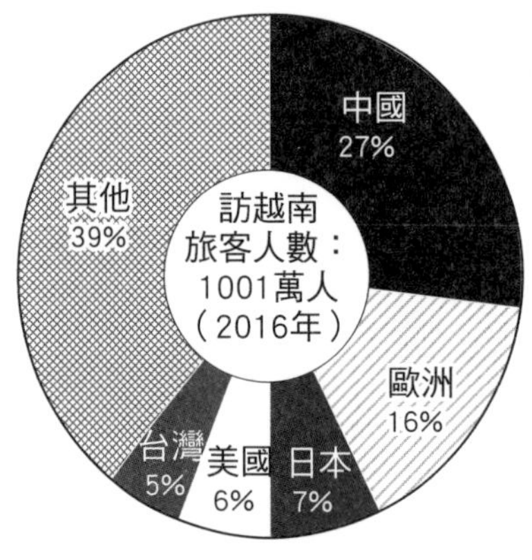

（資料）瑞穗綜合研究所根據越南統計總局資料製成

圖表2　世界遺產總數

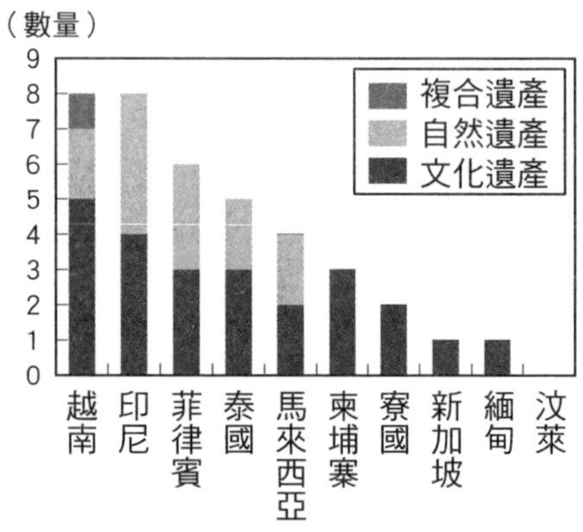

（資料）瑞穗綜合研究所根據聯合國教科文組織（UNESCO）資料製成

第7章

認識印尼
——東協最大國

主題 47

印尼的特徵
～東協超級大國

龐大規模勝過多數東協國家

特色之一是擁有龐大人口規模的印尼，可說是東協數一數二的大國。印尼不只人口，名目GDP、領土面積，都占東協全體四成之多。

印尼人口為二億五千八百七十一萬人（二〇一六年），居東協之冠，且遠高過第二名菲律賓的一倍以上。相較於其他東協國家，未來的人口成長率仍然呈現偏高的趨勢。

就名目GDP來看，經濟規模為九千三百二十四億美元（二〇一六年），也超過排名第二的泰國一倍以上。且經濟成長率比泰國更高，未來的差距勢必會愈拉愈大。

印尼的領土面積為一百八十九萬平方公里，比居次的緬甸面積大將近三倍，更是日本的五倍（編按：約台灣的五十三倍）。南北狹長一千八百公里，東西橫跨五千一百一十公里，由約一萬七千個大大小小的島嶼組成，是世界上最大的島嶼國家。其中面積最大的島嶼，包括蘇門達臘島、爪哇島、加里曼丹島、蘇拉威西島及新幾內亞等五個島。首都雅加達位於爪哇島，而世界知名的觀光勝地峇里島，則位於爪哇島東邊的小巽他群島中。

存在感強烈的消費市場

雖然印尼的實質GDP成長率，曾一度因一九九七年的亞洲金融危機而大幅衰退，但二〇〇七年起便都維持平均五～六％的成長率。名目人均GDP從二〇〇七年的約二千美元，攀升至二〇一六年的三千六百美元。

所得提升，擴大了消費市場。機車的年銷售量將近六百萬台，市場規模之大，非其他東協所能比擬。

而且，印尼目前剛進入汽車普及化階段。根據東協汽車聯盟（ASEAN Automotive Federation）公布的產銷數據，二〇一六年印尼的汽車銷售量約一百萬台，占東協整體逾三成。二〇一四年，印尼已超過泰國，成為東協最大的汽車市場。

多種資源的出口國

印尼的產業活動，以初級產品的生產和加工為主。主要出口產品為礦業製品（煤炭、天然氣、石油、礦石（金、銀、銅、錫、鎳）、棕櫚油及橡膠製品等（圖表1）。尤其棕櫚油和錫的出口量皆高居全球之冠。

多元民族、語言、宗教

印尼的人口大多是被稱為「Pribumi」（原住民）的馬來系民族。馬來系民族可再細分為約三百個種族。印尼二〇一〇年的國勢調查顯示，占總人口約四〇％的馬來系民族爪哇人，主要居住於爪

人口：2億5871萬人（2016年）	政體：共和立憲制
面積：約189萬平方公里	元首：佐科威（Joko Widodo）總統（編按：時點為2018年10月）
首都：雅加達	語言：印尼語
名目GDP：9324億美元（2016年）	民族：馬來系民族過半（包括爪哇人、巽他人等約300個種族）
人均GDP：3604美元（2016年）	宗教：伊斯蘭教約9成，其他還有基督教等
產業結構：（名目GDP占比，％） 第一級產業：14.0% 第二級產業：40.8% 第三級產業：45.3%	會計年度：1月～12月

（資料）瑞穗綜合研究所根據印尼中央統計局資料、日本外務省網站資料製成

哇島。人口僅次於爪哇人的是同屬馬來系民族的巽他人，占總人口約一五％，也居住於爪哇島上。

非馬來系民族的華人比例僅一％，遠低於新加坡、泰國等周邊亞洲國家。

華人人口比例雖不高，但由於大部分勢力龐大的財閥經營者都是華人，因此華人在印尼經濟活動方面，可說扮演著執掌牛耳的角色。

印尼的官方語言是印尼語，與馬來西亞的馬來語幾乎一模一樣。由於發音和文法等比較容易學，所以印尼語在歷史上，曾經是東南亞海域中被廣泛使用的貿易語言。此外，各地區的日常語言還包括巴塔克語、巽他語、爪哇語及峇里語等方言。

印尼有近九成的人口信仰伊斯蘭教。其他宗教的人口比例不高，包括基督教的新教和天主教、印度教、佛教及儒教等信仰。從區域來區分，深受荷蘭影響的北蘇門答臘省的巴塔克人，和北蘇拉威西省的米納哈薩人，大多信仰基督教。峇里島等地，則以信仰印度教的人口為大宗。另外，各地也保留了傳統的祖先崇拜和泛靈信仰。

包容多元性的建國基本原則

印尼是多元民族和宗教的國家，因此制定了統一國家的建國五項基本原則（譯注：即信奉真神、人道主義、國家統一、民主政治及社會正義）「潘查希拉」（Pancasila）。潘查希拉以多元宗教為基礎，強調共存共榮。如前面所述，印尼有九成的國民信仰伊斯蘭教，但伊斯蘭教並沒有成為印尼的國教。伊斯蘭教、天主教、新教、印度教、佛教及儒教等六個宗教，並列為官方宗教，信仰其中任何一種是個人自由，應相互尊重彼此的宗教信仰。

教育水準提升，但依舊貧困

根據聯合國教科文組織（UNESCO）的統計，印尼的就學率正逐年提升（圖表2）。

但另一方面，失學的兒童比例依然很高（達就學年齡的兒童未就學）。例如，二〇一五年小學的失學兒童比例將近一〇％，同年的馬來西亞約二％，也遠高過東南亞地區平均約六％。造成失學比例如此高的原因在於，雖然全國所得水準和就學率都提升了，但仍有貧困階層等一定比例的家庭，因經濟狀況不佳，而必須犧牲孩子的教育，提早讓小孩賺錢養家。

執政黨推動的教育政策

為了提升教育水準，執政黨實

施了各種政策。

規模最大的政策，即為提供貧困家庭教育機會。政府給予貧困家庭補助金，並補助教科書和文具等教育費。根據印尼政府公布的統計，目前有二千萬以上的學童領有補助金。此外，印尼政府也推動各種計畫，強化職業訓練，培育企業所需人才。

日語學習人數高居全球第二多

與教育相關的另一個特徵是，印尼人學習日語的意願相當高。日語不僅是高中的第二外語，選擇到日語學校學習的人數，也急速增加中。國際交流基金二〇一五年實施的「日語教育機關調查」結果顯示，印尼的日語學習人數約七十四萬人，高居全球第二，僅次於約九十五萬人的中國。

圖表1 出口產品細項（2016年）

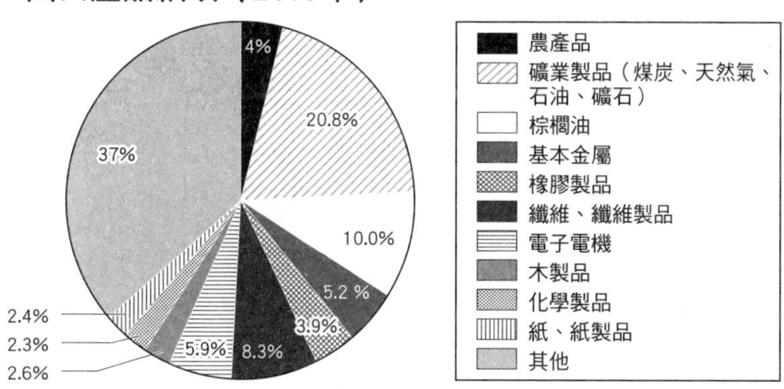

（資料）瑞穗綜合研究所根據印尼中央銀行資料製成

圖表2 幼兒入園率、就學率

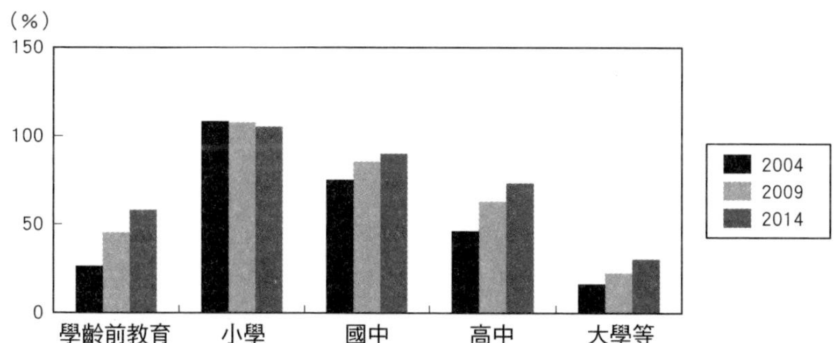

（資料）1、幼兒入園率、就學率＝（各教育階段的入園、就學人數）／（各教育階段的官方人數）× 100。
2、「大學等」是參照聯合國教科文組織（UNESCO）國際教育標準分類（International Standard Classification of Education，ISCED），相當於其中的ISCED 5和 ISCED 6。包括大學、碩士課程、博士課程、及上課期間短於大學的職業課程等教育機構。

（資料）瑞穗綜合研究所根據UNESCO資料製成

主題

48 印尼的政治

～鞏固政治基礎，力拚連任的佐科威總統

從長期的獨裁政權走向民主化

採行共和立憲制的印尼，是僅次於印度和美國，人口全球第三多的民主國家。但是，印尼實施民主制度的時間並不久。前總統蘇哈托（Soeharto）所實行的獨裁統治長達三十年以上，直到一九九八年才結束。在蘇哈托政權下，由於經濟穩定，因此人民也就服從了獨裁統治。然而，一九九七年亞洲金融危機爆發後，經濟急凍、陷入萎靡困境，導致人民憤而發動反政府運動，使得蘇哈托總統於一九九八年宣布下台。

曾經歷混沌不明的民主過渡期

蘇哈托政權垮台後的六年間，印尼共經歷哈比比（B. J. Habibie）、瓦希德（Abdurrahman Wahid）及梅嘉娃蒂（Megawati Sukarnoputri）等三任總統，每一政權都是僅維持一年到三年的短命政權，導致印尼政治持續動盪不安。

在動盪的政治局勢中，過去受到蘇哈托政權鎮壓的反動勢力紛紛出籠，從蘇門答臘島的亞齊省，到新幾內亞島的巴布亞省等各地，都展開獨立運動。

因此，伊斯蘭激進派的恐怖攻擊也愈來愈多。例如，二〇〇二年峇里島發生自殺炸彈攻擊，造成二百零二人罹難，爾後，還發生攻擊雅加達市區飯店和大使館等的恐怖攻擊事件。

修憲確立民主體制

蘇哈托總統下台後，印尼在歷經四次修憲後，終於確立民主政治體制。為了防止再出現長期的獨裁統治，新憲法規定總統只能擔任兩任（一屆任期五年），且改以直接民選方式，選出總統、國會議員及地方首長。

同時，憲法改革也確立了行政、立法、司法三權分立制（圖表1）。比起同樣採行總統制的美國，印尼總統制的特色在於，總統的權限難以干預國會的運作。例如，美國總統可以否決國會制定的法律，但印尼總統則不具備否決權。

印尼每五年於四月舉行一次國會大選，依比例代表制選出國會（一院制）議員。按國會選舉結果，只有贏得一定比例以上席次的政黨或政黨聯盟，才能提名總統候選人，參選同年七月的總統選舉。在七月的總統選舉中，倘若沒有任何候選人獲得過半票數，九月會繼續針對得票數前兩名的候選人再次進行投票。而最近一次的國會選舉和總統選舉是二〇一四年，下一次的選舉將於二〇一九年舉行。

多黨政治的國會

印尼國會自一九九九年實施直接民選後，就呈現多黨政治，每個政黨都難以獲得過半席次的狀態。目前，就連最大的政黨，擁有的席次也不過二〇%上下。

國會之所以多黨林立，包括各政黨有各自的地區優勢；區域性鮮明、擁有高人氣和財力雄厚的個人，為了角逐總統大選而成立政黨；宗教和民族多元等多樣原因。此外，由於採比例代表制，因此印尼的多元性，很容易就反映在席次比例上。雖然政黨數量多，但所有政黨都祭出民粹主義政策以迎合選民，各黨理念沒有太大差異。

由於沒有單獨取得過半席次的政黨，因此，國會中也形成數個政黨組成的執政聯盟。為了維持多黨聯合執政，政黨間充斥著政治利益交換。

前政權改革失敗

尤多約諾（Susilo Bambang Yudhoyono）是印尼第一屆民選總

圖表1　行政、立法、司法三權分立

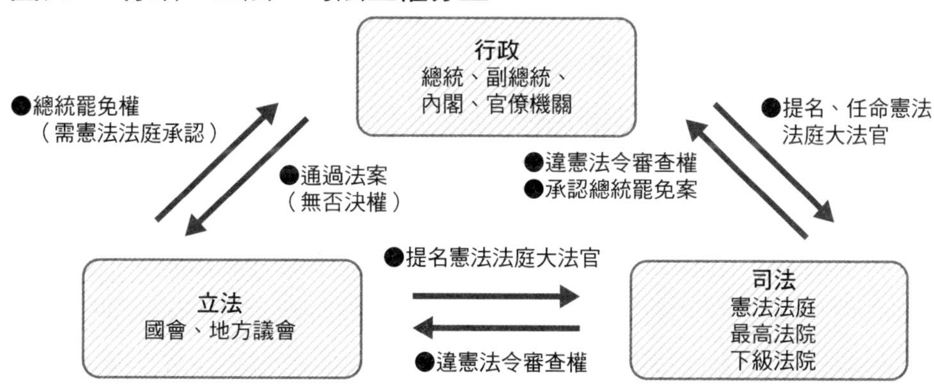

（資料）瑞穗綜合研究所根據日本總務省「印尼的行政」、川村晃一「印尼總統制及政黨組織」、《選舉研究》第28卷2號，以及島田弦「印尼政治司法化的相關研究筆記」（今泉慎也編《亞洲司法化與法官的職責》JETRO亞洲經濟研究所，第3章）等文獻製成

統，他是退役高階將領出身，且擁有農業經濟學的博士學位，以知性且清廉的學者形象廣受人民擁戴。

尤多約諾前總統就任之初，便挾帶高支持率，發揮充分的領導能力，大刀闊斧改革投資環境等，成果卓越。

然而，尤多約諾前總統的執政後期，卻因所屬政黨「民主黨」的領導階層爆發多起貪汙弊案，導致總統支持率下滑。最後，二〇一二年起，尤多約諾政權在改革的進程上開始往後退。為了收買民心，反而擬定許多基於保護主義和民粹主義的政策，例如限制資源出口、限制超商營運，以保護國內小規模的零售業等。

平民作風佐科威總統的改革

二〇一四年，佐科威總統繼任成為現任總統，他從家具出口業白手起家，曾任地方首長，算是「基層出身」。此外，佐科威總統也經常在未事先通知各地下級單位的情形下，親自到各地進行「Blusukan」（下鄉視察），視察政策執行狀況、傾聽民眾對政策的意見等，以高度透明化的親民作風，獲得廣大支持。

雖然佐科威政權在國會的力量偏弱，但有了高支持率做為後盾，讓他得以充分發揮領導能力。即使執政黨內部極力反對，他仍堅持改革補助政策，獲得外國投資者的好評。

在高支持率下鞏固政權基礎

雖然佐科威總統上任之初支持率相當高，但由於對貪汙案的處理不夠謹慎恰當，加上景氣衰退等原因，導致二〇一五年前半年支持率一度下滑。然而，二〇一五年後半期推動經濟改革，又再度博得人民好感，使支持率逐漸回升（圖表2）。

在高支持率中，以佐科威政權所屬的奮鬥民主黨（PDI-P）為中心所成立的執政聯盟，甚至吸收了最大在野黨從業黨（Golkar），成功鞏固了政權基礎（圖表3）。

迎戰下屆總統大選

二〇一七年四月，執政黨和在野黨在雅加達省長選舉中激烈廝殺，雖然由在野黨候選人勝選，但各民意調查結果皆顯示，佐科威總統的支持率依舊居高不下。執政黨在省長選舉中敗選，似乎不影響總統的高人氣。

目前，雖然佐科威總統尚未表明是否參選下屆總統選舉，但由於透過建立聯盟為政權打下了穩健基礎，因此若二〇一九年出馬參選，連任的機會應該頗高。

圖表2　佐科威總統的支持率

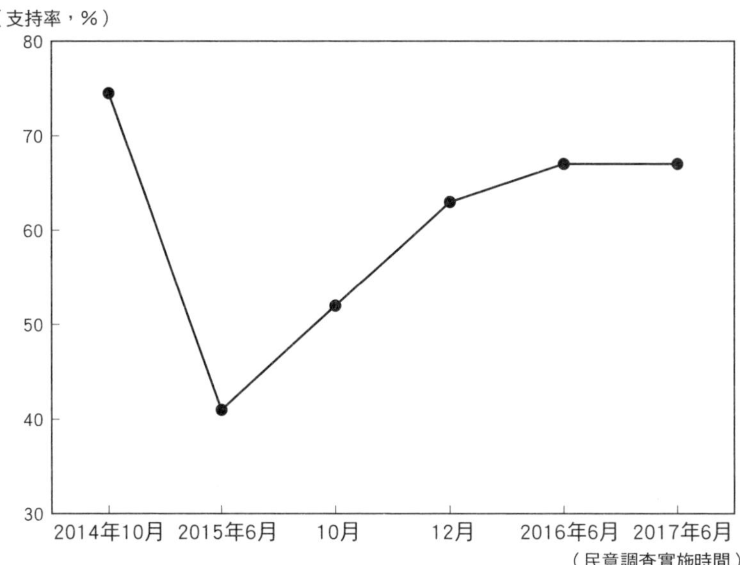

（資料）瑞穗綜合研究所根據印尼民調機構（SMRC）的相關報導製成

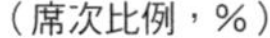

圖表3　國會組成

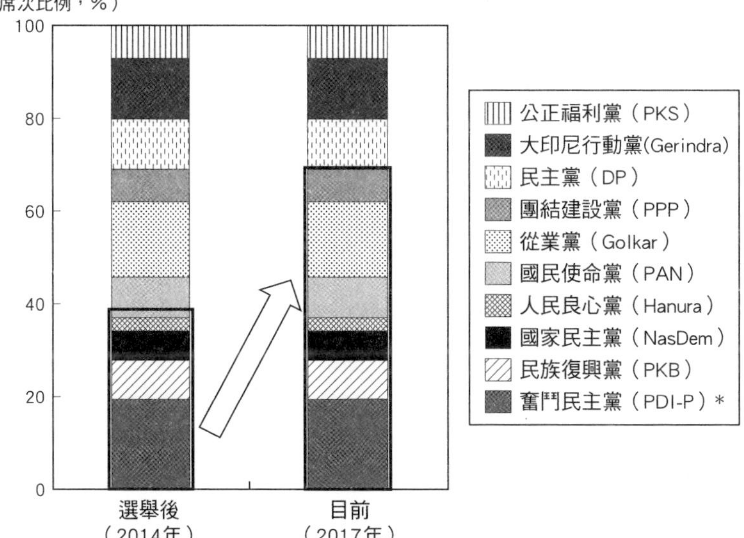

（注）粗框內的部分為執政聯盟。
（資料）瑞穗綜合研究所參考各媒體報導製成
＊ 譯注：政黨名稱翻譯參考駐印尼台北經濟貿易代表處網站資料：https://www.roc-taiwan.org/id/post/3106.html

主題 49

印尼的外交

～流露大國意識的歷代政權和佐科威總統的經濟外交

歷代政權皆展露出大國姿態

印尼歷任總統，皆以大國的政治立場為基本方針，展開外交活動。

印尼首任總統蘇卡諾（Sukarno）（一九五〇～一九六七年），在第二次世界大戰後，以新興獨立國家之姿成為第三世界領袖國，在印尼大城市萬隆（Bandung）召開第一屆亞非會議（又稱萬隆會議），這場會議，也讓蘇卡諾以第三世界國家領袖的身分受到矚目。

長期實行獨裁統治的蘇哈托前總統（一九六八年～一九九八年），於一九六七年主導東協的創立，說服各國將秘書處設在雅加達，讓印尼成為東協領導國之一，提升國家地位。

印尼首位民選總統尤多約諾前總統（二〇〇四年～二〇一四年），則讓印尼躍升為全球伊斯蘭教人口最多的民主國家，享譽國際。此外，二〇〇八年創設「峇里民主論壇」（Bali Democracy Forum），建立與會國家共享經驗的平台，促進環太平洋地區民主主義的發展。之後，更延續上述的外交立場，於同年成為G20中唯一的東協國家。

重視經濟的佐科威政權

現任的佐科威總統，將外交政策的軸心從政治轉向經濟。把重點放在吸引外資投資的佐科威總統，屢屢打著「經濟外交」、「務實外交」的口號，推動外交政策。

具體而言，佐科威總統定期出訪澳洲、歐洲各國等先進國家，說明印尼政府將如何改善投資環境，向其他國家和企業展現印尼的經濟魅力。佐科威總統就任後，已拜訪過日本二次，希望日本參與帕蒂姆班（Patimban）新港口等基礎建設計畫。除此之外，駐各國的大使和外交官，也都力行「Blusukan」（下鄉視察），蒐集各國的貿易資訊、呼籲投資印尼市場等。

實事求是，公正無私的對中外交

佐科威總統也積極推銷印尼，給想要擴大國外投資的中國。二〇一六年來自中國的直接投資，較前年高出逾四倍之多，充分展現了外交努力下的成果。另外，二〇一五年，連接首都雅加達和西爪哇省萬隆、長達一百四十公里的高速鐵路建設計畫，也選定中國企業共同合作。

然而，各種問題也隨著投資擴大接踵而至。例如，印尼人抗議中國直接投資擴大，帶來大量移入的中國勞工，因此反中情緒高漲；而對此有所警戒的中國企業，也出現重新評估是否投資印尼的案例。此外，前述鐵道建設的進展也不如預期順利，導致印尼政府加深對中國的不信任感。

佐科威政權比歷代政權更加嚴懲在印尼犯法的外國人。例如，海事暨漁業部部長蘇西（Susi Pudjiastuti）站在保護漁業資源的立場，緝捕在印尼海域進行非法捕撈活動的外國籍漁船，甚至炸沉這些涉及非法捕撈行為的漁船。大部分漁船來自周邊其他東協國家，但其中也包括中國漁船。

另外，印尼政府為了保護本國利益，於二〇一七年七月起，將中國片面宣稱擁有主權的部分南海海域，重新命名為「北納土納海」（North Natuna Sea），並標示在新的本國地圖上。

讓外交政策轉風向的國內問題

近來，印尼國內伊斯蘭保守派的勢力，也逐漸擴大。二〇一七年尋求連任的華裔基督徒暨現任省長鍾萬學，因被指褻瀆《可蘭經》，讓印尼國內的伊斯蘭趨向保守，並導致印尼的反華情緒升高。

佐科威政權在外交政策上，也積極討好伊斯蘭教徒，或許正是基於印尼伊斯蘭教趨於保守的緣故。例如，約自二〇一七年八月起，緬甸少數民族羅興亞人遭到迫害的事件引發全球關注，當時印尼政府也起而呼籲緬甸當局，停止對羅興亞人的軍事暴力行為，印尼外交部長更出訪緬甸和孟加拉，呼籲支援並保護羅興亞人等，積極的作為超乎尋常。此外，受到緬甸政府軍事鎮壓的省分（譯注：指若開邦），印尼政府也迅速且主動提供食物等援助，協助該地區恢復安全與穩定。

主題 50

印尼的經濟

～佐科威總統力行改革，改善投資環境

經濟成長趨緩

印尼的經濟成長率，自二〇〇四年尤多約諾前政權上任以後，逐漸攀升。二〇〇四年到二〇一〇年的平均成長率為五・六%，二〇一〇年起更是連續三年都超過六%。

然而，自二〇一三年以後景氣趨緩，二〇一六年的成長率僅達五・〇%（圖表1）。

景氣趨緩的原因①資源價格下滑

景氣趨緩的第一個原因，是資源價格滑落。由於印尼主要的出口產品，為以天然資源為中心的初級加工產品，因此資源價格滑落，連帶導致相關出口和投資縮減，景氣衰退。

經常帳收支惡化，貨幣急貶

由於出口大幅縮減，因此經常帳也急速惡化，二〇一二年轉為赤字，二〇一三年、二〇一四年的赤字甚至擴大到占名目GDP的三%（圖表2）。

在印尼經常帳赤字擴大的同時，二〇一三年五月，美國量化寬鬆的貨幣政策緊縮，分散至全球的美元回流至美國，導致經常帳赤字國陷入外匯儲備不足，風險升高。印尼與巴西、印度、土耳其及南非等經常帳赤字高的國家，被列為脆弱五國（fragile five），印尼盾（Rupiah）兌美元匯率，自二〇一三年五月起的三個月，大貶一三%。

景氣趨緩的原因②金融緊縮

受到貨幣重貶的衝擊，印尼中央銀行在二〇一三年六月到二〇一四年十一月間，升息了二%。

此項金融緊縮政策，是造成二〇一三年後景氣趨緩的第二個原因。在金融緊縮政策下，除了以汽車等耐久財為中心的個人消費減少，也抑制了設備投資，造成內需低迷。

另一方面，景氣緩和後，經常帳赤字開始趨小，如後述內容一

圖表1　實質GDP成長率

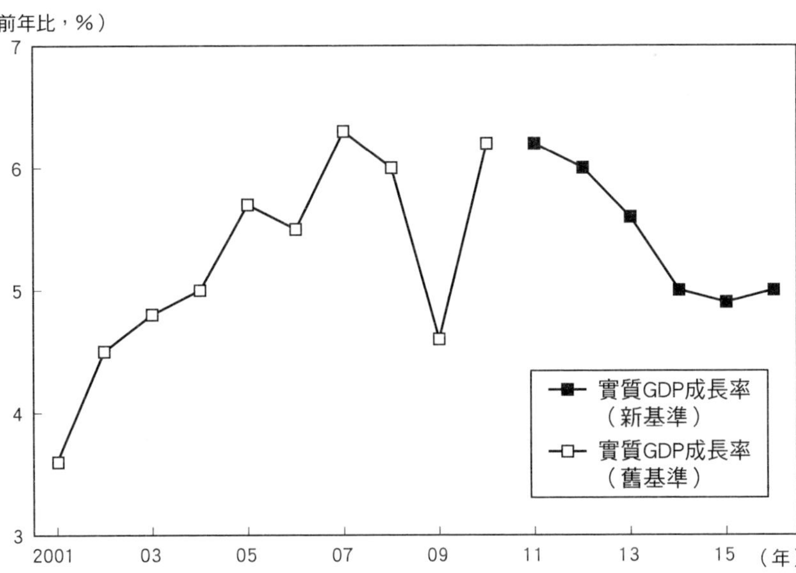

（資料）瑞穗綜合研究所根據印尼中央統計局資料製成

圖表2　經常帳

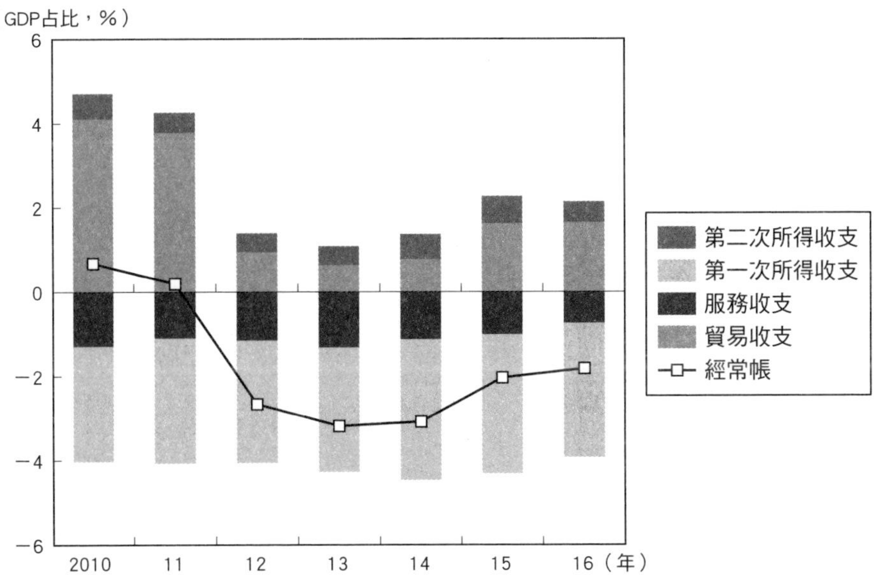

（資料）瑞穗綜合研究所根據印尼中央統計局、印尼中央銀行資料製成

樣，由於佐科威政權逐步建立友善的投資環境，因此自二〇一五年秋季以後，貨幣止貶，轉而升值。

佐科威政權的經濟改革

佐科威政權執政以來，透過財政改革，力圖擴大基礎建設和改善投資環境。

在財政方面，甫上任即於二〇一五年一月取消燃油補貼政策，控制政府歲出。並且，於二〇一六年實施稅務赦免（Tax Amnesty），以高所得階層為主，使民眾主動向當局申報尚未申報的資產和所得，增加政府歲入。佐科威政權藉由控制不必要的歲出，並增加歲入，推動基礎建設。

在改善投資環境方面，二〇一五年九月起至二〇一七年十月，共祭出十六套經濟振興方案。經濟振興方案，包括進口手續便捷化、縮短通關日程達成手續便捷化，以及簡化、縮短投資手續和天數等。

佐科威政權祭出的政策，提升了印尼投資環境的國際評等。分析世界銀行每年實施的經商環境報告，可發現印尼的排行自二〇一六年起，即逐步往前（圖表3）。

再者，二〇一七年五月，三大信用評等公司之一的標準普爾（Standard & Poors，S&P），調升印尼主權債的評等至良好的信用品質，並給予主要機構投資級評等。基於上述原因，佐科威政權因力行財政改革，控制歲出、增加歲入，並祭出經濟振興方案，而博得人民和國際社會的好感。

人口紅利加持

假設將印尼的人口分為少年兒童人口（零~十四歲）工作年齡人口（十五~六十四歲）及老年人口（六十五歲以上），印尼工作年齡人口占總人口的比例，直至二〇三〇年前都會維持成長趨勢，受惠人口紅利（圖表4）。由於所有人口中，會產生所得的勞動力，以工作年齡人口為主，因此在此族群占比較高的人口紅利階段，經濟有望繁榮發展。

因應人口紅利 政府必須有所做為

然而，想要受惠於人口的優勢，政府必須推動適切的政策。具體而言，必須展開教育改革和進行職業訓練，才能使增加的工作年齡人口有能力提供優良的工作品質。另外，為了提供就業機會給這些優秀的工作者，必須建設完善的基礎設施、建立法律制度、實施稅制優惠措施等，改善投資環境，以活絡企業活動。

如前所述，佐科威政權已開始推動廣泛的政策，以期運用印尼的人口紅利優勢。目前，印尼的投資環境，雖然還是比不上周邊的泰國和馬來西亞，但佐科威總統擁有高明的政治手腕，挾帶高人氣並獲得國會支持，因此未來將有望落實更多政策。

「二〇二五年以前晉升中高所得國」，為印尼政府的目標。佐科威總統連任（二〇一九～二〇二四年）的機會相當高，因此延續目前的經濟政策，或許很快就能實現目標。

圖表3　經商環境報告（綜合排行）

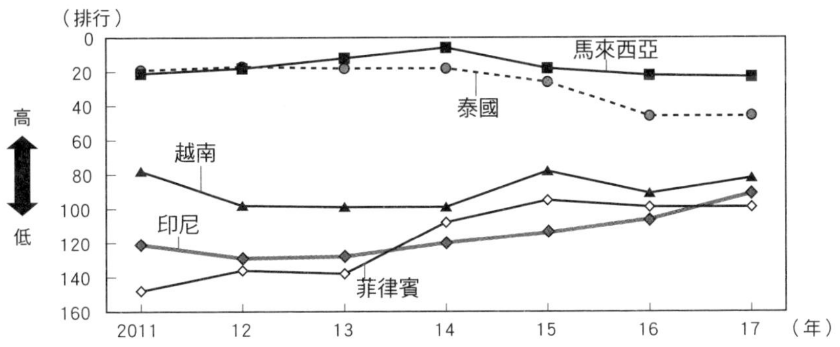

（注）評比對象國和評比項目的詳細內容，依調查年分而異。
（資料）瑞穗綜合研究所根據世界銀行資料製成

圖表4　工作年齡人口的比例變化

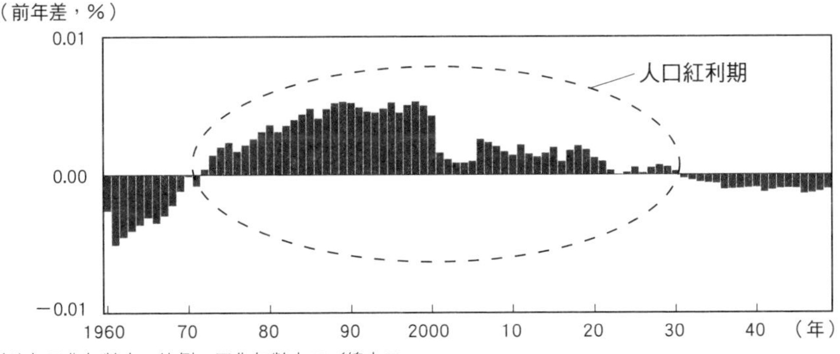

（注）工作年齡人口比例＝工作年齡人口／總人口
（資料）瑞穗綜合研究所根據聯合國人口部門資料製成

主題

51 印尼的消費市場

～中產階級擴大的魅力

當前的消費主體為低所得階層

印尼在尤多約諾前政權（二○○四～二○一四年）時期，恰巧碰到全球資源需求擴大，而加速經濟成長，使得印尼貧困階層人口驟降，低所得層比例增加。具體來講，亞洲金融危機過後不久的二○○○年，占總人口近五成的貧困階層，到了二○一四年已減少至約一成；而低所得階層的比例，則從二○○○年的約五○%，上升至二○一四年的八○%左右（圖表1）。

此外，近年來中所得階層以上的比例也逐漸攀升。然而，這樣的變化有相當的城鄉差距。例如，都市中所得階層以上的比例為一五%，高於全國平均，地方卻不到五%。

別具特色的白色家電*市場

印尼的消費市場，以占總人口約八成的低所得階層為主，加上供水、排水系統及電力等基礎建設不完善，因此從普及的白色家電中，可看出印尼人獨特的消費特色。

例如，日系家電廠商的洗衣機在印尼有很高的市占率，其中以價格低廉的雙槽式洗衣機為市場主流。且由於印尼供水系統不發達、水質差，所以具備淨水功能的款式特別受歡迎。

另外，也由於所得水準較低，因此不像泰國或馬來西亞一樣流行用雙門冰箱，而是以較便宜的單門冰箱為主。為了因應經常停電的問題，具備蓄冷功能的冰箱，也很受歡迎。

逐漸增加的中所得階層

根據其他國家的經驗，中所得基層以上的人口比例，會隨著人均GDP上升而增加。自佐科威政權二○一四年起改善投資環境後，印尼皆維持五%的穩定經濟成長，估計中所得基層以上的人口，也會持續擴增。

另外，佐科威總統於二○○

*編按：指電冰箱、洗衣機等生活家電，因其早期外觀多為白色而得名。

圖表1　各所得階層人口比例變化

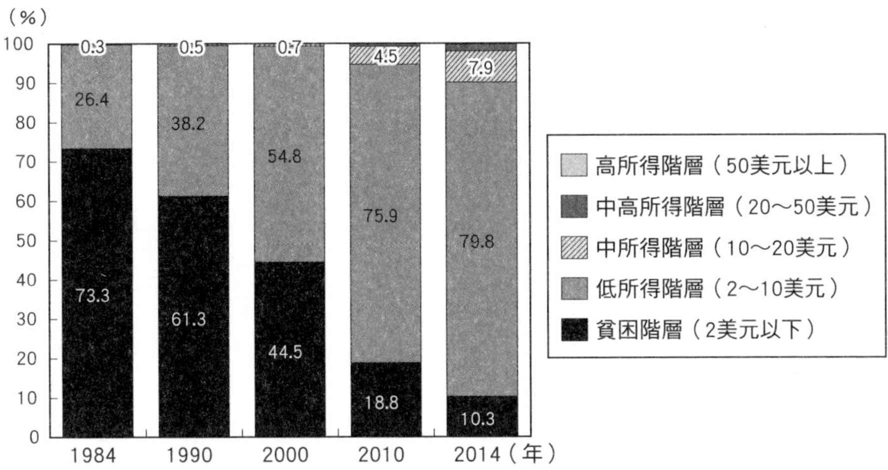

（注）1、依據每人每日消費支出和所得資料，將各國的所得階層分為貧窮、低所得層、中所得層、中高所得層及高所得層。
2、根據皮優研究中心「A Global Middle Class Is More Promise than Reality」為所得階層分級。
3、以美元做為購買力平價（PPP）的計算基準。
（資料）瑞穗綜合研究所根據世界銀行PovcalNet資料庫製成

圖表2　各消費階層的支出比例差距

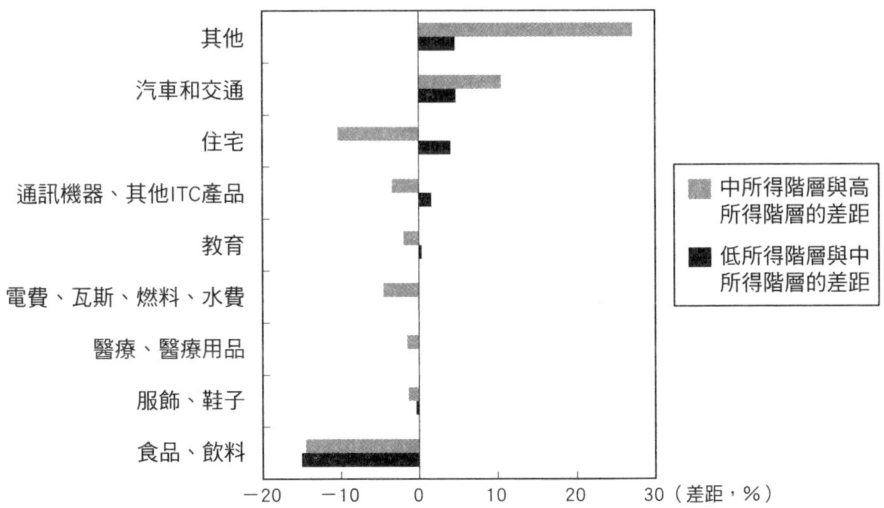

（注）1、低所得階層每人每日平均所得為2.97～8.44美元、中所得為8.44～23.30、高所得為23.30以上。
2、以美元做為購買力平價（PPP）的計算基準。
（資料）瑞穗綜合研究所根據世界銀行Global Consumption Database資料製成

五～二〇一二年間，曾任中部爪哇省梭羅市（Surakarta）市長，因此也積極吸引外資投資地方，並提高地方政府的基礎建設經費等，致力於地方開發與發展。

基於此，未來地方的消費市場也有望擴大。

耐久財加速普及值得期待

中所得階層以上人口增加，會加速耐久財的普及。依每人每日所得，將消費階層分為①最下層、②低層、③中層、④高層等四級，從消費支出的項目來看，中層消費階層在食物、飲料等必需品的支出比例，少於低層消費階層，增加了汽車、通訊設備相關產品等耐久財與住宅方面的支出（圖表2）。

另外，相較於中層消費階層，高層消費階層又大幅減少食物、飲料的支出，衣服、鞋子等半耐久財的支出比例也降低。汽車方面的支出則呈現增加趨勢。此外，雖然在其他東協國家中，高層消費階層的住宅支出比例有增加傾向，但印尼高層消費階層則出現降低的現象。這或許是因為印尼政府致力於針對低所得族群，推動房屋普及化的結果，使得很多房子的房價並不高，所得水準低的族群也能買房。

汽車普及化時代到來

國際汽車製造商協會（ＯＩＣＡ）的資料顯示，印尼二〇一五年的汽車普及率（每一千人的自用車和營業用車持有台數）為八十七台，低於馬來西亞的四百三十九台和泰國的二百二十八台。但反過來看，也顯示出印尼市場的深厚潛力。

一般來說，當人均ＧＤＰ達到三千美元大關，將帶動汽車普及化。而印尼人ＧＤＰ在二〇一六年為約三千六百美元，因此印尼可說是處於汽車普及化起步的階段。

基礎建設擴大市場

二〇一六年，印尼的汽車銷售量約為一百萬台，在龐大人口規模的優勢下，於二〇一四年超過泰國，成為東協最大的汽車市場。未來隨著正式邁入汽車普及化階段，每人持有車輛數將增加，並加速市場擴大。

然而，汽車市場擴大也會造成交通壅塞混亂，降低民眾購車意願，因此目前汽車的銷售量成長趨緩（圖表3）。佐科威政權積極推動首都雅加達的地下鐵建設和地方基礎建設（主題50），可望解決交通混亂的問題，使汽車的銷售量回升。

交通壅塞創造新商機

交通壅塞也帶來新的消費型態。例如，GO-JEK、Grab、Uber等企業，皆推出可在車陣中穿梭自如的摩托車計程車（Bike Taxi）服務。尤其夠捷的司機，不僅提供載客服務，還可提供跑腿、外送餐點等多元服務。並且，使用者透過手機，即可訂購跑腿和外送餐點服務並付款。消費者不必卡在混亂的交通中，也能輕鬆買到東西、吃到美食，夠捷的服務儼然已融入印尼人的日常生活。

圖表3　汽車銷售量的變化

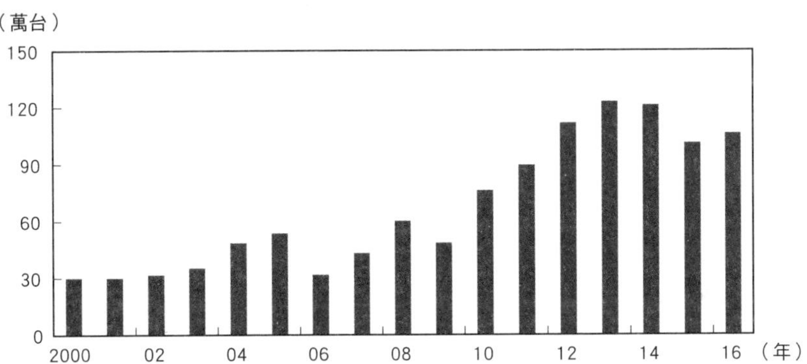

（資料）瑞穗綜合研究所根據印尼汽車製造商協會（GAIKINDO）資料製成

印尼當地知名品牌GO-JEK的摩托車計程車
瑞穗綜合研究所拍攝（2016年12月）

雙槽洗衣機
瑞穗綜合研究所拍攝（2016年12月）

主題 52

印尼的可期領域與進出案例

～龐大消費市場引發大混戰

日本企業陸續進攻印尼零售業

日本零售業者，早已進軍消費市場具有擴大潛力的印尼。在地集團雖在大型百貨公司和購物中心方面占有一定的勢力，不過印尼第一間永旺商場（AEON Mall）於二〇一五年、第二間於二〇一七年開幕。

大型商業設施中，也有許多日本品牌進駐。例如，主打休閒服飾的優衣褲（UNIQLO），至二〇一七年九月底，共展店十四間；無印良品則是開了六家門市。此外，知名的一百日圓商店大創（DAISO），開了二萬五千印尼盾*商店。

日本美食人氣高

另外，日本美食也相當受歡迎，有很多日系餐飲集團都已搶攻印尼市場。例如，雖然泰國的經濟發展階段高於印尼，但丸龜製麵到二〇一七年十月為止，在印尼已經有三十八家分店，超過泰國的三十一家。丸龜製麵考量回教徒不吃豬肉的飲食習慣，改而主打雞肉丸和以甜辣醬調味的牛肉等餐點，迎合當地民眾的口味。除此之外，吉野家蓋飯到二〇一七年九月為止，共計六十六家門市；東協的一百二十家門市，一半以上都集中在印尼。

搶進內容產業

日本企業不僅活躍於零售業和餐飲業，也積極打入內容產業（content industry）。吉卜力工作室自二〇一七年四月起，即於印尼公開二十二部吉卜力動畫作品，並於同年八月，舉辦全球最大規模的作品模型和手稿展覽，盛況空前。

積極行銷

日本企業不僅進軍印尼，也看準印尼人的哈日文化，擴展日本國內的市場。例如，二〇一四年日本運通在印尼推出了「Fun！Japan」資訊服務網。以此為基礎，二〇一六年八月加入JTC和三越伊勢

*編按：二〇一八年十月印尼盾兌新台幣匯率約為0.0024，1印尼盾可兌換0.0024新台幣。

丹控股公司，成立合併公司「Fun Japan Communications」，針對亞洲推出數位行銷服務，並將業務拓展至馬來西亞、泰國等國家。

擴大的電子商務規模

如上所述，印尼的消費市場愈來愈受關注，希望在二〇二〇年以前將印尼打造為東南亞數位先進國家的印尼政府，也運用IT科技來深化並帶動消費市場的現代化。具體的目標是，將電子商務的年度總營業額提升至一千三百億美元，且使數位產業的新創公司增加至一千家。印尼政府為了讓外資進入，以活化市場，於二〇一六年五月宣布，外資如與當地中小型零售企業或協會合作，就能以一〇〇%出資的方式經營通訊銷售和網路銷售。

市場擴大，競爭激烈

不僅日本注意到印尼龐大的市場有繼續擴大的潛力，中國、香港、韓國及其他亞洲各國企業，也都陸續搶進印尼的消費市場。除此之外，在商品採購和物流網絡方面，擁有優勢的當地企業集團，也開始將觸角延伸至超商等近代零售業和電商等新領域。

在其他亞洲國家企業紛紛搶進，導致競爭白熱化的狀態下，也有不少零售企業和電商企業選擇撤離印尼。想成功打入競爭激化的當地市場，必須充分蒐集競爭環境的資訊，審慎評估投資機會。

大排長龍的丸龜製麵
瑞穗綜合研究所拍攝（2016年12月）

把商品寄到離公司等地最近的提領站，就不用擔心塞車影響遞送時間
瑞穗綜合研究所拍攝（2017年7月）

主題

53 印尼的經濟風險

～改革停滯、資金易流出、災害頻傳

改革停滯、倒退的風險

佐科威總統自二〇一五年九月起，祭出一連串改善投資環境的經濟振興方案，但隨著二〇一九年四月總統大選即將來臨，不免有改採民粹主義政策以討好人民的風險。

具體來講，第一，佐科威政權有可能實施偏向保護主義和資源國家主義的政策。例如，尤多約諾前總統執政後期支持率下滑，為了保護小型零售業而限制外資經營超商，並嚴格規範資源出口等。假設佐科威總統採行同樣的政策，恐怕不利外資投資和長久經營。

第二，可能實施撒錢政策，擴大對貧困族群的有條件現金給付，甚至讓二〇一五年廢除的燃料補貼政策死灰復燃。

除此之外，由於大幅降息，因此也可能產生過度刺激景氣的風險。佐科威總統於二〇一四年就任之際，就將經濟成長的目標設定為七%，因此有可能會透過金融寬鬆政策再度創造高成長。

由於金融寬鬆政策和撒錢政策會刺激內需，使進口大幅增加，因此恐怕會再度擴大經常帳赤字，導致貨幣重貶。另外，也可能使財政惡化，拖累基礎建設的發展。

無法有效應對資本流出的壓力

身為經常帳赤字國的印尼，為了將赤字貨幣化，必須引入外國資本。目前，先進國家為了獲得更高的收益率，將資金流入印尼等新興國家，導致印尼高度依賴容易流出的證券投資資金（圖表1），而非直接投資等長期穩定的資金。尤其，外國投資者持有的印尼國債，比例高達四成（圖表2）。

未來，預估先進國家會從寬鬆性貨幣政策的出口戰略，改採緊縮性貨幣政策。因此，資本可能從新興國家逆流回到先進國家。一旦發生這種情形，資金調度結構脆弱，無法因應資本流出壓力的印尼，即可能因為前述的金融緩和政策和撒錢政策，擴大經常帳赤字，導致印尼盾和國債價格重貶（利率驟升），加速景氣惡化。

地震和火山噴發頻傳

印尼位於環太平洋火山帶，是經常發生火山噴發、地震及海嘯等的地區。尤其二〇〇四年驚動全球的南亞海嘯地震，造成逾二十八萬人喪生，此外，幾乎每二～三年就會發生以蘇門答臘島或爪哇島為中心的大規模地震。另外，除了地震，火山也經常爆發，導致居民必須及時避難，並使農作物減產，嚴重影響經濟。

（編按：二〇一八年九月二十八日印尼蘇拉威西島發生規模七．五強震，並引發海嘯侵襲，據報載造成一千多人喪生。八月至十月則發生多起火山噴發。）

圖表1　金融收支

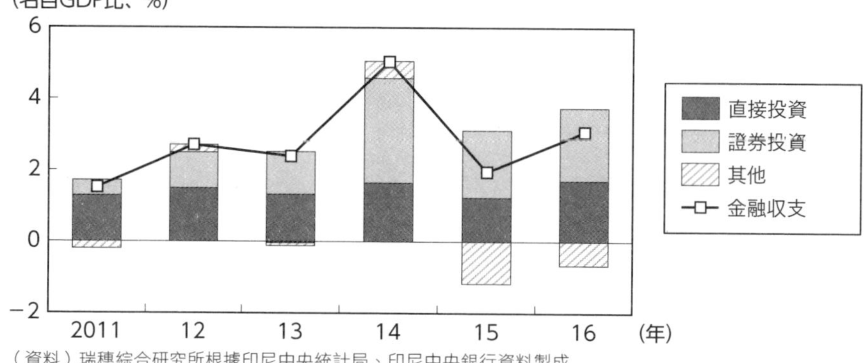

（資料）瑞穗綜合研究所根據印尼中央統計局、印尼中央銀行資料製成

圖表　印尼國債持有者比例（2016年）

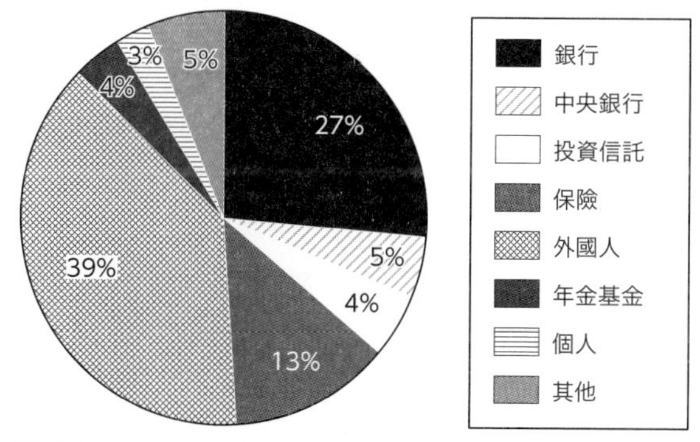

（資料）瑞穗綜合研究所根據印尼中央銀行資料製成

主題 54

印尼的政治．治安風險

～佐科威總統的內憂外患

危險程度較高

根據日本外務省公布的「海外安全資訊」，印尼除了部分地區以外，全國都被列入第一級警示（危險程度越高，數字越大），提醒規劃前往或滯留印尼的民眾，應特別注意安全。另外，有獨立和分割問題的巴布亞省部分地區，和被伊斯蘭激進派做為活動據點的蘇拉威西省波索鎮（Poso），都被列入第二級警示，呼籲民眾避免非必要旅行。

日本外務省對越南、泰國、馬來西亞、新加坡等國家，依危險程度只對部分地區發出旅遊警示，而印尼和菲律賓都是東協中治安相對差的國家。在雅加達有可能遭到歹徒或飛車搶劫，因此路上很少看到西裝筆挺的行人。

政治基礎不穩

執政聯盟雖然掌握國會過半席次，但佐科威總統所屬的奮鬥民主黨，僅占國會席次二成。而且，相較於前執政黨民主黨是由前總統尤多約諾所成立，佐科威總統甚至不是奮鬥民主黨的高階領導人，該黨內權力最大的領袖是前總統梅嘉娃蒂。因此，佐科威總統想要落實政策，必須調整黨內部和執政黨聯盟的合作關係。

佐科威總統不僅需要透過調整政黨內部和執政黨內部的關係來落實政策，也必須解決與在野黨之間的對立。二〇一七年四月舉行的雅加達省長選舉中，執政黨和在野黨發生激烈衝突。

執政黨推派當時的省長鍾萬學（Basuki Tjahaja Purnama）參選。身為華裔基督徒的鍾萬學，因在造勢活動中失言，被指褻瀆《可蘭經》，所以反鍾萬學的勢力，以首都雅加達為中心，展開多次示威遊行（圖表1），並刻意挑釁鍾萬學的支持者。

隨著反鍾萬學的情勢升溫，在野黨推派的阿尼斯（Anies Baswedan），由於本身是虔誠的伊斯蘭教徒，且展現與伊斯蘭教激進組織的深厚關係，因此勝選。選舉後，執政黨與在野黨的對立和宗教對立，愈演愈烈。

伊斯蘭激進組織積極活動

雅加達省長選舉過後，不僅政治，連宗教對立也持續加溫，伊斯蘭教激進組織的活動不斷擴大。例如，主導前述反鍾萬學示威遊行活動的伊斯蘭激進組織「伊斯蘭防衛者陣線」（Front Pembela Islam，FPI），即基於不道德且不符合伊斯蘭文化的理由，要求封鎖所有的酒吧和夜店。佐科威總統則發布總統令，不認同任何違反「潘查希拉」中包容多元文化建國原則之組織，以控制激進派的活動。激進派認為執政黨此作為在取締特定思想團體，並強化反民主主義的活動，與政府間的鴻溝愈來愈深。

恐怖攻擊威脅

二〇〇〇年代，在眾多外國人聚集的峇里島，犯下大規模炸彈攻擊，釀成多人罹難，且與雅加達澳洲大使館汽車炸彈攻擊事件有關的伊斯蘭祈禱團（Jemaah Islamiyah），在二〇一〇年代並沒有發動恐怖攻擊。然而，與IS（伊斯蘭國）有關的恐怖攻擊、恐攻未遂、犯罪行為頻傳。二〇一六年一月，首都雅加達市區發生槍擊和自殺攻擊，造成四人死亡，IS也在事件發生後宣稱犯案。雖然IS在中東地區急速衰退，但眾多曾赴中東加入IS的印尼人，回到印尼後恐怕會成為恐怖分子。

圖表1　2017年雅加達省長選舉中，主要的反鍾萬學示威遊行活動

活動日期	概要
2016年10月14日	‧規模約5000人
2016年11月4日	‧規模約5萬～10萬人 ‧部分參加者變暴徒，造成約350人受傷，1人死亡 ‧佐科威總統正常執行政務，靜觀遊行變化
2016年12月2日	‧規模約20萬人以上 ‧佐科威總統站在遊行隊伍中間發表演說，在演說最後勸告遊行者回家 ‧沒有發生暴動
2017年2月11日	‧規模約10萬人以上 ‧由於警方禁止民眾於投票前進行街頭抗議活動，因此反鍾萬學派將集會地點改在清真寺 ‧記者遭到部分遊行示威者暴力相向
2017年3月31日	‧規模約1萬～2萬人

（資料）瑞穗綜合研究所參考當地媒體報導製成

Column 7

印尼逐漸增加的冷鏈物流需求

開發東協域內最大的消費市場

冷鏈（Cold chain）指的是將生鮮食品和加工食品維持冷藏或冷凍的狀態，從產地直送到消費地。冷鏈系統在大多東協國家中，尚處於發展階段，但隨著經濟發展提高所得後，需要溫度控管的製品（例如，乳製品、冰淇淋、冷藏、冷凍加工食品）的消費量已急速增加，二〇一五年東協整體的消費量共成長了一．六倍（相較於二〇一〇年）。預估這類產品的消費量到了二〇二〇年，會再成長一．五倍（相較於二〇一五年），尤其印尼是東協域內最大的消費市場，具有相當的潛力。

冷鏈需求顯著

二〇一七年四月，印尼冷鏈協會（Indonesia Cold Chain Association，ARPI）表示，目前在印尼，從產地到終端消費地的運輸途中，會產生六五％的食物損失（Food loss）。實際上，雅加達市區超市所販售的高麗菜，大部分葉子都已經被剝得所剩無幾，可明顯看出食物損失率之高（請看照片）。從食品安全的立場來看，印尼政府也將改善食物損失視為當務之急。二〇一六年放寬外資限制，讓外資可以一〇〇％獨資經營冷凍冷藏倉庫業。印尼政府需要外資企業投資，以利將冷鏈運輸引進印尼。

外資企業前進印尼的大好機會

目前在印尼，幾乎都是由當地廠商和其物流子公司，進行內部冷鏈運輸。這是因為印尼是島嶼國家，較少企業建立起全國冷鏈物流網，大部分都侷限於特定區域。然而，由於近來冷鏈需求增加，有愈來愈多當地企業開始興建大規模的冷藏冷凍倉庫，和購入可進行溫度控管的物流車。放寬外資企業的投資限制後，當地的競爭環境將日益激烈。對於外資企業而言，及早評估是否投入需求擴大、成長潛力無窮的印尼冷鏈市場，才是明智的做法。

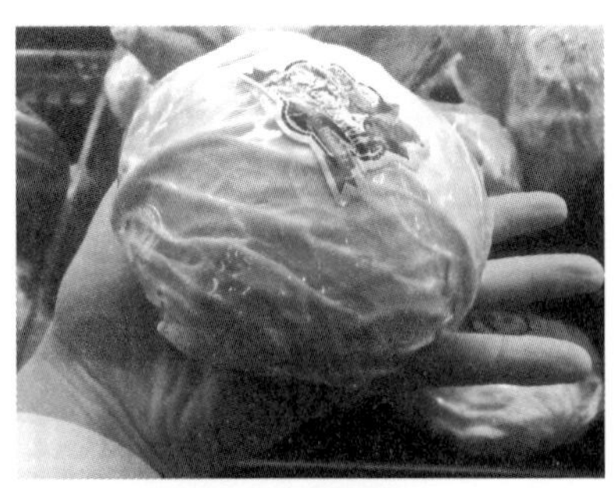

被剝到只剩手掌大小的高麗菜
瑞穗綜合研究所拍攝（2017年4月）

第 8 章

認識馬來西亞
——東協第二大經濟體的中規模國家

主題

55 馬來西亞的特徵

～擁有豐富資源和多元文化的國家

資源得天獨厚的國家

馬來西亞的國土主要由馬來半島南部和婆羅洲島北部組成，是海岸線綿延的海洋國家。面積約三十三萬平方公里，差不多是日本本州、北海道及四國加起來的面積（編按：約台灣的九倍）。由於地理位置靠近赤道以北，所以終年氣候高溫多濕。除了陸地與印尼、汶萊、泰國相鄰之外，也隔著海洋與新加坡和菲律賓比鄰而居。

馬來西亞最大的特色是得天獨厚的豐饒資源。主要礦物資源包括原油、錫、金、鐵礦、鋁土、煤炭及天然氣等。由於氣候適合栽種熱帶植物，因此農業也相當興盛。例如，棕櫚油的出口量，在全球是數一數二。此外，還有天然橡膠、甘蔗、椰子等農產品。目前，這些資源和農產品都是馬來西亞主要的出口產品。

觀光資源也很豐富，馬來西亞有亞庇（Kota Kinabalu）、蘭卡威（Pulau Langkawi）島等知名的海島渡假村。並且，在馬來半島上有麻六甲海峽的古城群（喬治市（George Town）和麻六甲（Melaka），和玲瓏谷史前考古遺址（Lenggong Valley）；在婆羅洲北部，則有坐擁東南亞最高峰的京那峇魯公園（Kinabalu Park），和多種動植物棲息的姆魯山國家公園（Gunung Mulu National Park），這些已列入世界遺產。

出口導向型的工業化發展

一九八〇年代中期起，馬來西亞急速發展出口導向型的工業。不僅設置出口加工區和實施稅制優惠，也放寬限制，讓外資可以一〇〇％獨資成立公司等。一九八五年廣場協議後，日幣升值，也讓日本出口企業紛紛前進馬來西亞。

尤其電子產業的發展特別亮眼，目前仍是馬來西亞的主要出口品項。另外，也大量出口以國內資源製造的石油產品、石油化學產品及橡膠製品等。

人口：3163萬人（2016年） 面積：33萬平方公里 首都：吉隆坡 名目GDP：2965億美元（2016年） 人均GDP：9374億美元（2016年） 產業結構：（名目GDP占比，2016年） 第一級產業：8.8% 第二級產業：38.9% 第三級產業：52.4%	政體：君主立憲制 元首：第 1 5 代 國 王 穆 罕 默 德 五 世（Mohammed V） （編按：時點為2018年10月） 語言：馬來語、英語 民族：馬來系民族（不包括華人和印度人的其他民族）67%、華人25%、印度人7% 宗教：伊斯蘭教61%、佛教20%、基督教9%、印度教6% 會計年度：1月～12月

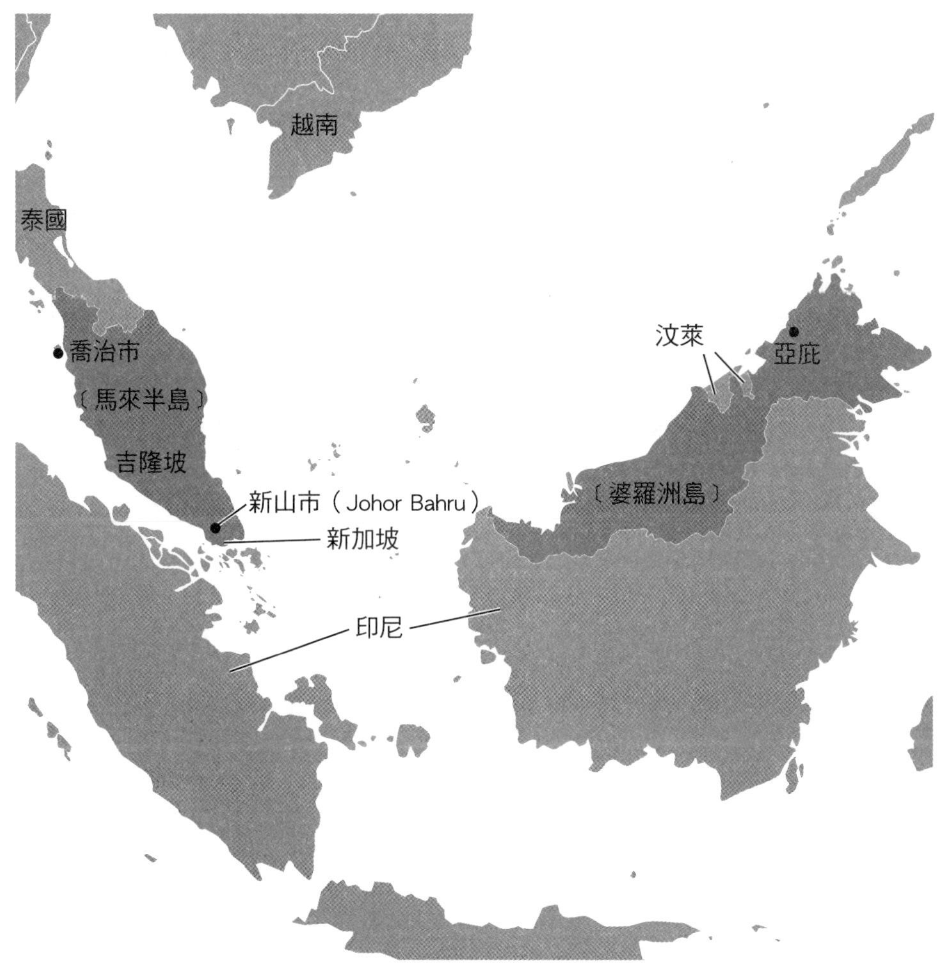

（資料）瑞穗綜合研究所根據馬來西亞統計局資料、日本外務省網站等資料製成

人口紅利減少

長期以來，馬來西亞的經濟受惠於人口成長。

工作年齡人口（十五～六十四歲）的成長率在一九九〇年代超過三%。儘管二〇〇〇年代以後，同族群的成長率趨緩，但二〇一六年還是有達到一．七%的高水準。

不過，預測工作年齡人口占總人口的比例，到了二〇二〇年以後將逐漸減少。這也意味著非勞動人口的比例將逐漸攀升，導致國民人均所得成長停滯。由此看來，馬來西亞的人口紅利將慢慢減少。

多元民族、宗教共存

馬來西亞的人口約三千二百萬人，在東協人口中由少至多，依序排在汶萊、新加坡、寮國及柬埔寨之後。就民族來看，馬來系民族占約三分之二，華人為二五%，其他則為印度人。雖然馬來系民族占多數，但華人在馬來西亞經濟上居重要地位。

官方語言為馬來語。雖然馬來語使用字母系統，但發音不同於英語，比較接近羅馬字。然而，由於曾經是英國殖民地，因此幾乎所有地區都能用英語溝通。也因為存在著多元民族，因此不同民族間實際上以英語做為溝通語言。

馬來系民族多為伊斯蘭教徒，是馬來西亞的宗教特色。憲法明文規定伊斯蘭教為國教。華人大多信仰佛教，印度人則多為印度教徒。此外，基督教人口也相對較多。

由於具備多元的宗教信仰，因此一整年都會舉辦各種節慶祭典。具體而言，包括伊斯蘭教徒慶祝齋戒月結束的開齋節、華人的農曆春節、印度教慶祝新年的屠妖節（Deepavali）和大寶森節（Thaipusam）等。

其中的大寶森節是著名的奇特祭典，每年吸引大批來自全球的觀光客。在這個藉由忍受苦行向神明表示虔敬之心的祭典上，印度教徒會以長針刺穿身體和臉頰等身體部位，走向寺院膜拜。由於這樣的膜拜方式過於激烈，因此在起源地印度本國，早已被明文禁止。

政策優厚馬來系民族

對中文未被列為官方語言等抱有不滿的華人，與不滿華人掌握經濟核心的馬來系民族之間，自古就處於對立狀態。一九六九年對立升溫，雙方發生大規模的衝突事件。

為了提升占多數的馬來系民族的經濟地位，馬來西亞政府自一九七一年以後，開始實施獨厚馬來系民族（包括婆羅洲等原住民）的政策，稱之為「Bumiputera」。

具體而言，包括規定大學錄取比例、興建低價住宅等，給予若干特權和優惠（圖表1）。

Bumiputera政策有效控制了國內馬來系民族的不滿，達到穩定社會的效果。然而，同時也遏止了馬來系民族的上進心和華人的動力，阻礙馬來西亞的經濟成長。

馬來西亞經濟發展的結果，雖使華人蒙受不公平待遇，但近年來，沒有因此引發大規模暴動等暴力事件。然而，目前華人則是透過示威遊行和選舉等和平方式，表達對現況的不滿。

埋下宗教對立的火種

馬來西亞的宗教對立，從未演變為暴動等混亂局面。不過，伊斯蘭教保守派和其他宗教信仰者之間，則埋下了對立的火種。

例如，二〇一〇年，發生伊斯蘭教徒攻擊基督教教會的事件。起因是當時高等法院判裁定，非伊斯蘭教徒使用唯一真神「阿拉」一詞之舉合憲。

另外，馬來西亞伊斯蘭黨，要求按照伊斯蘭教教法修改刑法，主題56中會再詳加說明。雖然過去就有這樣的意見，但最近此派勢力愈來愈龐大。非伊斯蘭教徒反對的聲浪，愈漸強大。

深受IS（伊斯蘭國）影響的伊斯蘭激進派，勢力也逐漸抬頭。儘管實際上不常發生恐怖攻擊事件，但涉嫌恐怖攻擊的嫌犯頻頻遭到逮捕。馬來西亞政府也對激進組織的行動加強戒備。

圖表1　Bumiputera政策

分類	內容
教育	・規定馬來語為國語，列為華人學校的必修科目。 ・規定大學錄取比例，馬來系民族55%、華人35%、印度人10%。
就職	・規定僱用比例為馬來系民族55%、華人35%、印度人10%。
居住	・建設低價住宅供馬來系民族居住。 ・馬來系民族可優先取得不動產購買折扣。
資本	・原則上，要求馬來人、馬來民族企業的出資比例應超過30%。
融資	・建立馬來人、馬來民族企業專屬的低利率融資制度。
資產	・政府成立投資信託，協助累積馬來系民族的資產。
其他	・具有發展性的公營事業，應優先轉售給馬來系民族。

（資料）瑞穗綜合研究所參考各媒體報導製成

主題

56

馬來西亞的政治

～票票不等值，執政黨繼續占優勢

君主立憲體制下的議會內閣制

馬來西亞是由十三個州所組成的聯邦國家。在以國王為最高元首的君主立憲制下，採行議會內閣制。十三州當中有九州各由君主（蘇丹）領轄，而國王則由這九位蘇丹互選決定。不過，國王幾乎沒有實質的政治權力。

國會採兩院制，由七十議席、任期三年的長老院（上議院），和二百二十二議席、任期五年的代議院（下議院）組成。上議院的議員是由國王委任四十四人，並由十三州的議會各推舉二人（共二十六人）。下議院議員則是透過小選舉區制選出。

首相為行政機關首長，由國王從下議員議員中任命，依照慣例，通常是由下議院最大黨的黨魁就任。目前的首相為納吉•拉薩（NajibRazak）（第六屆）（編按：第六屆首相納吉已於二〇一八年五月十日下台，目前由前馬哈迪首相接任），首相從兩議院議員中選任閣僚。另外，納吉首相是第二屆首相阿都•拉薩（Abdul Razak）的長子，也是第三任首相胡先翁（Hussein Onn）的外甥，可說是出身名門世家。

接著將焦點轉向地方。雖然各州設有州政府和州議會，但基本上權限不大。雖說是聯邦制，不過地方分權的色彩薄弱。

獨立後長期執政的執政黨

馬來西亞的前身為馬來亞聯邦（Federationof Malaya），自一九五七年脫離英國獨立後，執政聯盟的國民陣線（ＢＮ）便一直占下議院席次過半數（圖表１），長期執政至今。

雖然每個時期組成國民陣線的政黨數不一，但目前共有十三個政黨。其中勢力最大的是馬來民族統一機構（ＵＭＮＯ），只有馬來人才有入黨資格。此外，ＢＮ中還包括華人勢力的馬來西亞華人公會（ＭＣＡ）、印度人的馬來西亞印

圖表1　大選中執政聯盟國民陣線的得票率與席次比例

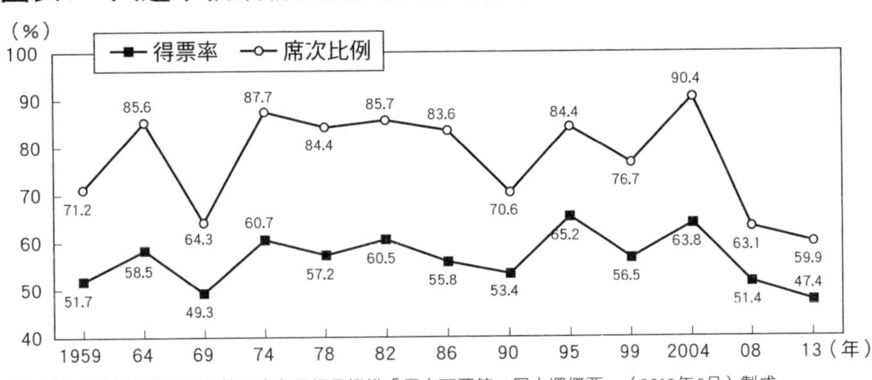

（資料）瑞穗綜合研究所根據日本貿易振興機構「馬來西亞第13屆大選概要」（2013年5月）製成

度人國大黨（MIC），以及沙巴州和砂拉越州的地區政黨等。

執政聯盟在選舉中占有優勢

那麼，馬來西亞可以維持長期政權的原因又是什麼？

第一，最直接的理由就是，在執政黨支持者眾多的婆羅洲島沙巴州和砂拉越州，以不符合人口比例的方式，劃分出過多的小選舉區。這讓執政聯盟在二〇一三年五月的大選中，雖然得票率沒有過半，但由於一票便可拉開九．一三倍的落差，因此得以贏得過半數的席次。

尚且，馬來西亞政府實施Bumiputera政策，獨厚占最多數的馬來系民族和沙巴、砂拉越的原住民（請參閱主題55）。

第二，新聞自由受限。政府嚴格審查媒體報導，甚至曾逮捕批評執政黨的記者。過去在馬哈迪政權（Mahathir Mohamad）期間，立場偏向在野黨的三家報社便被禁止發行。

第三，反政府的勢力屢遭逮捕。一九九〇年代後半期，因與馬哈迪首相意見相左而遭革除副首相職位的安華（Anwar bin Ibrahim），被馬來西亞政府以同性戀行為（sodomy）罪逮捕，就是最具代表性的例子。雖然安華在一審獲判無罪，但上訴法院推翻無罪判決，於二〇一五年二月改判有罪並入監服刑。此外，也有許多在野黨議員和市民，因參與訴求改革選舉制度等的反政府遊行而遭到逮捕。

（編按：安華於二〇一八年五月十六日獲得國家元首特赦釋放，重獲自由。）

貪汙醜聞仍無法擴大反政府運動

二〇一四年四月，政府獨資的投資公司「一個馬來西亞發展公司」（1Malaysia Development Berhad，1MDB）發生債務暴增事件，導致政府信用度滑落，影響了國際機構對馬來西亞的信用評等。事件爆發後，馬哈迪前首相要求納吉首相下台負責。

爾後，政府決定賣掉資產重組1MDB，並接受阿布達比國際石油投資公司（International Petroleum Investment Company，IPIC）的援助等。儘管一度擔憂如何清還債務，但幾經波折後，目前債務問題已經有所改善。

另外，二〇一五年七月，美國《華爾街日報》（The Wall Street Journal）報導，有七億美元從1MDB流入納吉首相的個人帳戶。除了債務問題，更演變為涉貪的醜聞。基於此事件，彈劾政府的聲浪甚囂塵上，二〇一五年八月，非政府組織聯盟「Bersih」發起大規模的反政府遊行。

然而，這些大規模的反政府運動，並沒有持續太久。馬來西亞國內最後認定，納吉首相並沒有收取不法資金。並且，更進一步逮捕媒體關係人和放逐政敵。在這樣的情況下，反政府勢力可說是無力反抗政府。

導入胡督法爭議，迫使在野黨四分五裂

接著焦點轉至在野黨。在上一屆大選中，華人的民主行動黨、前副首相安華的人民公正黨，以及馬來西亞伊斯蘭黨等主要三黨，共同組成人民聯盟，合作選舉。

不過，馬來西亞伊斯蘭黨主張，將伊斯蘭刑法中所規定的刑罰「胡督法」（Hudud），反映在伊斯蘭刑法上。具體來講，該政黨提出伊斯蘭刑法修正案，主張將在特定條件下僅審判伊斯蘭教徒的伊斯蘭教法庭（Sharia courts）的量刑，從目前的最長刑期五年、最高罰金五千馬幣*林吉特（MYR）、鞭刑六下，提高至三十年、十萬林吉特及鞭刑一百下。由於刑罰加重，且導致非伊斯蘭教徒也適用的可能性，因此民主行動黨強烈反對此法案。之後，二〇一五年七月，因為更重視在野黨團結合作的勢力，脫離馬來西亞伊斯蘭黨，另組國家誠信黨（Amanah）。並且，由民主行動黨、人民公正黨及國家誠信黨，組成在野聯盟「希望聯盟」（Pakatan Harapan），後來也加入由馬哈迪前首相成立的土著團結黨（圖表2）。

此屆下議院的任期屆滿後，馬來西亞將於二〇一八年舉行大選，從支持率來看，所有在野黨加起來的支持率超過執政黨（圖表3）。然而，由於下議院採小選舉

*編按：二〇一八年十月林吉特兌新台幣匯率約為7.4，1林吉特可兌換7.4新台幣。

區制，因此如果在野黨持續分裂，將不利選情發展。實際上，二〇一三年在野黨推派的候選人，在大港（Sungai Besar）選區和瓜拉江沙（Kuala Kangsar）選區，僅以些微差距落選，但在二〇一六年舉行的下議院補選中，在野黨候選人則是大輸。雖然馬哈迪前首相希望拉攏馬來西亞伊斯蘭黨加入在野黨聯盟，但目前情勢並不順利。

圖表2　下議院勢力圖

政黨	席次
執政黨：國民陣線	132
馬來民族統一機構（馬來人系）	86
〔沙巴州・砂拉越州的地區性政黨合計〕	32
馬來西亞華人公會	7
馬來西亞印度人國大黨	4
其他	3
在野黨：希望聯盟	71
民主行動黨（華人系）	36
人民公正黨	28
國家誠信黨	6
土著團結黨	1
在野黨：獨立派系	19
馬來西亞伊斯蘭黨	14
其他	5

（注）時點為2017年9月15日。
（資料）瑞穗綜合研究所根據馬來西亞議會，並參考各媒體報導製成

圖表3　政黨・政黨聯盟支持率

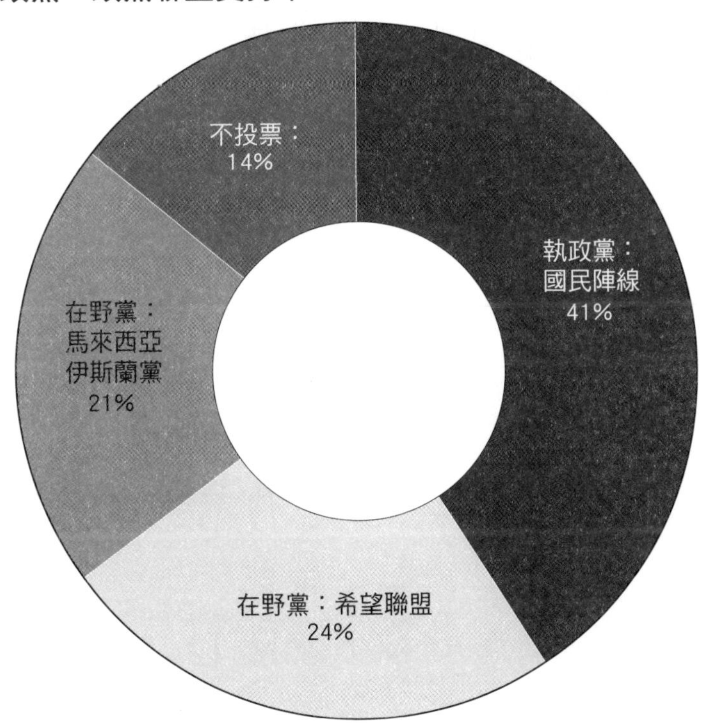

（注）問卷調查期間為2016年12月25日至2017年1月15日。總回答數為104,340。
（資料）瑞穗綜合研究所根據I-CPI 2017年1月的「GE14 Survey」製成

主題

57 馬來西亞的外交

～採等距離外交做為外交基本方針

與主要國家保持等距離外交

包含未獨立之前的馬來亞聯邦時代（一九五七年獨立）在內，馬來西亞的外交，一直都具有強烈的親西方國家色彩。包括受中國共產黨影響的武裝勢力，長期與國內有所紛爭等有關。一九六七年成立的東協，一開始也帶有濃厚的反共立場。一九七一年，與英國、澳洲、紐西蘭及新加坡共同簽署「五國聯防協議」（Five Power Defence Arrangements，FPDA），至今持續有效。

另一方面，一九七〇年參加不結盟國家組織（Non-Aligned Movement）高峰會，展現出不全然靠攏西方國家的態度。並且，積極強化與各國的友好關係。尤其馬哈迪前首相（一九八一～二〇〇三年）的時代，親歐美的色彩變得更薄弱。馬來西亞在經濟方面逐漸看重市場經濟，但在外交上也同時與各主要國家保持等距外交。

東協的創始國

馬來西亞是東協的創始國之一，除了強化與成員國的關係之外，也重視鞏固與域外國家的通商交涉基礎。二〇一五年以議長國的身分，成立東協共同體（ASEAN Community）。

基本上與東協各國維持友好關係，但由於伊斯蘭教徒羅興亞人遭緬甸鎮壓的緣故，屢次嚴厲抨擊緬甸政府。

對日關係採「東望政策」

馬哈迪前首相（在任期間為一九八一～二〇〇三年），主張向進步卓越的日韓等國學習，推動「東望政策」（Look East Policy），設立留學、研修公費獎學金等。基於這樣的立場下，與日本之間基本上關係良好。民意調查顯示，有高達八四%的馬來西亞人，對日本抱有好感。

自二〇一六年起，推動「東望政策二・〇」，派遣留學生和研修生至日韓學習尖端技術。

圖表1　馬來西亞民眾對各國觀感

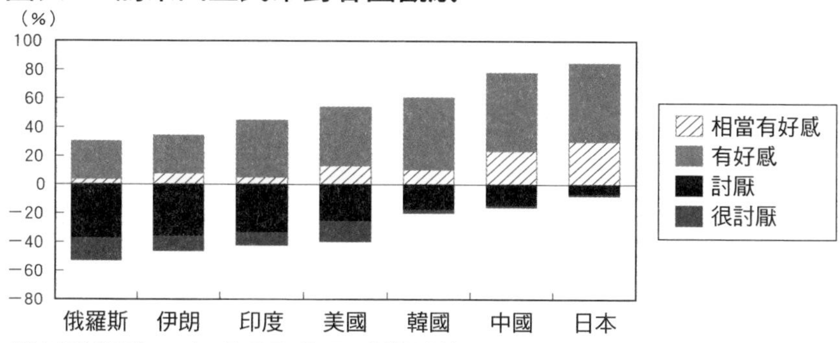

（注）實施期間為2015年4月6日至5月7日，針對居住於亞洲、美國的1萬5313人，透過面訪、電訪方式實施問卷調查。不清楚其中馬來西亞人的人數。

（資料）瑞穗綜合研究所根據皮優研究中心「Topline Questionnaire Spring 2015 Global Attitudes Survey」製成

馬哈迪政權弱化反美立場

由於出口是馬來西亞經濟成長的引擎，因此向來被視為反歐美色彩濃厚的馬哈迪前首相時代，也不曾實施損害與歐美關係的政策，對歐美秉持實事求是的態度。而現任首相納吉決定參加美國歐巴馬政權主導的跨太平洋夥伴協定（TPP），釋出更多親美立場。納吉首相在貿易方面重視與美國的良好關係，並於二〇一七年九月宣布將開始初步協商簽訂對美FTA。

對中關係良好

如前所述，由於馬來西亞國內存有共產主義武裝勢力，因此，初期與中國的關係相當微妙。然而，一九七四年與中國建交，爾後深化與中國的經濟關係，目前兩國關係相當密切。從國民的對中觀感來看，雖然國內仍然有華人與馬來人的對立問題，但對中國觀感良好的比例很高。

中東外交是打入伊斯蘭市場的基本盤

馬來西亞也相當重視與伊斯蘭教國家的關係。馬國不僅是一九六九年成立的伊斯蘭會議組織（現為伊斯蘭合作組織）的創始國，前首相東姑拉曼（TunkuAbdulRahman）更是首任秘書長。在所有伊斯蘭教國家中，馬來西亞最重視與沙烏地阿拉伯的關係。二〇一七年二月，沙爾曼（Salman）國王出訪馬來西亞，並允諾增加馬來西亞人前往麥加朝覲禮拜的比例等。

與伊斯蘭教國家建立良好關係，有助鞏固貿易基礎，促進發展伊斯蘭金融、清真食品（halal）出口及吸引觀光客。

主題

58 馬來西亞的經濟

～預測經濟成長接近五%

馬來西亞的經濟特色

馬來西亞擁有得天獨厚的天然資源，且農產品豐碩。因此，剛開始的經濟結構以第一級產業為主。

後來，開始導入外資做為原動力，邁入工業化。馬來西亞設立出口加工區、允許外資一〇〇%獨資成立出口公司等，且一九八五年簽訂廣場協議後，更加速日本企業前進馬來西亞，吸引眾多外資企業設置生產基地。如上所述，外資在出口方面扮演重要角色，促使馬來西亞發展出口導向型的工業。

尤其電氣、電子機械產業的發展特別亮眼，包括電視、以後段加工製程為主的半導體、電腦零件、硬碟等，聚集了大部分屬於勞動密集型的產業。然而，後來也有企業開始投入資本密集型的半導體前段製程，例如一九九五年由馬來西亞政府主導成立的晶圓代工業者Silterra Malaysia。目前，由於薪資調漲等因素，導致勞動密集型的製造工廠跟著衰退，但半導體製造依舊是主要的出口產業。

除此之外，馬來西亞也活用豐富的資源發展製造業。尤其利用原油的石油製品製造、石油化學品製造，都是主力產業。同樣運用資源的金屬製品和橡膠製品，仍然是重要的出口產品。電氣、電子機械、礦物燃料、化學產品，占馬來西亞出口的比重相當大（圖表1），正好反映出這樣的產業結構。

馬國也開始運用IT技術發展非製造業。一九九六年開始推動的「多媒體超級走廊」計畫（Multimedia Super Corridor，ＭＳＣ），就是具有代表性的例子。此計畫的目標是建設ＭＳＣ地區的基礎設施、吸引軟體產業群聚等，目前已經做出一定的成果。

馬國優勢①原油

馬來西亞最大的經濟優勢就是資源。尤其是原油，長期以來都是主要的出口項目，並運用原油相關歲入來推動基礎建設。原油的存在

圖表1　通關出口的產品項目結構（2016年）

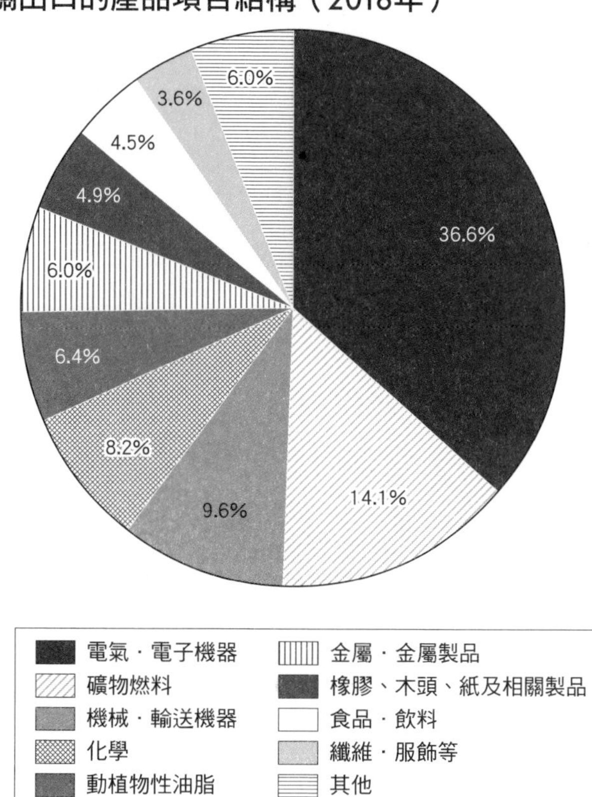

（注）專門・科學・控制裝置包含在機械・輸送機器中。
（資料）瑞穗綜合研究所參考各媒體報導製成

對馬國的經濟成長貢獻良多。

不過，原油價格自二〇一五年起便持續低迷。美國頁岩油革命（shale revolution）大幅增加了原油的供給力，因此未來原油價格恐怕難以回升。而且，原油蘊藏量有限，今後生產量也很難大幅成長。

因此，儘管原油相關產業還是很重要，但應轉型為支撐經濟的產業，而非領導經濟。

馬國優勢②投資環境佳

馬國的優勢，還有投資環境佳。世界經濟論壇調查企業老闆對各國基礎建設品質的評價，結果馬來西亞在一百三十七個國家中，排名第二十三。馬來西亞的金融市場也很發達，從當地金融機關調度資金非常方便。

另外，馬來西亞政府也積極建立完善的法律制度，充實軟實力方面的投資環境。世界銀行將公司、不動產登記所需天數、手續、費用等標的指數化後，所得到的經商友善環境指數結果，馬國在全球一九十個國家中，排名相第二十三，算是相當前面。

就人才面而言，雖然普遍認為馬國缺乏高階專業人才，但國民英語程度之高，媲美菲律賓。由於舊宗主國是英國，且是多元民族國家，因此大部分國民都能以英語溝通。

此外，日本一般財團法人Long Stay財團的調查結果顯示，馬來西亞蟬聯十一年成為日本人最想居住的國家第一名。治安好、生活環境跟日本一樣方便，物價卻只有日本的三分之一，都是馬來西亞吸引人的特點。因此，對於外派日本人員而言，可說是居住條件較舒服的國家。

以上良好的投資環境，都是成功吸引電氣、電子機器等眾多出口產業聚集的主要因素。

馬國優勢③伊斯蘭教相關貿易

由於伊斯蘭教戒律甚嚴，因此想與伊斯蘭教徒做生意並不容易。就這一點來講，因為馬來西亞是伊斯蘭教占多數的國家，所以在遵守伊斯蘭戒律的前提下，提供各式財貨（物）和服務，在貿易上有效發揮此項優勢。具體而言，馬國成功建立伊斯蘭金融制度、製造伊斯蘭教徒專屬的食品、化妝品等清真認證產品，並吸引伊斯蘭教國家的觀光客。

此外，馬來西亞國內有眾多信仰伊斯蘭教的印尼勞工，支撐其勞動密集型的產業。對印尼人而言，馬國不僅地理位置、語言相近，也有共通的伊斯蘭教文化，能提供相對舒適的工作環境。

弱點是缺乏高階專業人才

然而，馬來西亞的弱點是缺乏高階專業人才。獨厚馬來系民族的Bumiputera政策，加速優秀華人人才流失，是導致高階人才不足的要因之一。

其次，馬國仍然存在著腐敗、貪汙的問題。目前，中央高階官員捲入1MDB貪汙疑雲的事件，在媒體上鬧得沸沸揚揚（主題56）。

除此之外，工作年齡人口的比例將逐漸減少。這將使得馬來西亞的經濟成長，漸漸不再受惠於人口紅利。雖然增加外籍勞工可以減緩工作年齡人口比例下降的衝擊，但由於非法勞工人權遭忽視等原因，目前馬國政府的態度傾向於嚴加取締非法勞工。但馬來西亞所面臨的少子高齡化衝擊，還是小於泰國。

此外，外幣儲匯少也是馬來西亞的弱點之一，這點將放在主題61討論。

未來的成長率也將近五%

過去十年間（二〇〇七年～二〇一六年）的平均實質GDP成長率為四．八%。包含亞洲金融危機在內的上一個十年期間，平均為四．三%，因此近十年來仍可說維持在高水準狀態。未來也不必太過悲觀。正如前面所述，馬來西亞資源豐富、投資環境佳，且群聚了廣泛領域的產業。

就此看來，成長率很有機會再往上攀升。前面提到馬國人口紅利優勢將減弱，因此唯一的解決方法就是提高生產力。

修改獨厚馬來系民族的Bumiputera政策，避免華人人才流出並僱用優秀的外國人才，也是有效的對策。然而，修改Bumiputera政策將影響馬來系民族的既得權益，恐怕動搖執政黨的存立基礎，因此很難從根本著手改革。

所以，馬國政府目前正促進研發未來具有潛力的產業，並擴大研發投資（圖表2）。儘管這些政策看似方向正確，但究竟能發揮到什麼程度，目前還看不出來。就現階段而言，未來十年的平均成長率，應該會繼續維持在接近五%左右。

圖表2　主要的新產業發展促進政策

馬來西亞航空暨太空產業藍圖2030（2015年3月）
將①整備、修理、拆檢；②飛機製造；③系統整合；④工程設計服務；⑤教育、訓練加入當前發展階段，以促進全面發展。
馬來西亞鐵道周邊產業計畫2013（2014年6月）
促進鐵道零件業發展等，實現①高能源效率、低環境負荷；②相互運用；③高速且舒適的乘坐環境等目標。
國家石墨烯錫行動計畫（National Graphene Action Plan）（2014年7月）
促進活用石墨烯於橡膠添加劑、鋰離子電池正極材料／超級電容、導電墨水、奈米流體、塑膠添加劑等五個領域。
國家科學、技術、創新政策2013-2020（2013年6月）
促進研發生物多樣性、網路安全、能源安全保障、環境與氣候變動、食品安全保障、醫療與保健、農園作物與商品化、運輸與都市化及飲水安全保障等九個領域。

（資料）瑞穗綜合研究所參考各媒體報導製成

主題

59 馬來西亞的消費市場

～相對高所得，外食、多元文化服務持續成長

高所得階層將逐漸抬頭

雖然新加坡和汶萊另當別論，但馬來西亞的所得水準，在東協中僅次於這兩國。馬國的高所得階層在二〇一四年占全體近一〇%（圖表1）。儘管相較於新加坡過半的高所得階層占比，馬國並不算高，但未來隨著經濟穩定成長，高所得階層勢必會逐漸抬頭。

就馬來西亞全國來看，雖然還是存在許多雜貨店、菜市場等小型零售業，但首都吉隆坡等都市，已經有眾多現代商業設施興起。大量的日本流通業者也早已進入市場。尤其AEON的大規模擴展，非常受矚目。

耐久消費財相當普及

耐久消費財在馬來西亞已經相當普遍。例如，每一千人的汽車有台數，在二〇一五年為四百三十九台。雖然不及汶萊的七百一十一台，但大幅超過泰國的二百二十八台和新加坡的一百四十五台。

汽車普及的原因，除了所得相對較高之外，也包括信用卡和消費者貸款等零售信貸的廣泛運用。馬來西亞有最低應繳款項制度，通常每個月繳交的金額，只要超過最低應繳金額即可。由於汽車貸款的還款期間最長可達九年，因此可減輕每個月的還款負擔。

耐久財、食品的支出占比下滑

比較馬國二〇〇五年和二〇一四年的個別支出項目占比，可發現下滑最多的是汽車（圖表2）。由於家具、家電及AV、IT、相機的占比也降低了，因此耐久消費財占整體支出的比例也跟著變小。這是因為汽車價格下跌，且其他耐久財的也在降價，或著沒有明顯上漲的緣故。

食品、飲料的占比也逐漸減少，但由於這屬於生活必需品，因此通常會隨著所得提升而下降。

教育和陸路運輸等公共性格強烈、價格較低的項目，占比也呈現

圖表1　各所得階層人口分布（2014年）

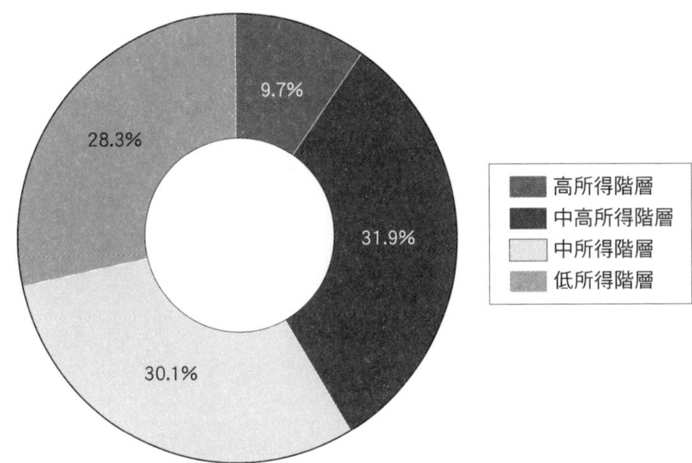

（注）瑞穗綜合研究所根據2011年國際美元統計。各階層的每日收入為，低所得階層10美元以下、中所得階層10～20美元、中高所得階層20～50美元、高所得階層50美元以上。
（資料）瑞穗綜合研究所根據馬來西亞統計局、世界銀行資料製成

圖表2　2014年與2005年的家庭支出項目相較成長率

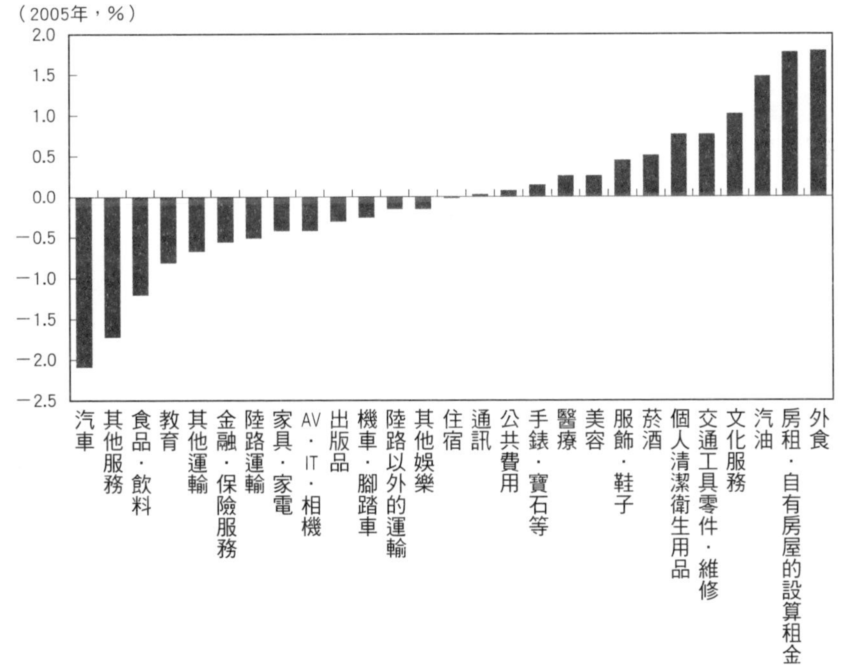

（注）「其他服務」、「其他運輸」、「文化服務」內，無記載詳細項目。
（資料）瑞穗綜合研究所根據馬來西亞統計局資料製成

下滑。

外食支出比例攀升

占比上升最明顯的是外食，與食品、飲料的下滑趨勢剛好相反。隨著外食產業的發展，日本餐飲集團以首都吉隆坡為中心，紛紛搶進馬國市場。

緊接著上升幅度較大的，是租金和自有房屋的設算租金，這反映出住宅價格的上漲。而自有房屋的設算租金是，將自有住宅在市場上的租金價值視為支出。此外，文化服務、交通工具零件、維修、個人清潔衛生用品（化妝品、美髮費用、刮鬍刀等）的占比，也呈現明顯上升的趨勢。交通工具零件、維修占比上升，也代表著汽車的普及。

並且，汽油、菸酒占比變高，則僅反映出當時原油價格上漲和政府調高菸酒稅。

家庭債務問題的現狀

馬來西亞自二〇〇九年以後，家庭債務餘額的GDP占比就呈現上升趨勢（圖表3）。家庭債務中，占比最大的是房貸，但用途不明的個人貸款也占了相當大的比例（圖表4）。汽車貸款也是一般家庭普遍背負的債務。

有專家擔心，家庭債務增加、沉重的償還壓力會導致個人消費不振、不良債權增加也會影響金融機關的營運。

不過，馬來西亞政府和中央銀行對此問題也並非袖手旁觀。自二〇一〇年起，就陸續實施解決措施，例如調高核發信用卡的最低所得下限、調降房貸上限等。家庭債務餘額的GDP占比，從二〇一四年開始上升速度趨緩，二〇一六年則呈現下降趨勢。

另外，不良債權的比例也開始下降，二〇一五年以後的比例大概落在一・一%，呈平穩態勢。占比達六二・六%的家庭債務，也有設定不動產抵押權或保本資產投資標的（國債等），以做為擔保。

基於此，儘管家庭債務占比很高，但馬國政府還是能控制住情勢。然而，仍必須留意利率、不動產價格等的劇烈變動。

圖表3　家庭債務和銀行家庭貸款的不良債權比例

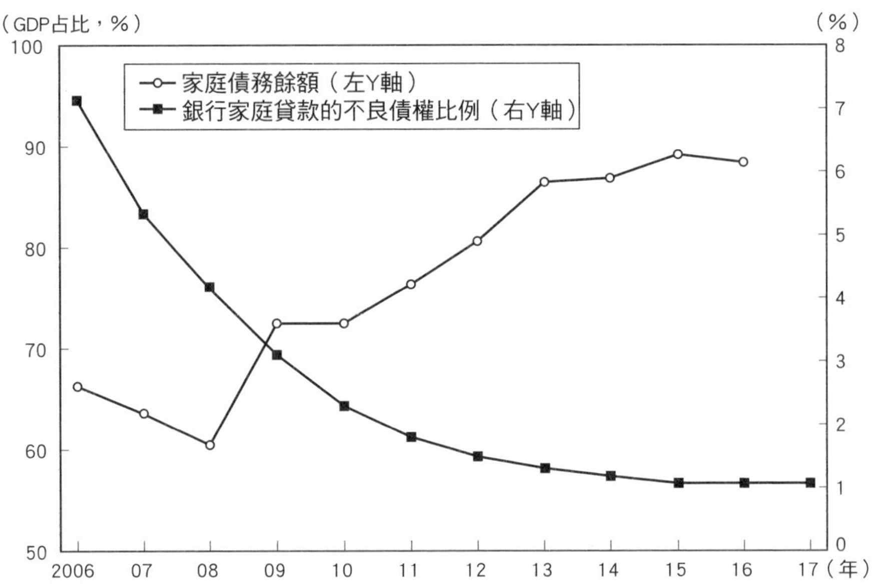

（注）不良債權比例，是指不良債權占融資餘額的比例。上表為2017年7月的數據。
（資料）瑞穗綜合研究所根據馬來西亞統計局資料製成

圖表4　家庭債務細項

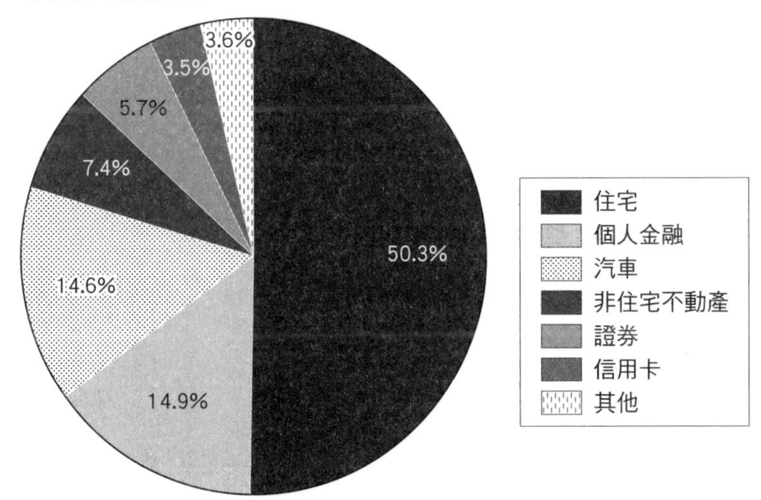

（注）個人金融和信用卡的用途不明。
（資料）瑞穗綜合研究所根據馬來西亞中央銀行「Financial Report and Payments System 2016」製成

60 馬來西亞的可期領域與進出案例

～日商展現強烈的存在感，競爭白熱化

日本企業打造大型商場，占有一席之地

日本企業在大型商場方面，具有相當的存在感。高所得階層將持續擴大的馬來西亞，潛藏著很大的商機。然而，這也表示競爭白熱化，搶攻市場大餅並不容易。

日本企業中，以很早就進軍、在馬來西亞打造許多大型購物商場的AEON最受到注目。二〇一二年，AEON將做為地區統籌據點的「AEON集團ASEAN總部」設置在吉隆坡。

AEON也將吉隆坡伊勢丹LOT 10改裝為「Isetan The Japan Store Kuala Lumpur」，於二〇一六年十月開幕，主要販售日本高級商品。

除此之外，三井不動產也打造了複合式商業設施「三井Shopping Park LALAPORT Kuala Lumpur」（暫定），預定於二〇二一年開幕。地點選在繁華的市街上。

全家超商、大創大舉躍進

目光轉向規模小一點的商業設施上，近來搶攻市場商機、動作頻頻的則是全家超商。二〇一六年十一月，首家門市一開幕，酸辣海鮮風味關東煮就熱銷，掀起排隊熱潮。撰寫本書之際，全家超商已經展店超過二十家。

此外，在馬來西亞經營五・九馬幣林吉特均一價商品店的大創，門市數目也顯著增加。該公司於二〇〇八年首店開幕後就持續展店，現在已經擁有超過六十家門市。

日本餐廳激戰

如主題59所述，馬國的外食需求持續成長。因此，日本企業在餐飲方面也有很大的發揮空間。然而，首都吉隆坡的日式餐廳已經多到呈現飽和狀態。所以，目前也有當地的日本企業，將目光轉向越南等地的情形。

順便一提，現在在當地很紅的迴轉壽司連鎖店「壽司王」（Sushi King），老闆是日本人。壽司王目前在馬來西亞全國共有一百家以上的店舖，也取得清真認證。

清真食品市場持續成長

伊斯蘭教是馬來西亞憲法明文規定的國教。一般人大多只知道伊斯蘭教國家的人民不吃豬肉，但其實其他肉品的加工也必須遵從規範程序，否則不能入口。不僅肉類，凡是伊斯蘭教徒入口的食品，都必須經過清真認證（Halal Certification）。在中東和北非等多數伊斯蘭教國家，是由宗教機構進行清真認證，規則不透明，所以外資食品企業要取得清真認證的門檻較高。

但馬來西亞是由政府機關「清真產業發展機構」（Halal Industry Development Corporation，HDC）核發認證，由於規定明確，因此受到日本企業青睞。日本企業也希望經由馬來西亞，將清真食品出口至中東和北非各國。

實際上，日本的味之素、養樂多、Kewpie調味料及大正製藥等大廠，都已經進軍馬來西亞的清真市場，而日本其他中堅、中小型的食品廠商，也都在研擬進入市場的策略。

擴展伊斯蘭金融

馬來西亞自一九八〇年代起，就率先設立伊斯蘭金融制度，二〇一六年其伊斯蘭債券（Sukuk）的發行規模，占全球市場的四六%。馬國政府設立國際金融區（敦拉薩國際貿易中心（Tun Razak Exchange，TRX））、成立伊斯蘭金融教育機構等，為日後的突破性發展，積極展開基礎建設並培育人才。永旺信用（AEON Credit）和豐田資本公司（Toyota Capital）等日本企業，也已經開始發行伊斯蘭債券。

三井不動產在吉隆坡市街興建的複合式商業設施外觀

敦拉薩國際貿易中心興建中外觀

主題

61 馬來西亞的經濟風險

～在問題中展現堅實的經濟管理實力

經濟仰賴原油出口

馬來西亞自二〇一四年起，就面臨幾個問題。

首先，二〇一四年後半至二〇一六年初，原油價格滑落，直接衝擊產油國馬來西亞的經濟。不僅直接讓石油相關產業的設備投資成長陷入停頓，也導致僱用和所得環境惡化。除此之外，間接的影響包括增加了歲入減少的壓力。這是由於馬來西亞經濟仰賴國營馬來西亞國家石油公司（Petronas）的股利，和原油開採權利金等石油相關收入（圖表1）。

原油價格下滑後，馬國政府藉廢除燃料補助金和徵收消費稅等政策，努力維持財政健全。因此，導致景氣面臨衰退壓力。

1MDB債務問題進入尾聲

接著是政府獨資的投資公司1MDB的債務問題。二〇一四年，該公司爆出巨額債務和財務赤字，導致馬來西亞政府信用下滑，甚至一度影響國際評等機構調降馬國國債的評等。

馬國政府透過出售1MDB的資產，和接受阿布達比國際石油投資公司IPIC的援助，來解決這些問題。雖然過程中有曲折，例如IPIC曾向國際仲裁院提呈仲裁申請，要求1MDB支付六十五億美元的契約不履行的違約金等，但兩公司終於在二〇一七年四月達成和解。儘管1MDB可能仍必須支付三十五億美元給IPIC，但這筆金額尚不至於對馬國產生重大衝擊。結果，債務問題也並未導致國債評等被調降。

外匯儲備太少？

最後是外匯儲備過少的問題。原油價格滑落和1MDB的問題，一度讓貨幣林吉特面臨很強大的下壓力道。如果馬國中央銀行啟動貨幣保護措施，原本只多過短期外債一點的外匯儲備，可能會因央行介入外匯市場，出售美元而枯竭。

一旦如此，就會產生大幅升值的疑慮。

實際上，馬國央行對市場的介入有限，容忍林吉特貶值。由於在馬來西亞，較少「借外幣，買林吉特」來進行貿易，因此即使林吉特貶值也不會造成匯差損失的問題。而且，經常帳維持黑字（盈餘），從林吉特進行交易的情況來看，不僅不會因林吉特貶值而增加進口等經常性支出，反而可以擴大出口等經常性收款（圖表2）。再者，價格競爭力提高，也可能刺激出口量增加。

也就是說，由於馬國不必硬採取貨幣保護措施，因此就算外匯儲備不豐厚，也沒有少到會出現危機的地步。實際上，馬國的外匯儲備雖然持續減少，但仍維持在一定的水準，且二〇一四年還一度升息〇・二五％。

圖表1　中央政府的歲入

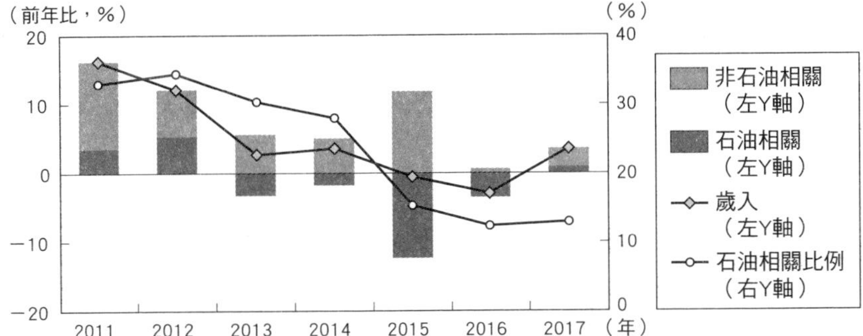

（注）石油相關收入為來自「馬來西亞國家石油公司」的股利、石油所得稅、出口關稅、油田權利金的合計數據。
（資料）瑞穗綜合研究所根據馬來西亞財務部資料製成

圖表2　貨幣貶值的影響

缺點	優點
●對外負債的匯差損失 ・以外幣償還負債，以本國貨幣進行資產交易 ・本國貨幣貶值，馬上就會產生匯差損失 ●增加以本國貨幣支付的經常性支出 ・經常性支出是指財貨（物）、服務的貨款等 ・較容易迅速發生於本國貨幣貶值後	●對外資產的匯差收益 ・以本國貨幣償還負債，以外幣進行資產交易 ・本國貨幣貶值，馬上就會產生匯差收益 ●增加本國貨幣的經常性收款 ・經常性支出是指財貨（物）、服務的貨款等 ・較容易迅速發生於本國貨幣貶值後 ●出口成本降低，增加出口量 ・當前生產能力足以應付的前提下，容易迅速增加出口量。 ・如果必須擴大生產能力，則必須等一段時間，出口量才會增加。

（資料）瑞穗綜合研究所製成

主題

62 馬來西亞的政治・治安風險

～當心伊斯蘭狂熱分子

治安良好，但不可輕忽安全

馬來西亞一般被視為治安良好的國家。根據日本外務省公布的海外旅遊安全資訊，馬國全國幾乎都沒有危險警示。

然而，日本外務省也表示，雖然馬國治安良好，但都市頻傳飛車搶劫、扒手、偷竊、下藥迷昏強盜、計程車司機搶劫乘客等事件。二〇一六年，共發生四百五十六起殺人事件，每十萬人的發生機率約是日本的二倍；強盜事件一萬四千四百五十三起，約日本的二十五倍；強姦事件一千八百八十六起，約日本的七倍。雖然說治安良好，但還是不像日本一樣安全，因此前往馬來西亞時，仍需注意人身安全。

伊斯蘭激進派的威脅

靠近菲律賓的婆羅洲島東部海岸周邊，例外地被日本外務省列入「第二級・避免非必要旅行」和「第三級・不宜前往」（圖表1）的地區。這個地區和海域，主要有綁架人質要求贖金的阿布沙耶夫組織，也有其他以菲律賓為據點的伊斯蘭教恐怖組織，在此進行海盜活動。二〇一三年，發生自稱蘇祿王國（Sultanate of Sulu）的武裝勢力，從菲律賓入侵馬來西亞的事件。

除此之外，近年來也有很多被IS（伊斯蘭國）洗腦的恐怖分子，在這個地區活動。二〇一六年六月，位於吉隆坡近郊購物中心內部的夜店，遭到炸彈攻擊，造成八人受傷。後來逮捕到的犯人，正是IS組織Gagak Hitam的成員。二〇一七年，撰寫本書之際，雖然沒有發生重大恐怖攻擊事件，但恐怖分子遭逮捕的新聞頻傳（圖表2）。有專家表示，在伊拉克和敘利亞遭受重大軍事挫敗的IS，可能將據點轉往東南亞，因此目前必須慎防伊斯蘭激進派的動向。

政權不穩，執政黨是否能持續掌權？

馬來西亞自建國以來，便由執政聯盟國民陣線掌權到現在。因此，政策可說具有相當的一貫性。不過，在上一屆二〇一三年的大選中，執政黨陷入苦戰，得票率沒有過半。並且，後來納吉首相陷入鉅額贓款疑雲，讓1MDB的問題浮出檯面。從這些跡象或許可嗅出政權交替的跡象。

確實，二〇一五年發生大規模的反政府示威遊行，顯示出批判政府的浪潮升溫。但後來因沒有決定性的證據證明納吉首相貪汙，因此批判政府的浪潮，也平緩下來。

另外，如主題56所述，由於票票不等值，一票即可拉開很大的差距，對執政聯盟相當有利，且雖然採行小選舉區的選舉制度，但在野黨目前處於嚴重分裂狀態。由此看來，儘管不能說完全沒有政權交替的可能性，但以現狀來講，機率非常小。

（編按：一、二〇一八年五月九日大選納吉下台，由前首相馬哈迪帶領在野黨希望聯盟取得勝利，寫下馬來西亞一九五七年獨立後首次政黨輪替紀錄。二、涉嫌貪污的前首相納吉敗選下台後，遭新首相馬哈迪重啟調查，警方搜索他的吉隆坡豪宅等六處房產，查扣大批疑用貪污所得購買的奢侈品。）

圖表1　沙巴州東部的危險資訊

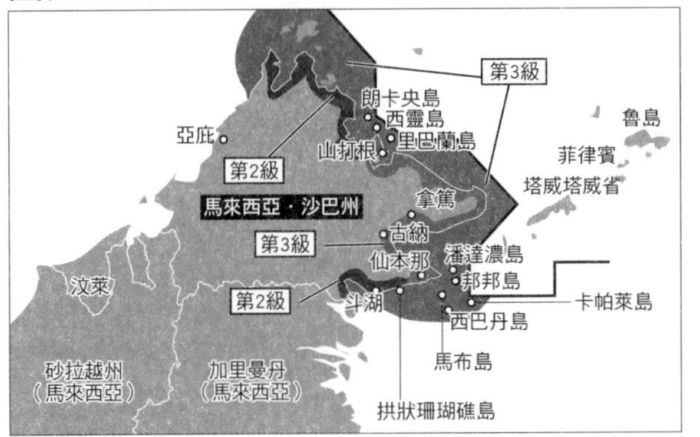

（資料）瑞穗綜合研究所根據日本外務省海外安全網站資料製成

圖表2　與伊斯蘭激進派相關的主要事件（2017年）

2月	1名印尼人、2名馬來西亞人因涉嫌IS組織而遭到拘禁。其中1人策劃對宗教場所進行恐怖攻擊。
4月	居住於敘利亞的IS成員，同時也是Gagak Hitam組織的頭目傑迪（Muhammad Wanndy Mohamed Jedi），在敘利亞被無人機襲擊身亡。
5月	警方公布於3～4月期間，以涉嫌參與IS組織為由，逮捕6名馬來西亞人，並正在追緝1名嫌犯。其中2名嫌犯自泰國南部走私武器，另1人則策劃對宗教場所進行恐怖攻擊。
6月	最高法院判決2013年入侵馬來西亞的9名蘇祿王國成員死刑。
6月	與菲律賓、印尼共同在民答那峨島進行海上警備。
7月	舉辦部長級會議，與印尼、澳洲、菲律賓、汶萊、紐西蘭等國，商討如何防範IS。達成協議共同強化海上警備和資訊交換機制。
8月	逮捕被認為是阿布沙耶夫組織成員的2名菲律賓人和6名馬來西亞人。
9月	逮捕3名涉嫌恐怖攻擊嫌犯。其中1人策劃對非伊斯蘭教的宗教場所，進行恐怖攻擊。

（資料）瑞穗綜合研究所參考各媒體報導製成

解決中產階級需求的醫療服務模式

馬來西亞在一九九二年被世界銀行列入中高所得國家之後，便一直維持穩定的經濟成長。目前，年度家庭可處分所得在五千美元以上未滿三萬五千美元的中產階層，占總家庭數的七〇%，是相當大的族群。瞄準中產階層，持續成長的哥倫比亞亞洲醫院（Columbia Asia）（以下稱CA）是民營醫院之一。該公司一九九四年成立於馬來西亞，目前在馬國設立了十二家醫院。CA其實是全外資的醫院，隸屬於將據點設置於美國西雅圖的Columbia Pacific US LLC。二〇一六年日本三井物產也出資參與。CA的創辦人Daniel.R.Baty在美國從事照護設施等醫療事業，他注意到中產階級逐漸增加的馬來西亞醫療市場，將美國有效率且現代化的醫院經營模式引進馬國。

馬來西亞雖然沒有公家的保險制度，但公立醫院受有國家補助，國民僅需負擔些許費用即可看病，但也因此醫院經常人潮擁擠，導致醫療環境的舒適度大打折扣。而民營醫院的醫療費用是由各醫院自由定價，患者利用民營的醫療保險和自費就醫，雖然費用較貴，但人潮較少、環境舒適，因此經濟許可的病患，大多會選擇民營醫院。KPJ Healthcare和IHH Healthcare等，都是馬來西亞頗具規模的民營醫院，但這些醫院的服務對象以高所得階層和外國人為主，在大都市的市區經營大規模且豪華的綜合醫院，醫療儀器高級，並僱用知名的專科醫師。

相較於此，CA的特色是定位在高所得階層的民營醫院和公營醫院之間，提供中產階級高品質的醫療服務。CA的醫院開在郊區的住宅區等地，通常是一百個床位的小規模醫院，主要提供地區住民急診等地方性醫療和健檢等一般醫療服務，而不進行高階醫療作業。另外，在營運上，醫院外觀不講求華麗，而是清潔、現代化的風格，並且僱用當地醫師，透過訓練提供素質均一的醫療服務、建立作業標準化和所有醫院通用的IT設備、與民營保險公司簽約、及設定高透明化的價格等，以高效率經營多家醫院，針對與民間公司簽約或加入民營保險的患者，提供低價、安全且品質優良的醫療服務。目前，除了馬來西亞，CA也將醫療事業拓展至中產階級逐漸擴大的印度、印尼、越南等國，在亞洲共有二十九家醫院的CA，堪稱打入新興國家市場的成功案例。

第9章

認識新加坡
——東協火車頭

主題

63 新加坡的特徵

～有亞洲縮影稱號的城市國家

面積僅東京二十三區大小的都市國家

島國新加坡是面積大小相當於東京都區的都市國家，經濟發展程度也與東京相當，甚至超過東京。

新加坡島中央偏南側一帶，是政府機關與金融機構聚集的市中心。從那裡沿海岸往西側延伸的地區，稱為西海岸，散落許多港灣設施和工業區。相反地，往東側延伸、經過東海岸的東側地區，則坐落著新加坡的國門「樟宜國際機場」。從市區到樟宜機場的車程約三十分鐘。而從島中央到北部一帶，目前仍保留著大面積的熱帶雨林。由於都市地區都往高樓發展，因此讓狹小的國土也得以保留綠地。

新加坡與鄰國馬來西亞之間，有橫跨北岸柔佛海峽（Strait of Johore）、長達一・一公里的新柔長堤（Causeway），和位於西岸長達一・九公里的馬新第二通道（SECOND LINK）相連。新加坡距離印尼領土巴丹島（Batam Island）和民丹島（BintanIsland）也很近，搭乘渡輪僅需約一小時即可抵達。

四季皆夏的熱帶型氣候

新加坡位於北緯一度，幾乎位於赤道上，因此全年日出時間約落在早上七點，日落則為傍晚七點左右。熱帶型氣候沒有四季之分，全年白天平均氣溫在攝氏三十～三十五度左右。因此，反而比七～八月時氣溫經常超過三十五度的日本更涼爽。新加坡的雨季是十一月至隔年一月，但近來雨季和乾季的分別愈來愈不明顯。常在短時間內降下暴雨，且雨滴感覺也比日本大。另外，轟鳴的雷聲經常伴隨暴雨而來。

堪稱「亞洲縮影」的多元民族國家

新加坡的總人口為五百六十一萬人（二〇一六年），其中持有新

人口：561萬人（2016年） 面積：719.9平方公里 首都：新加坡 名目GDP：2970億美元（2016年） 人均GDP：5萬2961億美元（2016年） 產業結構：（名目GDP占比，2016年） 第一級產業：0.0% 第二級產業：26.1% 第三級產業：73.8%	政體：共和立憲制 元首：哈莉瑪·雅各布（Halimah Yacob） （編按：時點為2018年10月） 語言：國語為馬來語。官方語言為英語、中文、馬來語、淡米爾語 民族：華人74.3%、馬來系民族13.4%、印度人9.0%、其他3.2% 宗教：佛教、伊斯蘭教、基督教、道教、印度教 會計年度：4月～隔年3月

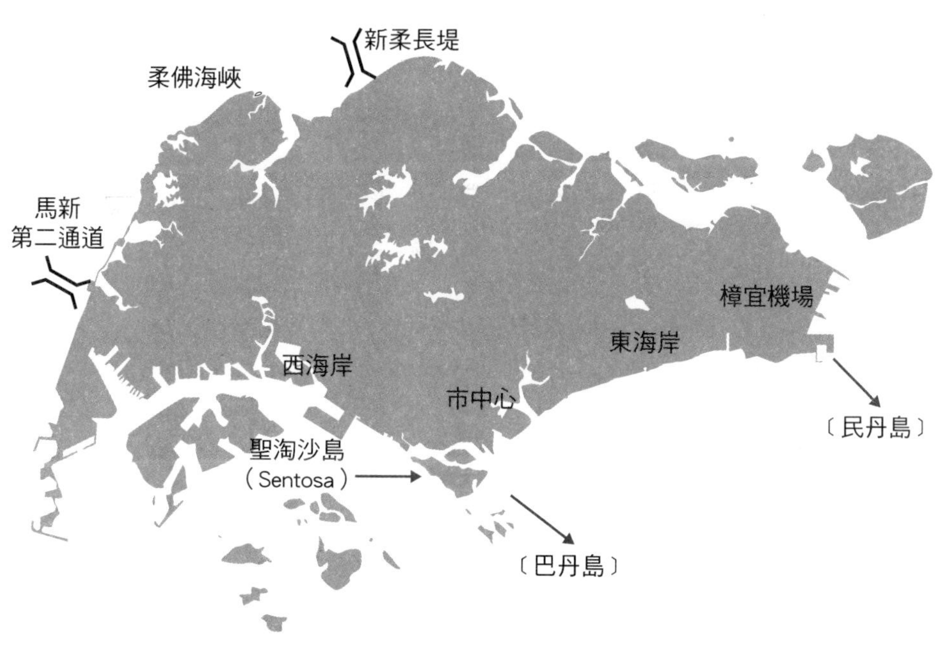

（資料）瑞穗綜合研究所根據新加坡統計局、外務省網站等資料製成

加坡國籍者僅三百四十一萬人。其餘則為外國人和外國籍持有永久居留權者，兩者總計後，使新加坡的外籍人口比例達到三九％左右。

根據新加坡統計局的調查，由七四％華人、一三％馬來系民族、九％印度人及三％其他民族組成的民族結構。各民族若再細分，華人又以福建人、潮州人、廣東人等為主；馬來系民族可分為馬來半島人和爪哇島人等；印度則可分為淡米爾人、馬拉亞利人、印度人等。

二〇一〇年的國勢調查顯示，新加坡的宗教結構為佛教三三％、基督教一八％、無宗教信仰一七％、伊斯蘭教一五％、道教一一％、印度教五％。新加坡有許多與宗教有關的節慶，例如衛塞節（佛陀誕辰紀念日）、聖誕節、開齋節（伊斯蘭教齋月結束）、屠妖節（印度教的排燈節）等。

新加坡因擁有如此多元的民族和宗教文化，而被稱為「亞洲縮影」。當地的風土民情，也可說是適合與亞洲新興國家進行貿易的地區。

馬來語為國語，英語為官方語言

在一般新加坡家庭中主要使用的語言，包括中文三六％、英語三二％、馬來語一二％、福建話七％、廣東話四％、印度的淡米爾語三％（以上民族、宗教、語言的比例，以二〇一〇年持有新加坡國籍者和永久居留權者統計）。

至於新加坡的國語，則是只有在一二％的家庭中使用的馬來語。因此，新加坡國歌「前進吧，新加坡」（Majulah Singapura）的歌詞也是馬來語。此外，用來輔助國語的官方語言，則包括中文、英語及淡米爾語。

實際上，新加坡在貿易上以使用英語為標準。這點對於吸引外國企業和進行國際貿易，是一大優勢。不過，新加坡的英語被稱為「星式英語」（Singlish），特色是帶有中文的韻律、加入馬來語的單字等，有時對外國人而言，不是很容易聽懂。

「國家管制」的一面

新加坡是個政府強勢介入各領域的國家。嚴格控管媒體，就是最具代表性的例子，三個無線電視台全都是國營。另外，無國界記者組織（Reporters Sans Frontières，RSF）每年都會公布新聞自由指數（World Press Freedom Index），而二〇一七年新加坡在一百八十個國家中排行第一百五十一。所以新加坡被揶揄為「光明的北韓」。

還有一點眾所皆知，新加坡政府禁止隨地亂吐痰、亂丟菸蒂及垃圾、嚼口香糖，否則會依法開罰罰金。對這種什麼都要管的政府體制，應該還是有人會感到窒息吧。不過，新加坡的街頭仍然可以看到隨地亂丟的垃圾，因此也不是處處都有人在監視著。

「自由國家」的一面

然而在企業活動方面，新加坡是全世界最自由的國家之一。例如，根據美國傳統基金會（Heritage Foundation）與華爾街日報（Wall Street Journal）共同發布的經濟自由度指數，新加坡高居第二，僅次於香港。營利事業所得稅率相當低、先進的基礎設施等，相關投資環境也非常完善，因此能吸引全球企業進入新加坡。而且，近年來當地創投企業在資訊技術相關領域，表現也相當搶眼。

不對企業活動設限的立場奏效，使新加坡得以成功發展經濟。二〇一六年的名目人均GDP為五萬二千九百六十一美元，高居東協之冠，也大幅超過日本的三萬八千八百八十三美元。雖然所得差距大，還是有很多人停留在低所得水準，但平均看來，新加坡仍然是亞洲屈指可數的富裕國家之一。

日本的存在感，出乎意料地高

新加坡的街頭，佇立著許多熟悉的日本商店和餐廳等。日本品牌非常受一般消費者青睞，可見日本文化的影響力之大。

而在新加坡，也常見到以日文標示旅客路線指標。這是由於過去日本旅客在新加坡旅遊人數中，占有很高的比例。不過現在大量湧入中國人和印尼等其他亞洲觀光客，削弱了日本旅客的存在感。

用日文標示的看板

主題

64

新加坡的政治

～人民行動黨政權穩固

國父李光耀

新加坡於一九六三年八月宣布脫離英國獨立，同年九月，成為馬來西亞聯邦的其中一州（圖表1）。然而，馬來西亞政府卻以馬來系民族的權利為優先，這與以華人住民為大宗的新加坡，在政策上產生了極大的對立，於是一九六五年八月九日，新加坡被驅逐出馬來西亞，再次獨立。

剛獨立的新加坡，占多數的華人與遭馬來西亞留下的馬來系民族之間相互對立，民族間不時發生暴動，社會局勢並不穩定。此外，失業率高達一四%，絕多數人民陷於貧困，當時的新加坡被視為第三世界的一員。「脫離英國統治，又被馬來西亞逐出，一無所有的小國新加坡，恐怕遲早垮台」，首任總理李光耀基於這種危機感，在獨立後領導國家建設，爾後歷代政權也以此為出發點治理國家。

後來，新加坡經濟表現亮眼。二〇一五年三月辭世的首任總理李光耀，特別寫下「切莫忘記新加坡的成功，是仰賴政府的努力」，勸勉新加坡的年輕人。首任總理李光耀實施的政策，被稱為開發獨裁。所謂開發獨裁指的是，執政者不採行民主決策方式，而是行使強權，迅速發展經濟的政治形態。

穩固的執政黨基本盤

目前的執政黨「人民行動黨」，在新加坡獨立後，於一九六八年舉行的首次國會大選中，獲得八六·七%的得票率，囊括所有國會席次（圖表2）。儘管執政黨並非一直都維持如此高的得票率，但向來都超過六成。為什麼執政黨得以維持高得票率？

最大的原因就是在執政黨的領導下，新加坡維持高度的經濟成長，因此有很強大的支持基本盤做為後盾。以開發獨裁而言，經濟成長下往往伴隨政府的貪汙腐敗，而影響支持率。但是，新加坡從首任總理李光耀以來，就維持清廉乾

圖表1　新加坡獨立前的歷史

1819年　英國人萊佛士（Sir Thomas Stamford Raffles）登陸。
1824年　正式成為英國殖民地。
1942年　遭日本軍占領。
1945年　再度成為英國殖民地。
1959年　從英國獲得自治權，成為新加坡自治邦。
1963年　於馬來西亞聯邦成立的同時，成為其中一州。
1965年　脫離馬來西亞，獨立為新加坡共和國。

（資料）瑞穗綜合研究所根據日本外務省資料製成

圖表2　人民行動黨在國會大選中的得票率與國會席次占有率

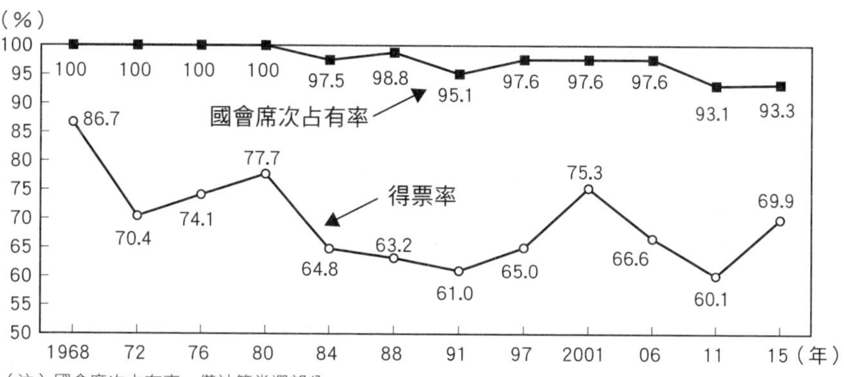

（注）國會席次占有率，僅計算當選部分。
（資料）瑞穗綜合研究所根據Singapore Elections和各媒體報導製成

淨的形象。因此，選民沒有非要讓政權交替的積極理由。況且，自二十一世紀以後，中間選民反而趨於逆向思考進行投票，認為「景氣佳的時候投給在野黨，景氣差的時候投給執政黨」。雖然厭倦執政黨長期執政，但仍認為還是執政黨具備解決困境的能力。

此外，主要媒體的營運者，受到政府的控制，政府時常監視新聞報導的內容。執政黨經常透過這些媒體宣傳政策主張，但幾乎看不到在野黨的任何政策。

執政黨刻意忽視支持在野黨的選區的權益，也是原因之一。具體的例子是，新加坡約八成國民居住於公共住宅，而自一九九一年以來就由在野黨奪下席次的後港單選區（Hougang SMC），政府延宕該區的住宅整修計畫。

其他選區的選民為了避免遭受

相同待遇，便會猶豫是否支持在野黨候選人。

任意劃分選區

前面列舉了執政黨何以在選舉中獲得高得票率的原因，但其得票率也曾經跌到六成左右。相較於此，執政黨的國會席次占有率經常超過九成。又為什麼會產生這種現象？原因就在於傑利蠑螈（Gerrymander）（譯注：指以不公平的選區劃分方法操縱選舉，致使投票結果有利於某方）的選區劃分模式。也就是說，以對執政黨有利的方式變更選區。

自一九八八年的國會大選後，每重新劃分選區，就會同時變更席次數，相當複雜。新加坡原本採行單純的小選舉區制，但由於執政黨的得票率在上一次（一九八四年）的國會大選中暴跌，對此產生危機感的執政黨在保留小選舉區的同時，又新增集選區，依地區設定四~六個不等席次的選區，由在這些選區中得票數最高的政黨，拿下所有席次（圖表3）。簡單來講，就是「執政黨將有可能輸掉的小選舉區，劃分為有利於己的多個小選舉區，囊括所有席次」。從上述情況來看，得票率比國會席次占有率，更適合做為評論國會大選結果的標準。

非選區議員

新加坡也有設置非選區議員。首先，非選區議員是自一九八四年國會大選起實施的制度。從落敗的在野黨候選人中，依得票率高低選出非選區議員，讓在野黨議員的人數不會低於下限。因此，如果在野黨的當選人數已經超過規定下限，就不會有非選區議員。在二〇一五年的國會大選中，規定國會至少有九名在野黨議員，由於當年在野黨有六人當選，因此便選出三名非選區議員。二〇一六年修正憲法，下次國會大選至少要有十二名。

另外，新加坡於一九九〇年增加總統任命的九名「官委議員」。被提名者「必須為公共服務做過突出的貢獻」或「曾為新加坡共和國贏得榮譽」、「在文學、藝術、文化、科學、商業、工業、專業、社會或社區服務等方面有過傑出成就」，並從中選出不具黨派色彩的人選。

這兩類議員皆禁止參與憲法改革案和內閣不信任案的決議。二〇一六年透過憲法修正，撤除對非選區議員的這項限制，但官委議員仍受此限制。

執政黨支持率回升

執政黨在二〇一一年的國會大選中，創下史上最低得票率，陷入苦戰。原因不外乎房價高漲、外籍勞工增加等問題引發民怨。且執政黨頭一次丟掉東部的阿裕尼集選區（Aljunied GRC）的席次。除此之外，在三個月後舉行的總統選舉中，雖然由執政黨候選人陳慶炎勝選，但得票率僅三五・二%，僅以〇・四%的微幅差距險勝居次的候選人。二〇一二年、二〇一三年舉行的國會議員補選中，也是由在野黨獲勝。

面臨支持率下滑的執政黨，開始祭出抑制房價、限制外籍勞工等政策，展現出誠心接受批評與改進的態度。當權者不再強勢進行傑利蠑螈模式的選區劃分，保留阿裕尼集選區。二〇一五年，國父李光耀辭世，同年新加坡各地舉辦建國五十周年紀念活動，聚焦於建國以來執政黨的所有政績上。在上述局勢下，執政黨在解散國會後的大選中，支持率回升至約七成。

藉修憲選出馬來裔總統

雖然新加坡的國家元首總統是由直接民選產生，但並沒有太多實權。二〇一六年的修憲結果顯示，「若某個族群已經連續五屆未擔任總統，之後一屆將保留給該族群參選」。這裡的族群包括①華人、②馬來人、③印度人・其他族群。在二〇一七年的總統選舉中，從唯一符合參選資格的馬來人當中，選出前國會議長哈莉瑪（Halimah Yacob）擔任總統。

圖表3　以不同方式選任的議員種類

	選區數	總席次
席次1	13	13
席次4	6	24
席次5	8	40
席次6	2	12
非選區議員	－	12－在野黨的選區當選人數（在野黨當選人數超過12時，則非選區議員為0）
官委議員	－	最多9

（資料）瑞穗綜合研究所根據新加坡選舉局、新加坡憲法製成

主題

65 新加坡的外交

～致力於發展多方友好關係

多方友好關係

小國新加坡的基本外交立場，簡單來講，就是與各國發展友好關係。一九六五年獨立後加入聯合國、一九七〇年參加不結盟國家組織高峰會。並且，由於是反共色彩強烈的國家，所以外交方向實際上是較親歐美。一九七一年，與英國、澳洲、紐西蘭、馬來西亞簽署五國聯防協議，目前仍屬有效。此外，新加坡是一九六七年成立的東協創始國之一。為了促進經濟交流和地區穩定，非常重視與成員國之間的友好關係。

與馬來西亞的關係已獲得改善

曾經是英國殖民地的新加坡，於一九六三年，連同當時的馬來亞聯邦（舊英領馬來半島）、英領沙巴、砂拉越共組馬來西亞聯邦，直到一九六五年宣布退出聯邦。但新加坡實際上是在馬來系民族與華人之間的民族對立中，被馬來西亞驅逐出去。

一九六九年，馬來西亞爆發馬來系民族與華人的衝突後，新加坡也發生類此事件。爾後，馬來西亞又威脅將停止供水給新加坡，導致兩國關係一度陷入緊張。

然而，雖然與馬來西亞之間有紛爭，但從來不曾升溫為軍事衝突。目前，與馬國的關係已經獲得大幅改善。

與印尼之間存在歷史認知問題

另一方面，與另一個鄰國印尼，則曾發生軍事威脅事件。印尼首任總統蘇卡諾，認為馬來西亞聯邦是英國殖民主義的遺毒，因此強烈反對其成立。一九六五年，印尼軍人奧士曼（Osman Haji Mohammed Ali）和哈倫（Harun Said），在新加坡引爆炸彈。後來，一九六七年蘇卡諾失勢後，新加坡與印尼的關係逐漸獲得改善，經濟關係也變得緊密，目前雙方維持良好的外交關係。不過，二〇一四年，印尼以這兩名已故軍人的名字，將一艘巡防艦命名為「KRI Usman Harun」，新加坡因此要求改名，印尼認為此舉屬干涉內政行為，出現反彈聲浪。奧士曼和哈倫對新加坡而言是恐怖分子，但在印尼被視為英雄。雖然此事件不至於使兩國關係惡化，但也顯示出鄰國間利害不一致的情況。

最看重對美關係

新加坡獨立後，在安全保障方面，非常重視與舊宗主國英國之間的關係。但由於英國在亞洲逐漸喪失軍事影響力，因此新加坡也開始重視與美國的關係。一九九〇年，與美國簽署備忘錄，讓美軍取得新加坡軍事設施的使用權。二〇〇五年，簽訂美國．新加坡緊密合作伙伴戰略框架協定（內容不公開）。二〇〇九年，成立指揮控制中心，加強與美軍的合作。

在經濟方面，新加坡也最重視與美國的關係，與美國簽訂的FTA，自二〇〇四年起生效。並且，雖然美國最後退出了，但新加坡也參與了由美國主導的TPP。

新加坡的非親中路線

新加坡對同源同種的中國抱有親近感，在經濟上也密切交流；更參與了由中國主導的亞投行和一帶一路計畫。儘管如此，新加坡仍以公正的態度面對中國，主張應依國際法解決南海主權問題。二〇一六年，在台灣進行軍事訓練時所使用的新加坡武器，發生了被扣押在香港海關事件。

將日本定位為新加坡經濟中心

日軍於一九四二年在新加坡發動「肅清行動」，殺害了眾多華人。因此新加坡人過去對日本向來沒有好感。新加坡在建國隔年的一九六六年與日本建交，對日觀感逐漸轉好。

現在，日本與新加坡之間不存在任何政治爭端，兩國關係十分良好。此外，在經濟方面，貿易、投資活動相當活躍。截至二〇一六年底，來自日本的直接投資餘額為四兆六千四百三十三億日圓，在亞洲國家中排名第三，僅次於中國的十二兆六千四百六十八億日圓，和泰國的六兆二千七百二十五億日圓。

主題 66

新加坡的經濟

~具備全球最高水準的投資環境，但已邁入低成長時代

外資・政府投資企業活躍

新加坡缺乏天然資源，國內市場也很小。因此，必須仰賴鬆綁法規、保護智慧財產權、低稅負擔等政策，積極吸引擁有高級專業技術的外國企業投資。例如，新加坡的營利事業所得稅率為一七%，在亞洲中僅略高於香港的一六・五%，算是相當低。同時，也向外資企業祭出各種優惠稅制。新加坡的投資環境之優，在全球也是數一數二。

焦點轉向國內企業，其中表現最活躍的，就是新加坡政府投資的淡馬錫控股（Temasek Holdings）所出資的國營企業（圖表1）。一般國營企業給人高階官員空降擔任內部要職的印象，但新加坡完全不是這麼回事。國營企業必須與強大的外資企業競爭，創造獲利。無論管理者是官僚出身或來自民營企業，目標都是一致的。

新加坡的政府機關貫徹功績主義和績效主義，而以國營企業為核心的發展模式，只有在這裡才得以正常運作。其他國家即使採行一樣的發展模式，通常都會面臨貪汙腐敗橫行，導致不利民間企業經營的問題。然而，新加坡在IT等新領域方面，都可見民間的創投企業。

存續的製造業

經濟發達的新加坡，幾乎看不到第一級產業（農林水產業）（圖表2）。

由製造、建設、電力、瓦斯、自來水組成的第二級產業的附加價值產值，占GDP的四分之一左右。相較於經常被拿來比較的香港，其製造業已經衰退；由於新加坡在政策上的刻意保護，因此製造業才得以存活下來。電子產品和海上石油開採設備是傳統的製造業主力，不過近年來稅制優惠措施等發揮功效，擴大了醫療製造業的規模。

GDP占比在四分之三前後的是第三級產業。除了位於馬來半島南端，地理位置優越之外，還有

圖表1　淡馬錫控股公司出資的主要企業

企業名稱	業種	出資比例（%）
新加坡科技電信媒體（ST Telemedia）	資訊通訊	100
新傳媒（MediaCorp）	廣播	100
新加坡電信公司（Singapore Telecommunications Limited）	通訊	52
吉寶企業（Keppel Corporation）	海上石油開採設備製造	20
國際港務集團（PSA International）	港灣營運	20
勝科工業（Sembcorp）	重工業	49
新加坡科技工程有限公司（Singapore Technologies Engineering）	國防・飛機工程	51
新加坡航空（Singapore Airlines）	空運	56
新加坡能源公司（Singapore Power ）	電力・瓦斯	100
新加坡地鐵（SMRT）	鐵路・陸運	100
凱德集團（CapitaLand）	不動產	40
M+S	不動產	40
奧蘭國際（Olam International）	農產品進出口	52
盛裕控股集團（Surbana Jurong）	都市開發	100
星橋騰飛集團（Ascendas-Singbridge）	都市開發	51
萬禮生態園控股公司（Mandai Park Holdings）	主題公園開發	100
豐樹產業（Mapletree Investments ）	不動產	100
新加坡樟宜機場服務公司（Singapore Airport Terminal Service Ltd.，SATS）	機場服務	40

（資料）瑞穗綜合研究所根據Temasek「Temasek Review 2017」製成

圖表2　GDP的產業細項

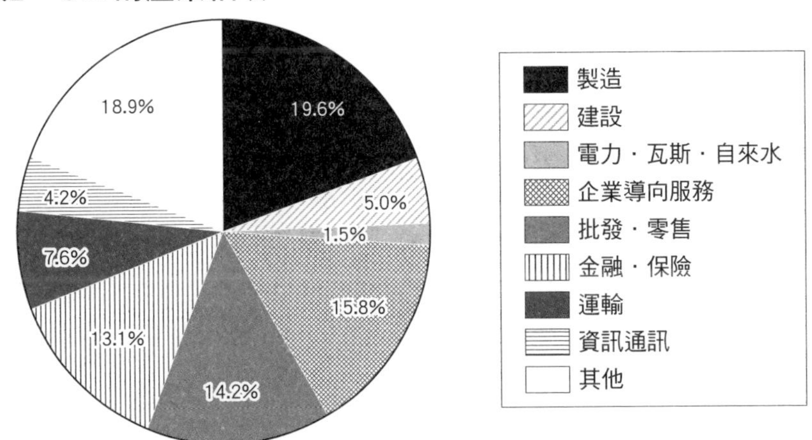

（注）其他的細項包括「其他服務」（12.2%）、「自有房屋的設算租金」（4.4%）、「飲食・住宿」（2.2%）、「其他」（0.0%）。如包含第一級產業，則屬於上列的「其他」中。
（資料）瑞穗綜合研究所根據新加坡統計局資料製成

水深達十五～十六公尺的大型深水港，自古以來就是物流樞紐中心。因此貿易（圖表2中批發、零售的一部分）和海運（圖表2中運輸的一部分）得以構成主力產業。並且，新加坡也擁有二十四小時運作的樟宜國際機場，空運也很發達。

近年來成長較亮眼的是會計、法務、顧問等企業導向的服務，以及金融保險產業。活躍於這些領域的全球知名企業，已紛紛進入新加坡市場。

外籍人士僱用態度轉變

積極僱用外籍人士，是支撐新加坡經濟成長的一大要素。管理職、技術人員、家庭幫傭、建設施工人員等，所有產業都存在著外籍工作者，新加坡並沒有嚴格限制勞動力供給。隨著所得水準提升，製造業還能維持既有的規模，靠的正是外籍工作者。

新加坡的總人口中持有新加坡國籍者，其人口比例過去曾超過九成，但自從積極聘用外籍勞動者以來，現在已降低至六成左右（圖表3）。並且，由於外籍勞動者帶來房價高漲、交通壅塞混亂等問題，新加坡國民也出現反對聲浪。因此，政府目前已開始限制外籍勞動者的增加。這樣的政策，勢必將加劇少子高齡化的影響。

低成長時代來臨

新加坡的基礎設施和經濟制度，評價超越東南亞各國，鶴立雞群。經濟成長基礎可說相當穩固。然而，由於投資環境已經達到最高國際水準，因此不容易再有突破，維持經濟成長的方法有限。而且，新加坡目前傾向於限制外籍勞動者的引進，所以成長率可能會低於過去的平均水準。

新加坡政府的諮詢機關「未來經濟委員會」（The Committee on Future Economy, CFE），為了在勞動投入量成長停滯的情況下維持經濟成長，提出提升整體經濟的生產力、活用資訊技術及技術革新等戰略（圖表4）。這些戰略應該可發揮一定的效果，提高生產力，支撐新加坡的經濟成長。

過去五年間的平均實質GDP成長率為三・二％。在限制引進外籍勞動者的政策下，未來的平均成長率，預估將下滑至二・五～二・九九％之間。

圖表3　人口變化與結構

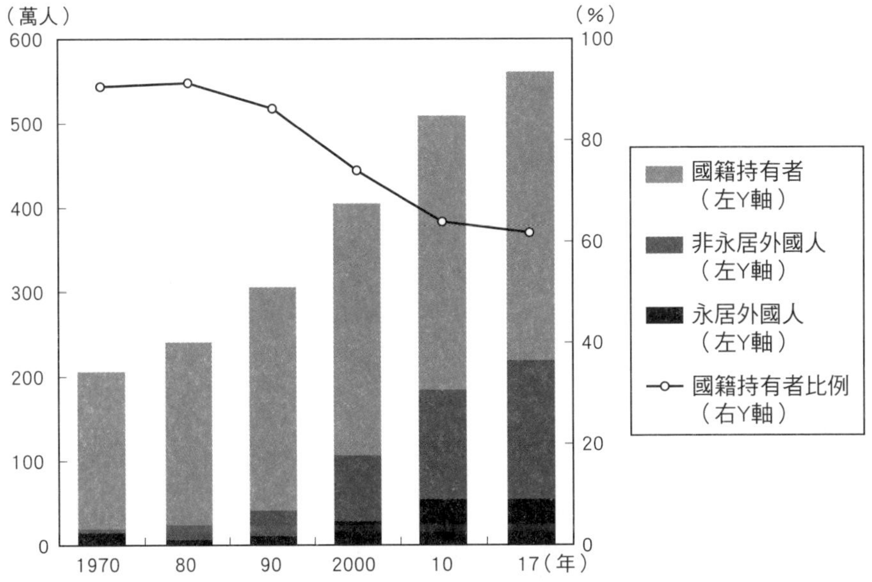

（資料）瑞穗綜合研究所根據新加坡統計局資料製成

圖表4　未來經濟委員會所提出的7大經濟戰略

1. 深化並發展多元國際連結。
2. 掌握並善用精深技能。
3. 加強企業創新與拓展規模之能力。
4. 增強並活化數位能力。
5. 打造商機蓬勃、活力十足的城市。
6. 發展並落實產業轉型藍圖。
7. 官民合作促進技術創新與成長。

（資料）瑞穗綜合研究所根據新加坡未來經濟委員會資料製成

主題

67 新加坡的消費市場

～多種商業設施，電商擴大服務

國家富庶豐饒，但貧富差距也大

新加坡的所得水準媲美先進國家，所得持續向上攀升。二〇一六年的人均GDP為五萬二千九百六十一美元，高居東協之冠，也大幅超過日本的三萬八千八百八十三美元。絕對稱得上是富裕的國家。

然而，新加坡的所得差距絕對不小。從每日平均收入來看，最低收入一〇%為十四．八美元，而最高收入一〇%為三百四十七．九美元。

庶民商業設施

濕巴剎（wet market）是庶民的傳統市場，商品通常不會標價，而是由買賣雙方喊價。以販賣生鮮食品為主，但也有很多服飾、雜貨店，生活用品一應俱全。

中國城等當地常見的舊購物中心，雖然整體氛圍有點奇妙，但也是庶民經常出沒的採購地點。手機等電子產品店、手工藝用品店、服飾店、旅行社、手錶行等，有各種商家進駐。而這類購物中心的商品，通常也不貼標價。

此外，一般開設在政府公共住宅內（Housing Development Board，簡稱HDB）一樓的昇松和FairPrice等連鎖超市，主要的客群也是一般民眾，但商品都有明確標價。

一般人經常外食的地方是小販中心（Hawker centre），也就是一餐四～六新加坡元的「美食廣場」。海南雞飯、經濟飯（白飯搭幾樣配菜）、釀豆腐（將川燙過的魚漿和蔬菜等食材鋪在麵上）等當地料理，在這裡都很常見。有些地方也會供應東南亞各國、日本、歐美等異國料理。

位於市中心金融街的老巴剎美食廣場（Lau Pa Sat），整區建築物都規劃成美食街，但也有與濕巴剎或舊大樓合併的小販中心。

（編按：二〇一八年十月新加坡

圖表1　十進位所得分布

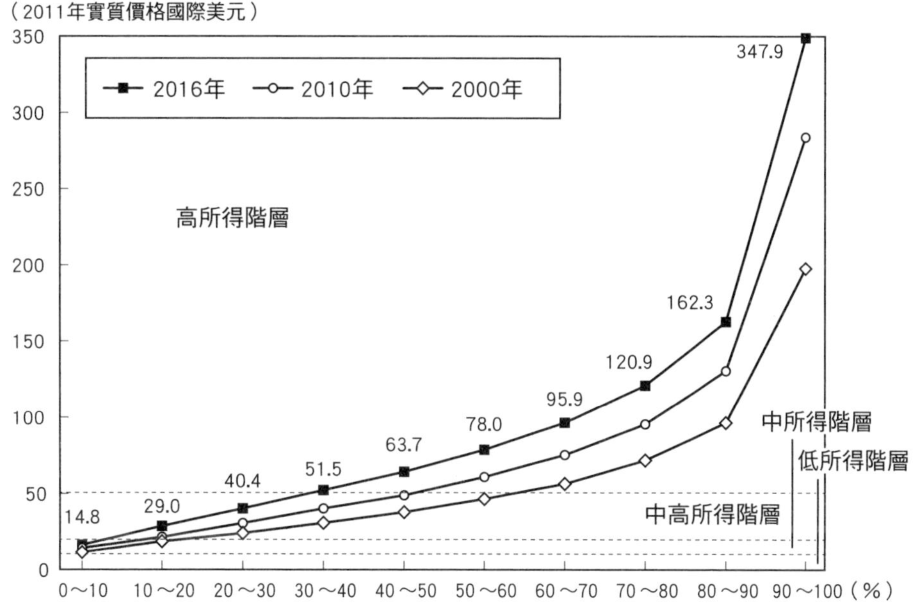

（注）1. 十進位是指依所得高低，將人口分為十等分。
2. 各階層的每日收入為，低所得階層10美元以下、中所得階層10～20美元、中高所得階層20～50美元、高所得階層50美元以上。
（資料）瑞穗綜合研究所根據新加坡統計局資料製成

元兌新台幣匯率約為二十二，一新加坡元可兌換二十二新台幣。）

鎖定高所得階層的商業設施

包含高所得階層在內，絕大部分新加坡民眾，通常選擇到較新穎的購物中心消費。這類商業設施有H&M、GUESS等全球知名品牌，以及各式餐廳進駐。在日本通常以獨棟方式出現的百貨公司，在新加坡大多是租借購物中心的櫃位。而且，購物中心內也常見Cold Strage、FairPrice Finest、Giant等連鎖超市。

烏節路地區（Orchard district）的部分購物中心，高級品牌的進駐比例相對高，人潮也較稀少。這些商業設施瞄準的客群，以旅客等所得水準較高的族群為主。

此外，位於市中心的金融街和烏節路地區等區域，高檔餐廳比鄰而居。

考量鄰國消費需求

新加坡的遊客很多，其中以印尼、馬來西亞等周邊東南亞國家的旅客人數最多，他們通常會到新加坡採購各式各樣的商品。因此，新加坡事實上是東南亞的展示櫥窗。

有些廠商在新加坡進行市場測試，分析周邊國家的消費者喜好，將周邊國家納入商品研發考量。日本的消費相關企業，也開始選擇新加坡做為進軍東南亞第一站。

制度限制汽車普及化

由於所得水準高，所以一般家庭普遍都有主要的耐久消費財。因此，未來很難期待再有大幅成長。

其中例外的是汽車並不普及，二〇一五年的每一千人汽車持有台數為一百四十五台，少於馬來西亞的四百三十九台和泰國的二百二十八台。所得水準高但汽車不普及的原因在於，新加坡政府為了改善塞車問題，規定消費者購車時，必須一併取得擁車證（Certificate of Entitlement）。以排氣量一千六百CC以下的小型車來講，二〇一七年十月十九日的擁車證競標價格為四萬一千六百一十七新幣。車輛售價加上各種稅金，一輛車的總費用為十萬五千新幣，相當於高級轎車的價格。汽車在新加坡就像高不可攀的商品，市場需求未來也很難有所成長。

保險、外食占比攀升

比較新加坡最近和十年前的家庭支出，占比增加最多的是住宅費用，反映了不動產價格的上漲（圖表2）。緊接著是保險部分，尤其以壽險和醫療險成長最多。外食、外燴服務也都是穩定成長的家庭支出。而運輸占比增加，僅反映出油價上漲。

另外，占比降低的部分，首先是娛樂、文化及住宿。原因在於影音視聽、資訊設備價格滑落，且民眾減少了賭博、電視合約費用、報紙、書籍、雜誌的支出。而價格下跌的汽車、通訊、生活必需品食品、飲料及家庭用品的占比，也都降低了。

推動無現金化

新加坡在信用卡尚未普及前的一九八五年，提供簽帳金融卡服務的NETS星網電子付款（Network for Electronic Transfers），就已經推出電子支付服務。除了具備各種金融卡功能之外，也由於可在很多商家使用，所以使用範圍相當廣。

二〇〇二年，新加坡首度推出交通儲值卡EZ-Link，功能相當於日本SUICA和PASMO。這張卡可以用

圖表2　2012年～13年與2002年～03年的家庭支出項目占比變化

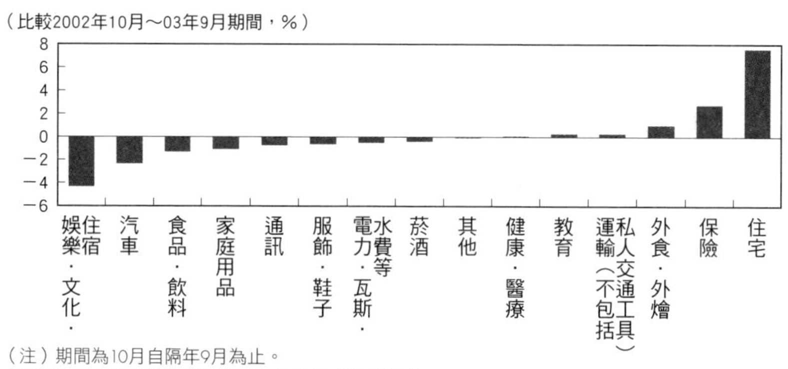

（注）期間為10月自隔年9月為止。
（資料）瑞穗綜合研究所根據新加坡統計局資料製成

在7-11等一百六十八家商家結帳。二〇〇九年，前面提到的NETS，推出功能大同小異的FlashPay，兩者處於競爭關係。

VISA的PayWave、Mastercard（萬事達卡）的Contactless及美國運通（American Express）的ExpressPay等後付型信用卡，雖然基本上無法用來搭車，但仍受到廣泛使用。蘋果、GOOGLE（Android）、三星的感應式支付服務，也都能在新加坡使用。

電商市場擴大

英國社交媒體調查機構「We Are Social」的調查顯示，二〇一六年新加坡網購消費者（電子商務）的比例，已占總人口達五一％。購物時，有四九％的消費者使用電腦、四〇％則是利用手機等攜帶型裝置。除了資訊通訊基礎設施完善之外，雖然物流服務不如日本，但高品質的服務水準，仍讓新加坡的電商市場，發展得比鄰近國家更快。電商規模擴大，對既有的商業設施影響頗大。尤其，有專家指出鬧區烏節路的人潮已經減少。

主題

68 新加坡的可期領域與進出案例

~各種日本商店進軍新加坡

日系百貨公司具有相當的存在感

所得水準較高的新加坡，對日本品質的商品、服務有一定的需求，因此日本零售業早已進入新加坡市場。

過去的主要業態是百貨公司，曾經有過日本大型百貨公司林立的時代，但目前大部分都已經撤出市場。然而，最早於一九七二年進軍新加坡的伊勢丹，在當地落地生根，現在已經有六家分店。一九九五年進入的高島屋，也很受歡迎。兩者在熱鬧的烏節路上，都是不可或缺的存在。

並且，大丸曾經進駐的亮閣購物中心（Liang Court），現在仍是日系零售店和餐廳的集散地。目前，駐新加坡日本員工最常光顧的日系食品超市明治屋，是亮閣最主要的業者。

百貨公司以外的零售業者競爭激烈

近來，日系零售業也經營有成，包括生活雜貨店無印良品（Muji）、東急手創館（Tokyu Hands）、服飾業者UNIQLO以及二元新幣大創均一價商品店等，在當地展店的速度都相當快。

近來擴大展店、最受矚目的，就是平價時尚品牌眼鏡OWNDAYS。自二〇一三年七月在新加坡開設第一家分店起，目前已經擁有二十九家門市。而競爭業者Zoff，則在二〇一七年四月開設首家分店。

其他日本零售業者也動作頻頻，購物中心LUMINE在二〇一七年十一月首度進軍海外，開設了LUMINE SINGAPORE。此外，日本最大的量販店唐吉訶德（Donkihote），也在二〇一七年十二月於新加坡開設東南亞一號店。

餐飲業競爭激烈

如主題67所述，外食占家庭支出的比例變高，是未來值得期待的產業。有些新加坡的購物中心內，甚至設有日式料理美食街，伊勢丹Wisma Atria分店的日本美食街（JAPAN FOOD TOWN，二〇一六年七月開業）和100AM的itadakimasu by PARCO（二〇一六年十二月開業），都是具代表性的例子。不過，日式餐廳大致上已經飽和，雖然仍有商機，但競爭相當激烈。展店最多的包括鐵板燒餐廳胡椒廚房（Pepper lunch）（39店）、摩斯漢堡（31店）及義大利家庭風味餐廳薩莉亞（Saizeriya）（20店）等。

除此之外，到處都有KEISUKE和一風堂等拉麵店。米其林一星拉麵「蔦」拉麵，也在二〇一六年十一月進軍新加坡。

比較特殊的是二〇一六年十二月，JR東日本開設了JAPAN RAIL CAFE新加坡分店。除了提供「體驗日本四季變化的料理和飲品」之外，更附設JTB旅行社的櫃檯，希望吸引新加坡民眾至日本觀光。

另外，在甜點和麵包業者方面，也可看到眾家日本業者。山崎麵包的FOUR LEAVES（35店）和甜點店Chateraise（21店），都是擁有多家分店的知名業者。

商機潛藏在服務業

美髮、美容、除毛、美甲等產業，都有日系沙龍陸續進入新加坡市場。尤其美髮沙龍，通常不僅是日商經營，連設計師都是日本人。過去認為難以出口的面對面服務，現在也可以透過人才輸出的方式，為海外市場提供服務。

近來表現亮眼的業者，是平價理髮店QB HOUSE（35店）。剪髮價位落在十二新幣或十五新幣。儘管有很多業者複製相同的經營模式，但民眾還是較信賴正宗的日本美髮店。

位於丹戎巴葛（Tanjong Pagar）站的JR CAFE

主題 69

新加坡的經濟風險

～基本上風險很小

經濟運作健全

首先，來審視經濟動盪的風險。

消費物價指數（Consumer Price Index，CPI），是最能看出經濟穩定度的代表性指標，不過執掌金融政策的新加坡金融管理局（Monetary Authority of Singapore），重視以核心消費者物價指數（Core CPI）做為判斷經濟運作的指標。核心CPI是排除住屋和私人道路運輸費用的指數。

新加坡的核心CPI，除了在二〇〇八年受國際原油、穀物等商品價格急漲而有所波動之外，大致上都維持在〇～三%左右（圖表1）。由此可見，新加坡的經濟呈穩定狀態。

主要的原因在於，新加坡金融管理局具有準確預測經濟動向的能力，可實施適當的金融政策。政府財政運作也相當健全，針對顯示政府還債能力信用度的主權債信評等，三家國際主要信用評等機構，都將新加坡評定為3A頂級信評。由於政策信任度高，因此物價維持穩定的可能性也相當高。

雖然物價持穩，但GDP成長率驟降的風險也頗高。由於新加坡的經濟相當依賴出口（圖表2），因此一旦外國發生重大經濟災難，出口驟減即會嚴重衝擊整體經濟。

實際上，新加坡在過去一九九八年亞洲金融風暴、二〇〇〇年網際網路泡沫化以及二〇〇九年全球金融危機時，經濟都呈現負成長。

中長期成長率下滑

接著，就中長期來看，平均經濟成長率也有下滑的風險。如主題66所述，新加坡在面臨高齡少子化問題的同時，減少僱用外籍人士。因此，這可說是迫切的風險之一。假設新加坡政府沒有實施治本的少子化政策，或再度積極引進外籍工作者，成長率勢必將下跌。

天災風險小

新加坡是天災很少的國家。沒有颱風，也幾乎不會發生有感地震。雖然有水災的風險，但至少近年來沒有釀成重大損害。此外，由於農業不發達且水資源回收系統完善，因此乾旱也不至於造成嚴重的直接損害。

然而，一九九八年和二〇一五年大旱災時，印尼農田火災引發的森林大火持續數月，造成嚴重的煙害（霧霾），危害眾多人的健康。這可說是民眾最可能遭受的天災威脅。

另外，由於新加坡接近大地震震元巽它海溝（Sunda Trench），因此仍潛藏地震風險，政府已於二〇一三年制定建築物耐震標準。

圖表1 消費者物價指數（CPI）

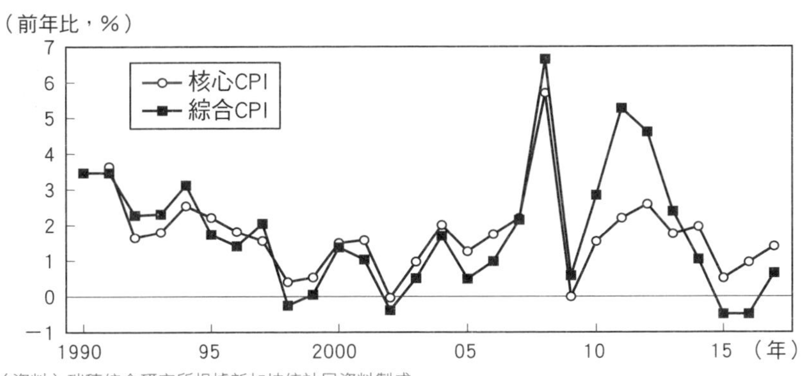

（資料）瑞穗綜合研究所根據新加坡統計局資料製成

圖表2 財貨（物）、服務的出口依賴度（2014年）

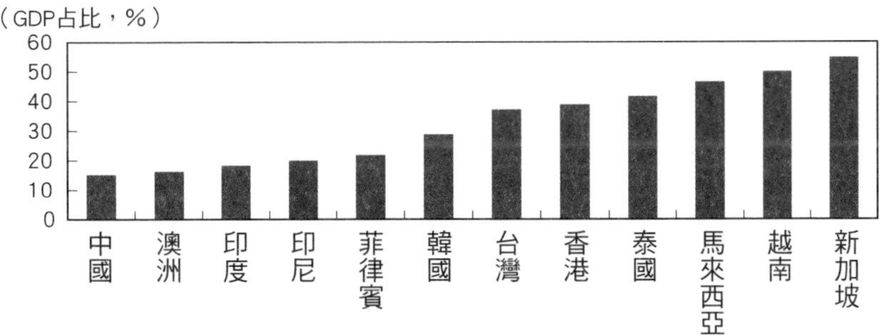

（注）1. 出口依賴度為：出口÷GDP×100。
2. 這裡的出口是以附加價值為基準。也就是排除出口財貨（物）、服務所需的原料、服務之進口值。
（資料）瑞穗綜合研究所根據OECD、IMF資料製成

主題 70

新加坡的政治．治安風險

～風險小，但恐怖攻擊威脅逐漸浮現

全球治安最好的國家

新加坡是全球最安全的國家之一。在英國《經濟學人智庫》（Economist Intelligence Unit）發布的全球安全城市指數報告（The Safe Cities Index）中，排名高居六十個城市的第二名（圖表1）。

日本外務省也未針對新加坡發布國外旅遊警示，實際走在街頭上，也不會感覺人身安全受到威脅。汽車駕駛遵守交通禮儀，雖然有轉彎不打方向燈等問題，但車輛禮讓行人優先通行斑馬線，做得比日本更徹底。原因除了訂定各項國際級安全標準之外，還包括警察素質高，防範體制堅固。

另外，二〇一三年在小印度區（Little India），一起交通事故引發南亞勞工的暴力衝突事件，警方逮捕了二十七人。但這起事件起因於喝酒鬧事，屬於突發事件，並非根深蒂固的民族對立問題。

生活中的恐怖攻擊威脅

雖然新加坡新已加強保安防範恐怖攻擊，但威脅似乎與日俱增（圖表2）。

二〇一六年八月，印尼警方逮捕了計畫從印尼巴丹島發射火箭，攻擊對岸新加坡濱海灣地區的IS（伊斯蘭國）激進派嫌犯。真實的近身威脅，震撼了新加坡市民。

除此之外，根據二〇一七年公布的「新加坡恐怖主義威脅評估報告」，二〇一六年除了上述事件外，上半年和十月各發生一起恐怖攻擊未遂事件。

雖然二〇一七年沒有任何恐攻未遂事件，但逮捕伊斯蘭激進派嫌犯的報導仍時有所聞。鄰國和國內居住眾多伊斯蘭教徒，只要有部分教徒走向激進，就會構成重大威脅。因此目前新加坡政府仍須嚴加警戒。

誰出任下任總理的焦慮影響政治穩定

在政治方面，目前的執政黨

人民行動黨有望持續掌權。受企業和投資人高度信賴的現執政黨，如果在國會大選中落敗，勢必讓投資人對新加坡的未來充滿不安，不過政黨輪替的可能性似乎很低（主題64）。

而由誰出任下任總理的猜想，則成為政治上的隱憂。儘管傳出不少可能繼任的閣員人選，但目前局勢尚未明朗。

首任總理李光耀任職至六十七歲、第二任總理吳作棟任職至六十三歲，目前的第三任總理李顯龍目前已經六十五歲（譯注：二〇一八年時是六十六歲）。李顯龍總理於二〇一六年八月出席群眾大會演講時，因身體不適，演講一度暫停超過一個小時，使得繼任者的問題又再度受到關注。

圖表1　安全城市指數（2017年）

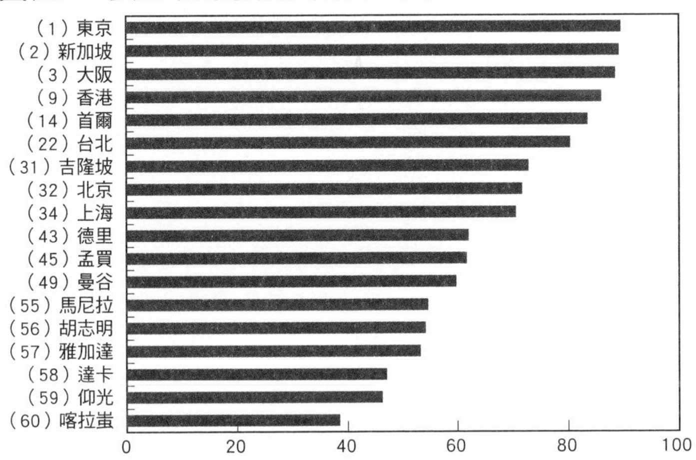

（注）從60個城市中，選出東南亞、東亞及南亞城市。綜合評比數位資安、醫療、健康、基礎建設、犯罪、恐怖攻擊等數據，數字越大表示越安全。城市名字前括弧數字為整體排名。

（資料）瑞穗綜合研究所根據EIU「2017年全球安全城市指數報告」製成

圖表2　與伊斯蘭激進派相關的主要事件（2017年）

1月	逮捕8名疑似伊斯蘭激進派、想要從馬來西亞入境新加坡的嫌犯。引渡至馬來西亞後，強制遣送回印尼。
6月	公布「新加坡恐怖主義威脅評估報告2017」。明確將恐怖攻擊的威脅升級至最高等級。
	逮捕1名與IS人士取得聯繫，前往敘利亞準備接受戰鬥訓練的女嫌。
	逮捕2名計畫前往敘利亞，準備加入自由敘利亞軍的男性輔警（私人保全公司員工，受警察委託執行警察勤務）。
9月	逮捕1名計畫加入IS並企劃攻擊新加坡軍人的男嫌。並且，逮捕1名與IS接觸過的女嫌。
	新加坡籍IS戰鬥員，出現在恐怖主義的宣傳影片中。
10月	新加坡國防部長黃永宏表示，過去1年內思想傾向激進的新加坡人，共增加了7倍之多。

（資料）瑞穗綜合研究所參考各媒體報導製成

Column 9

漸漸抬頭的共享經濟，與日本的差異在哪裡？

共享經濟儼然已成為世界潮流，出借個人或公司資產，創造服務，新加坡也不例外地吹起這股旋風。

首先是普及程度與日本差不多的共享單車。雖然新加坡當地大眾交通便宜、地理位置靠近赤道，中年炎熱且降雨多，因此騎單車的風氣不盛行，但便利性高的共享服務，翻轉了以往的狀況。

代買代送服務（以機車或單車代送餐點的服務），也和日本一樣逐漸增加。由於雙薪家庭多，且沒有在家裡下廚的風土民情，因此預期未來利用人數將持續增加。

接著是普及程度超越日本的共乘服務（提供載客車輛租賃及實時共乘服務），業者包括美國的Uber和本土的Grab。比起路邊招車或到固定的計程車站搭車，共乘服務最大的特點是可以透過手機APP叫車。這樣的商業模式，即為日本法律所禁止的「白牌車」。由於共乘服務可以充分掌握乘客和行經路線，所以較不易發生司機繞遠路等不當行為。此外，透過APP叫車，不像計程車一樣要收取額外的叫車費，這也是一項優點。

相反地，日本比新加坡發展更進步的是民宿。二〇一七年二月，新加坡基於各類擾人行為增加和治安疑慮等理由，禁止六個月以下的住宅短租。該法規在同年七月放寬為三個月以下。但這兩個期間對大部分的旅客而言還是太長，不適合旅客利用。

共享經濟業者設置的單車站點

〔撰稿人簡介〕

平塚　宏和（負責序、第1章〔主題6〕）
亞洲調查部長

1987年畢業於早稻田大學政治經濟學部經濟學科。同年進入山一證券，之後轉任至山一證券經濟研究所，1998年進入第一勸銀綜合研究所（自2002年起更名為瑞穗綜合研究所）。2011年起擔任現職。專精於亞洲經濟、金融領域。著作有《21世紀型態的金融危機與IMF》（共著，東洋經濟新報社）、《以網絡型態發展的亞洲》（共著，東洋經濟新報社）、《亞洲FTA的時代》（共著，日本經濟新聞社）、《巨大經濟圈亞洲與日本》（共著，每日新聞社）、《完全解說緬甸經濟》（共著，日本經濟新聞出版社）、《圖解聚焦東協》（共著，東洋經濟新報社）等。

酒向　浩二（負責第1章〔主題2、8、章末專欄〕）
亞洲調查部 上席主任研究員

1993年畢業於慶應義塾大學經濟學部經濟學科。1998～2000年曾於台灣師範大學留學。一九九三年進入第一生命保險公司，擔任國際企劃部、國際企劃部研修（台北）、香港駐點負責中國企業投資，2002年進入日本貿易振興會（現為日本貿易振興機構，JETRO），在海外調查部從事中國經濟調查業務。2006年進入瑞穗綜合研究所。2014年擔任現職，將研究對象擴展到亞洲地區。專精於亞洲經濟、產業調查及經營戰略。著作有《挑戰中國市場的日本企業》（共著，JETRO）、《中國貿易風險管理》（共著，JETRO）、《完全解說緬甸經濟》（共著，日本經濟新聞出版社）、《圖解聚焦東協》（共著，東洋經濟新報社）等。

小林　公司（負責第1章〔主題1、9〕、第3章（緬甸）、第4章〔柬埔寨、寮國〕）
亞洲調查部 上席主任研究員

1994年畢業於早稻田大學政治經濟學部經濟學科，2004年取得倫敦大學研究所金融經濟學碩士學位。1994年進入富士綜合研究所，至2000年為止在經濟調查部擔任日本經濟、美國經濟調查工作；2000～2003年任駐英國日本大使館專門調查員；2003～2006年在瑞穗綜合研究所經濟調查部負責歐洲經濟調查；2006～2008年轉職農林水產省，在大臣官房情報分析室負責農業白皮書。2008年任職瑞穗綜合研究所亞洲調查部，2015年起擔任現職，負責湄公河地區國家、印度經濟調查。著作有《完全解說緬甸經濟》（共著，日本經濟新聞出版社）、《圖解聚焦東協》（共著，東洋經濟新報社）等。

菊池　しのぶ（負責第1章〔主題4、5〕、第5章〔菲律賓〕、第7章〔印尼〕）
亞洲調查部 主任研究員

2006年東京大學研究所公共政策學教育部結業。同年進入瑞穗綜合研究所。2009年前任職於社會、公共諮詢部，擔任PFI事業的諮詢工作；2009～2011年擔任駐美國日本大使館專門調查員。2011年起在亞洲調查部負責研究印尼、菲律賓、澳洲經濟。著作有《看懂日本經濟的未來2014》（共著，東洋經濟新報社）、《圖解聚焦東協》（共著，東洋經濟新報社）等。

稻垣　博史（負責第1章〔主題10、11〕、第8章〔馬來西亞〕、第9章〔新加坡〕）
亞洲調查部 主任研究員

1991年畢業於早稻田大學政治經濟學部政治學科。同年進入富士綜合研究所，1996年為止擔任歐洲經濟、1999年為止擔任亞洲經濟、2002年為止擔任日本經濟調查；之後擔任亞洲經濟調查。2004～2009年外派香港駐點。專精於亞洲總體經濟動向分析，特別是長時間擔任越南經濟調查。著作有《日本經濟未來的方向》（共著，中央公論新社）、《徹底預測！未來10年的日本經濟》（共著，PHP研究所）、《中國人民幣的挑戰》（共著，東洋經濟新報社）、《完全解說緬甸經濟》（共著，日本經濟新聞出版社）、《圖解聚焦東協》（共著，東洋經濟新報社）等。

松浦　大將（負責第1章〔主題3、7〕、第2章〔泰國〕、第6章〔越南〕）
亞洲調查部 經濟學家

2014年大阪大學研究所經濟學研究科結業。同年進入瑞穗綜合研究所。專職日本經濟研究至2016年，爾後轉至亞洲調查部，專門研究泰國、越南、澳洲等國經濟。著作包括《看懂經濟 論點50 2018》（共著，東洋經濟新報社）等。

〔協助撰稿人〕

枡本　康平（負責第2章〔章末專欄〕）
瑞穗銀行產業調查部　調查員

川端　淳之（負責第7章〔章末專欄〕）
瑞穗銀行產業調查部　調查員

稻垣　良子（負責第8章〔章末專欄〕）
瑞穗銀行產業調查部　調查員

*譯注：以上書名皆為暫譯。

國家圖書館出版品預行編目資料

圖解東協潛商機：解析政經貿發展階段，發掘可期潛力領域，決勝創新利基 / 瑞穗(MIZUHO)綜合研究所著；楊毓瑩譯. -- 初版. -- 臺北市：易博士文化, 城邦文化出版：家庭傳媒城邦分公司發行, 2018.11
面； 公分
譯自：図解ASEANを読み解く〔第2版〕
ISBN 978-986-480-066-7(平裝)
1.東協區域論壇 2.政治經濟分析 3.文集
578.19307　　107019497

Knowing more 29

圖解東協潛商機 解析政經貿發展階段，發掘可期潛力領域，決勝創新利基

原著書名／図解 ASEANを読み解く〔第2版〕
原出版社／東洋経済新報社
作者／瑞穗(MIZUHO)綜合研究所
譯者／楊毓瑩
選書人／蕭麗媛
責任編輯／黃婉玉

業務經理／羅越華
總編輯／蕭麗媛
視覺總監／陳栩椿
發行人／何飛鵬
出版／易博士文化
城邦文化事業股份有限公司
台北市中山區民生東路二段141號8樓
電話：(02) 2500-7008　傳真：(02) 2502-7676
E-mail：ct_easybooks@hmg.com.tw
發行／英屬蓋曼群島商家庭傳媒股份有限公司城邦分公司
台北市中山區民生東路二段141號2樓
書虫客服服務專線：(02)2500-7718、2500-7719
服務時間：週一至週五上午09:30-12:00；下午13:30-17:00
24小時傳真服務：(02) 2500-1990、2500-1991
讀者服務信箱：service@readingclub.com.tw
劃撥帳號：19863813
戶名：書虫股份有限公司
香港發行所／城邦（香港）出版集團有限公司
香港灣仔駱克道193號東超商業中心1樓
電話：(852) 2508-6231　傳真：(852) 2578-9337
E-mail：hkcite@biznetvigator.com
馬新發行所／城邦（馬新）出版集團【Cite (M) Sdn Bhd】
41, Jalan Radin Anum, Bandar Sri Petaling, 57000 Kuala Lumpur, Malaysia.
電話：(603) 90578822　傳真：(603) 90576622
E-mail：cite@cite.com.my
美術編輯／簡至成
製版印刷／卡樂彩色製版印刷有限公司

2018年11月15日 初版1刷
ISBN 978-986-480-066-7
定價600元　HK$200